ECONOMICS of
EVERYDAY LIVES

謝振環

經濟學

探索生活經濟的新世界　　第三版

東華書局

國家圖書館出版品預行編目資料

經濟學：探索生活經濟的新世界 / 謝振環著. -- 3版.
-- 臺北市：臺灣東華, 2018.01
　264面；19x26公分.
　ISBN 978-957-483-917-9（平裝）
　1.經濟學
550　　　　　　　　　　　　　　106023437

經濟學：探索生活經濟的新世界

著　　者	謝振環
發 行 人	陳錦煌
出 版 者	臺灣東華書局股份有限公司
地　　址	臺北市重慶南路一段一四七號三樓
電　　話	(02) 2311-4027
傳　　眞	(02) 2311-6615
劃撥帳號	00064813
網　　址	www.tunghua.com.tw
讀者服務	service@tunghua.com.tw
門　　市	臺北市重慶南路一段一四七號一樓
電　　話	(02) 2371-9320

2026 25 24 23 22　HJ 6 5 4 3 2

ISBN　　978-957-483-917-9

版權所有・翻印必究　　　　　圖片來源：www.shutterstock.com

序 言

英國央行 (Bank of England) 在 2006 年發行新的 20 英鎊紙鈔，上面的肖像由原本的英國浪漫主義作家艾爾加 (Edward Elgar)，換成經濟學之父亞當・斯密 (Adam Smith)。英國國家廣播公司 (BBC) 宣稱：「這是英格蘭紙鈔上首次出現蘇格蘭人的頭像。」

亞當・斯密最為後人所熟知的是 1776 年出版的《國富論》，他說：「屠夫、麵包師傅、釀酒業者提供我們餐桌上的食物和美酒，可不是出自於善心，而是為了他們的利益。」每個人追求自利的結果就是改善人類生活的強大動力。亞當・斯密所謂的自利並非自私貪婪，而是指人們從交易中獲得好處；美國人從中國進口便宜的 NIKE 球鞋；中國靠出口成為全球第二大經濟體。事實上，亞當・斯密把自己的錢捐給慈善機構，開銷除了請朋友吃飯外，就是維持他小而美的圖書館。

1990 年代，兩位經濟學者 Arjo Klamer 和 David Colander 曾調查過 6 所著名大學 (麻省理工、哈佛、芝加哥、耶魯、史丹佛、哥倫比亞) 經濟學系的博士班研究生，問他們：「哪些學科的背景知識對經濟研究很重要？」73% 的博士生認為數學最重要。確實，你或許會有下列的經驗：在燠熱的下午經過某大學的教室，裡頭有一位教授正努力畫著圖表和方程式，口沫橫飛地解釋需求與供給。考試時，學生會被要求推導需求函數，或用數學建立總體模型。這就是經濟學給人家的刻板印象。

可是學生卻不見得知道：花花公子的玩伴女郎選股績效比五千位基金經理人好？(因為這些玩伴女郎選擇自己所了解的股票。) 賣二氧化碳可以賺錢？(歐盟、美國及中國已實施碳排放總量管制，企業的排放量若低於政府制訂的管制量，就可將碳權賣給其它企業。) 老菸槍對不吸菸的人有什麼好處？(老菸槍死得早，會把社會福利和退休金留給別人。)

經濟學界太注重數學、統計結果，卻忽略背後的經濟意涵。譬如，諾貝爾經濟學獎得主貝克 (Gary Becker) 經統計分析發現「吸菸量和香菸價格高低有關，因此得到吸菸上癮乃是理性行為」的結論。

　　本書嘗試跳脫複雜的數學，回到日常生活面。用一種直覺、輕鬆的推理方式來了解經濟學的世界。即使是有一些圖表，它們的重要性還遠不如插畫及漫畫。我希望本書能夠燃起一般人對經濟學的小小興趣，讓大家能夠在讀完這本書後，看得懂報章雜誌中那些枯燥無比的經濟陳述。

　　本書的完成要感謝的人相當多。首先，要謝謝東華書局陳錦煌董事長的鼎力支持，才能夠順利完成。其次，東華書局業務部及編輯部多位同仁盡心盡力的協助插畫、漫畫與圖解的完稿，每一次的腦力激盪都為本書注入新的元素。特別要提出來的是，我的同事陳正亮教授不厭其煩地與我討論每一幅插畫，如果讀者能夠會心一笑，全是他的功勞。再來，要感謝東華書局卓夫人的關懷，才能出版一本有別於傳統教科書的「教科書」，最後要感謝我的家人，我們家老大──恩恩──每個晚上都問我寫完了嗎？每次都得犧牲陪他睡覺的時間，還有我的太太貞宇的照顧與建議。因此，我將這本書獻給我的家人──貞宇、恩恩、齊齊和蝴蝶。最後，如果本書有任何錯誤，千錯萬錯都是我的錯，希望大家都能用寬容的心，不吝指教。

謝振環

2018 年 2 月

目次

序言 iii

第1章　經濟學的原理原則

地球的時間不多了 1

經濟學的定義 2
經濟學的分類 8
結論 9
不可不知 10
習題 11

第2章　供需的市場力量

猴子經濟學 13

何謂市場？ 14
供給與需求曲線 15
均衡價格與數量 17
供需曲線的移動 19
需求曲線的移動 19
供給曲線的移動 21
供給與需求的應用 24

彈性 28
需求的價格彈性 29
需求彈性大小的決定因素 30
需求價格彈性與總收入 31
供給的價格彈性 33
供給彈性大小的決定因素 34
彈性的應用 34
結論 37
不可不知 38
習題 39

第3章　消費、生產與成本

奢侈的漢堡一個要價16萬元 41

消費 42
生產 45
生產函數 46
短期成本 49
長期成本 52
結論 56
不可不知 56
習題 57

第 4 章　市　場

不能說的祕密　　　　　　　　　61

市場結構　　　　　　　　　　　62
完全競爭　　　　　　　　　　　63
獨　占　　　　　　　　　　　　68
差別訂價　　　　　　　　　　　72
獨占好嗎？　　　　　　　　　　76
寡　占　　　　　　　　　　　　77
賽局理論　　　　　　　　　　　78
囚犯困境　　　　　　　　　　　79
獨占性競爭　　　　　　　　　　82
廣　告　　　　　　　　　　　　83
產品品牌　　　　　　　　　　　85
結　論　　　　　　　　　　　　85
不可不知　　　　　　　　　　　86
習　題　　　　　　　　　　　　87

第 5 章　外部性、共同資源與公共財

「只有比 1850 年上升 0.8°C，就已天災頻傳」　　　　　　　　　89

外部性　　　　　　　　　　　　91
負的外部性　　　　　　　　　　91
正的外部性　　　　　　　　　　93
外部性的私人解決方式：寇斯定理　95
外部性的政府解決方式　　　　　96
命令與管制政策：數量限制　　　96
市場機制政策 1：課排放稅　　　97
市場機制政策 2：可交易排放許可　98
商品的四種分類　　　　　　　　99
草原的悲劇　　　　　　　　　　102
結　論　　　　　　　　　　　　106
不可不知　　　　　　　　　　　107
習　題　　　　　　　　　　　　108

第 6 章　資訊經濟學

禮輕情意重？　　　　　　　　　111

資訊不對稱　　　　　　　　　　112
隱藏特性：逆向選擇　　　　　　113
隱藏行動：委託人－代理人與道德風險　　　　　　　　　　　　115
資訊不對稱的解決之道　　　　　118
贏者的詛咒　　　　　　　　　　121
結　論　　　　　　　　　　　　123
不可不知　　　　　　　　　　　124
習　題　　　　　　　　　　　　125

第 7 章　一些重要經濟指標

過去 10 年 = 巨大的零	127
國內生產毛額	128
消費者物價指數	142
失　業	147
另類經濟指標	152
結　論	154
不可不知	155
習　題	156

第 8 章　經濟成長與景氣循環

悲情城市	159
經濟成長	160
經濟成長的來源	162
經濟成長與公共政策	166
景氣循環	169
景氣循環會發生什麼事？	172
政府的公共投資創造良性循環	176
結　論	180
不可不知	180
習　題	181

第 9 章　中央銀行與貨幣政策

央行總裁與電影巨星	183
中央銀行	184
貨幣政策的擬定與執行	189
貨　幣	191
銀行如何創造貨幣？	196
通貨膨脹	199
結　論	204
不可不知	204
習　題	205

第 10 章　金融市場

盜亦有道	207
金融市場的功能	208
金融體系	213
效率市場與隨機漫步	218
結　論	220
不可不知	220
習　題	221

第 11 章　國際貿易與國際金融

神奇的機器人	223
國際貿易的原理	224
國際收支：臺灣與國外的連結	236
誰來決定長期匯率水準？	244
結　論	248
不可不知	248
習　題	249

索　引	253

Chapter 1

經濟學的原理原則

地球的時間不多了

榮獲 2016 年奧斯卡金像獎 12 項提名的電影《神鬼獵人》(The Revenant),拿下最佳導演、最佳男主角、最佳攝影三項大獎。男主角李奧納多 (Leonardo Dicaprio) 上台領取獎項時,呼籲大家不要把焦點放在他身上,而是藉由他的電影,注意到更嚴重、全球性的氣候變遷危機。

「人類集體的不作為,讓 2015 年成為史上最炎熱的一年。我們為了《神鬼獵人》尋找雪景,還得到接近南極的地方拍攝,氣候變遷真實地存在著,這是人類面臨最嚴峻的危機。」同時擔任聯合國和平大使的李奧納多說。

氣候變遷當前,人類「不作為」的風險有多高?經濟學人智庫 (Economist Intelligence Unit) 的報告顯示,即使全球暖化可控制在 2°C 以內,2100 年全球私人投資者的資產仍將因氣候變遷損失 4.2 兆美元。聯合國在 2016 年的研究指出,東南亞氣候炎熱導致每年工時縮減 15% 至 20%。俄羅斯、挪威和瑞典則會因冬季更為嚴寒,出現生產力

下滑。氣候變遷造成氣溫飆升，恐使全球經濟到 2030 年損失 2 兆美元 (新臺幣 64 兆元)。

經濟學的定義

全球暖化與經濟學有何關係？經濟學 (economics) 是一門學習社會如何管理稀少性資源的學科。全世界在討論減少溫室氣體排放就是經濟學原理的應用。一個顯著的例子是總量管制與交易制度 (cap and trade system)。

排放權交易即是總量管制與交易制度的一種。首先，政府制訂一特定污染源 (如發電廠) 可排放溫室氣體 (如二氧化碳) 總量的上限。同時，政府發行可交易排放許可證給那些污染者，且要求每年許可證數量等於污染源排放總量。其次，廠商可自由地在公開市場——如排放權交易所——買賣許可證。這種制度背後的基本觀念是，低於「上限」的廠商可將多餘的許可證賣給那些超過污染「上限」的廠商。其中，最棒的是污染減少數量是以最低成本方式進行，政府並不需要知道哪些廠商能夠有效率地減少污染，就能夠降低污染排放總量。這個例子告訴我們，政府不需要

雇用大量的人力緊盯每一家製造污染的廠商，碳交易市場中有一隻看不見的手，主導稀少性資源的分配，透過可排放交易許可證的買賣，即可達到溫室氣體減量的目標。

　　學習經濟學牽涉到許多層面，但有一些原理原則可貫穿整個經濟學。本章將檢視五個原理，在稍後的章節將有更詳細的探討。你可將本章的原理原則視為衛星導航系統 (GPS)，引導你去認識迷人的經濟學殿堂。

原理一：人們面臨取捨

　　有些人可能會有下列的經驗：為了要上體育課，你會跑去運動專賣店買球鞋，經過店員賣力解說鞋子的各種功能後，你可能會有四、五雙球鞋需要試穿：LEBRON 15 籃球鞋、NIKE 羅納度刺客足球鞋、愛迪達的多功能鞋或是紐巴倫的慢跑鞋。儘管每雙鞋都很好穿，但是你可能只會買一雙。原因無它：口袋裡的 money 有限。換句話說，在預算有限的情況下，若你選擇 LEBRON 15 籃球鞋，就必須捨棄其它你喜歡的鞋款。

國家也會面臨取捨的狀況：面對令人深感憂心的景氣疲弱不振，日本央行在執行 20 多年寬鬆性貨幣政策後，決定祭出大絕招，史上頭一遭實施負利率，對銀行轉存在央行的新資金，不但不付利息，還開始向銀行索取 0.1% 的利息。其實日本央行並不是第一個實施負利率的國家。在此之前，歐洲央行、瑞典、丹麥、瑞士等，早已成為負利率一族。全球 GDP 有四分之一陷於負利率的環境，負利率把全世界都翻過來了。

原理二：某事物的成本是你放棄其它東西的代價

　　從臺北到高雄，應該坐高鐵、客運、火車，還是自己開車去？因為人們面臨取捨，在做決策時必須衡量不同抉擇之間的利益和成本。在很多的情況下，成本並非只侷限於金錢的範疇，它是指你為了得到某些東西而必須放棄次佳選擇的代價。也就是，經濟學談論的機會成本 (opportunity cost) 的概念。如果你必須在雨中排隊 12 小時才能拿到免費的周杰倫演唱會入場券，那麼它根本就不算免費，因為 12 小時的時間也是成本。

　　很多人無法感受到全球暖化為生活帶來什麼變化，以下舉出一些實例來說明全球暖化的代價。就在 2009 年哥本哈根會議開會的前幾日，多位法國知名釀酒師給法國總統薩科奇 (Nicolas Sarközy) 寫了一封公開信：「請立即對氣候變遷採取行動，保護法國文化，至少讓我們的葡萄酒存活下去吧！」氣候變化正在打破法國葡萄甜度和酸度的平衡值：氣溫過低會讓葡萄變酸，氣溫過高又會讓葡萄太甜。

　　機會成本包含兩個部分：實際的金錢支付與投入自己的資源所放棄的收入。1976 年，賈伯斯 (Steve Jobs) 與渥茲尼克 (Stephen Wozniak) 在爸媽車庫開始蘋果電腦 (Apple) 的事業。他們創業的成本不僅包括開始投入的資金，還包括放棄的薪水收入與車庫的租金收入。

原理三：理性的人們以邊際方式思考

經濟學從一個很重要的假設出發：每個人的行為都是追求自我利益的最大，亦即，人們是理性的 (rational)。臺商為什麼要離鄉背井，遠赴越南設廠？說穿了，就是要利用當地廉價原料與勞工，來追求企業利潤的最大。

麥當勞曾在 1999 年推出勁辣雞腿堡、2006 年推出板烤米香堡，以及在 2016 年推出西班牙辣味鮮蝦堡。為什麼上述的產品只剩下勁辣雞腿堡留在菜單中？答案很簡單，除了勁辣雞腿堡外，客戶對其它產品的反應冷淡，只得黯然下架。

麥當勞是否會將大麥克所賺的錢用來貼補新產品的虧損？當然不會！也就是說，麥當勞的決策模式是一種邊際思考。邊際 (margin) 係指微量的變動。譬如，製作一份板烤米香堡的成本是 30 元 (即邊際成本＝30 元)，而所增加的收益為 75 元 (即邊際利益＝75 元)。經濟學認為人們藉由比較邊際利益與邊際成本來進行決策。

若從事某項活動的邊際利益高於邊際成本，則進行該項活動有利可圖。反之，會有損失，則應該停止。若板烤米香堡有人買，則其一份的利潤為邊際利益 75 元減邊際成本 30 元，等於 45 元。如果沒人買，則其邊際利益為 0 元，減邊際成本 30 元，有 30 元的損失，麥當勞也就不生產板烤米香堡了。

原理四：人們面對誘因有所反應

誘因 (incentive) 是引起人們行動的事物，如課稅或補貼。因為人們藉由比較成本與效益來做決策，他們面對誘因會有所行動。也就是說，一瓶 20 元的可口可樂，課稅後可能漲到 28 元，甚至 30 元。在美國，罪惡稅的對象多半是菸、酒及賭博。用意主要在於希望民眾盡量減少碰觸這些東西。

誘因的確很重要。墨西哥市是全世界污染最嚴重的城市之一，《紐約時報》(The New York Times) 甚至稱為「灰色的污染布丁」。由於絕大多數的空氣污染都是因為汽車排放廢氣造成，於是墨西哥市政府立法規定，所有的車輛每個禮拜輪流停開一天。結果是許多有能力的人會特地多買一輛車，或即便添購新車仍不淘汰舊車，這樣一來每天都有車可開。但老爺車造成更嚴重的污染，最終污染程度比立法前還要糟糕。本來是希望上路車輛可以減少，結果因未能充分掌握而造成反效果，這是一種錯誤的誘因。

另一個例子是 2011 年 6 月 1 日臺灣實施的奢侈稅。只要是法律生效後的銷售行為都必須課稅。舉例來說，阿亮在 2011 年 1 月 1 日以 5,000 萬元買進文華苑 (非自用)。倘若他在同年 12 月 25 日以 7,000 萬元賣掉，阿亮要繳 1,050 萬元的稅。依內政部統計，奢侈稅上路後，成交量只剩高峰時期的六成。同樣地，2017 年 6 月 12 日起，臺灣地區的菸稅每包調漲 20 元。譬如，超商一包七星菸本來是 95 元，調漲後變成 125 元。根據衛福部統計，吸菸率在 2015 年是 17.1%，預估到 2025 年將降至 14%。

原理五：市場是組織經濟活動的良好方式

誰能餵飽臺北？每天早上，臺北市民總是能夠買到想要吃的早餐，不管是燒餅油條、麥當勞的滿福堡，還是巷口的鐵板麵。難道是因為臺北市有一位英明的市長，所以每個市民都能夠買到想要的食物嗎？當然不是！在我們的社會中，每天都有數十億筆交易發生，其中絕大部分都沒有政府直接干預。

在這樣的過程中，我們的生活水準會不斷地進步。現在人們在家上網就可以買到商品，完全不受時間限制，而且價格甚至比直接向商店購買還要便宜。生活水準的改善要歸功於市場經濟。這裡有幾個東德共產主義的笑話與各位分享。「東德人是猩猩演變而來？不可能吧！猩猩怎麼可能在 1 年只吃 2 根香蕉的情況下倖存？」同時，東德最具特色，擁有嘈雜引擎的 Trabi 車也被拿來當笑話題材：新推出的 Trabi 增加了兩個排氣管，以後還可以當手推車使用。共產主義之所以瓦解，主要是因為政府企圖事事掌握。以下的笑話或許可幫助你進一步地了解計畫經濟：「為什麼在東德找不到任何大頭針呢？因為它們都被賣給波蘭當烤肉串啦！」

2009 年 11 月 9 日是柏林圍牆倒塌 20 週年。在 1989 年，當柏林圍牆搖搖欲墜時，可口可樂的歐洲總裁 Douglas Ivester 派遣業務代表到柏林分發免費的可口可樂，業務代表甚至透過柏林圍牆的破洞遞送到對面。這種作法看似虧錢，卻是絕佳的商業決策；到了 1995 年，東德的可口可樂消費量已趕上西德的水準，甚至有人說是可口可樂推倒了柏林圍牆。

從某個角度來看，從圍牆破洞送可口可樂給東德民眾是亞當‧斯密 (Adam Smith) 所說的「一隻看不見的手」。可口可樂可不是搞慈善事業，完全是為了做生意，追求股東利益的最大。這就是亞當‧斯密在《國富論》中所說的：

> 屠夫、麵包師傅與釀酒業者提供我們餐桌上的食物和美酒，並不是出於善心，而是為了他們自身的利益。我們與這些人交易所想到的也絕不是他們的善心。他們所想到的也不是我們的需要，而是他們的利益。

在市場經濟的體系下，每個人會努力地追求自我利益的最大——舉凡免費發送可口可樂，日本人發明一個擁有 15 個關節、可靈活使用各式廚房用具製作什錦燒的機器人等都是如此——因而提升社會上大多數人的生活水準。

聽起來，現在的生活過得比你爺爺時代的生活更好，完全是因為市場經濟，那還需要政府嗎？事實上，市場經濟需要良好的政府才能順利運作。首先，政府界定及保護財產權，你才可以自由處分這些財產：出售、出租或當作抵押品。想像暑假辛勤地在加油站打工，買了一支 iPhone 8。如果你的鄰居帶著一抹微笑就可以無條件接收你的 iPhone，你會不會覺得不公平？如果大家都上網免費下載周杰倫的音樂，你想他還會有創作動力嗎？

其次，那隻看不見的手有時也會失常，這表示經濟體系存在市場失靈 (market failure) 的現象。公共財 (public goods) 是引起市場失靈的原因之一。公共財是民間部門不會生產而由政府提供來改善我們的生活。譬如，政府興建高速公路或捷運，讓貨物與旅客的運送更加快速。第二個市場失靈的原因是外部性 (externality)。外部性是指一個人的行為影響到他人的福利。外部性最經典的例子就是污染。譬如，墨西哥灣漏油災變，光是財損理賠就達 10 億美元。美國石油業者雪佛龍 (Chevron) 因為亞馬遜雨林污染，遭厄瓜多法院裁定判賠 86 億美元的清理費。第三個市場失靈的可能原因是市場力量 (market power)。市場力量是指一個人或一群人對市場價格有顯著的影響力。臺灣的油品市場只有中油與台塑石化兩家。每週日公布新油品價格時，即使每公升漲到 38 元，消費者也只能被動地接受。

經濟學的分類

傳統上，經濟學分成兩大類：個體經濟學與總體經濟學。

個體經濟學 (microeconomics) 是研究家計單位與廠商如何做決策及其間如何互動的學科。個體經濟學也包括政策議題，諸如以碳稅或碳交易來降低二氧化碳，何者較為有效？課罪惡稅可否降低青少年抽菸人口等。個體經濟學的應用甚廣，舉凡休閒、運動、醫療、勞動，甚至最近很夯的氣象經濟學都屬其

範疇。臺灣第一家氣象公司「天氣風險管理開發公司」的總經理彭啟明指出，天氣愈極端，就愈容易影響經濟活動。佐丹奴 (GIORDANO) 曾經發生某年冬天天氣很冷，總部卻以為如往年是暖冬，結果並未生產足夠的大衣，造成輕薄衣服嚴重滯銷，損失慘重。

總體經濟學 (macroeconomics) 是研究整體的經濟現象，包括通貨膨脹、失業與經濟成長等的學科。總體經濟學也嘗試解釋為何經濟體系會經歷不景氣，以及為何在長期有些國家的成長會比其它國家來得快。2008 年的次貸危機與 2010 年的歐債風暴，導致各國經濟衰退、失業率高漲。各國政府祭出寬鬆財政與貨幣政策來挽救頹勢。即使經過一整年的振興經濟措施，美國與歐盟的相關單位仍不敢輕言退場。負利率是 2016 年的主流。全球眾家央行手上已經沒有什麼貨幣工具可用，幾乎就像旅鼠效應 (Arctic Hamster Effect) 般，明知負利率是懸崖也非跳不可。

究竟景氣開始回春了嗎？這個問題不用仰賴經濟數據，看看美國男性的內衣抽屜就知端倪。在百年罕見的金融風暴襲擊下，男性同胞認為內衣能穿就穿，換新內衣的間隔時間拉長，這就好比是讓自己的老爺車再開 1 萬英里一樣。

研究機構 Mintel 從 2003 年開始蒐集男性內衣指數 (MUI)。Mintel 曾預測 2010 年男用內衣銷量跌幅可望縮小到 0.5%，這意味著景氣反轉朝正面發展。美國雅詩蘭黛董事長勞德 (Leonard Lauder) 也曾提出類似指數──口紅指標。經濟愈不景氣，女性愈想買口紅聊慰心情。口紅銷量成為不景氣時反映消費者心態的晴雨計。

結　論

思考經濟學的最佳方式就是探討人們如何做決策的一組原理原則。小皇帝詹姆斯 (克里夫蘭騎士隊的全能小前鋒) 深諳機會成本與誘因的原理原則，而決定放棄念大學直接進入 NBA 打球，詹姆斯在 2017 年的年薪高達 3,300 萬美元。

本書從頭到尾都會運用到這些原理原則。其實，這些原理原則經常見諸報章雜誌。因為這些緣故，閱讀報章雜誌可以幫助我們了解當前商業生態，並學習如何運用經濟概念到日常生活中。

不可不知

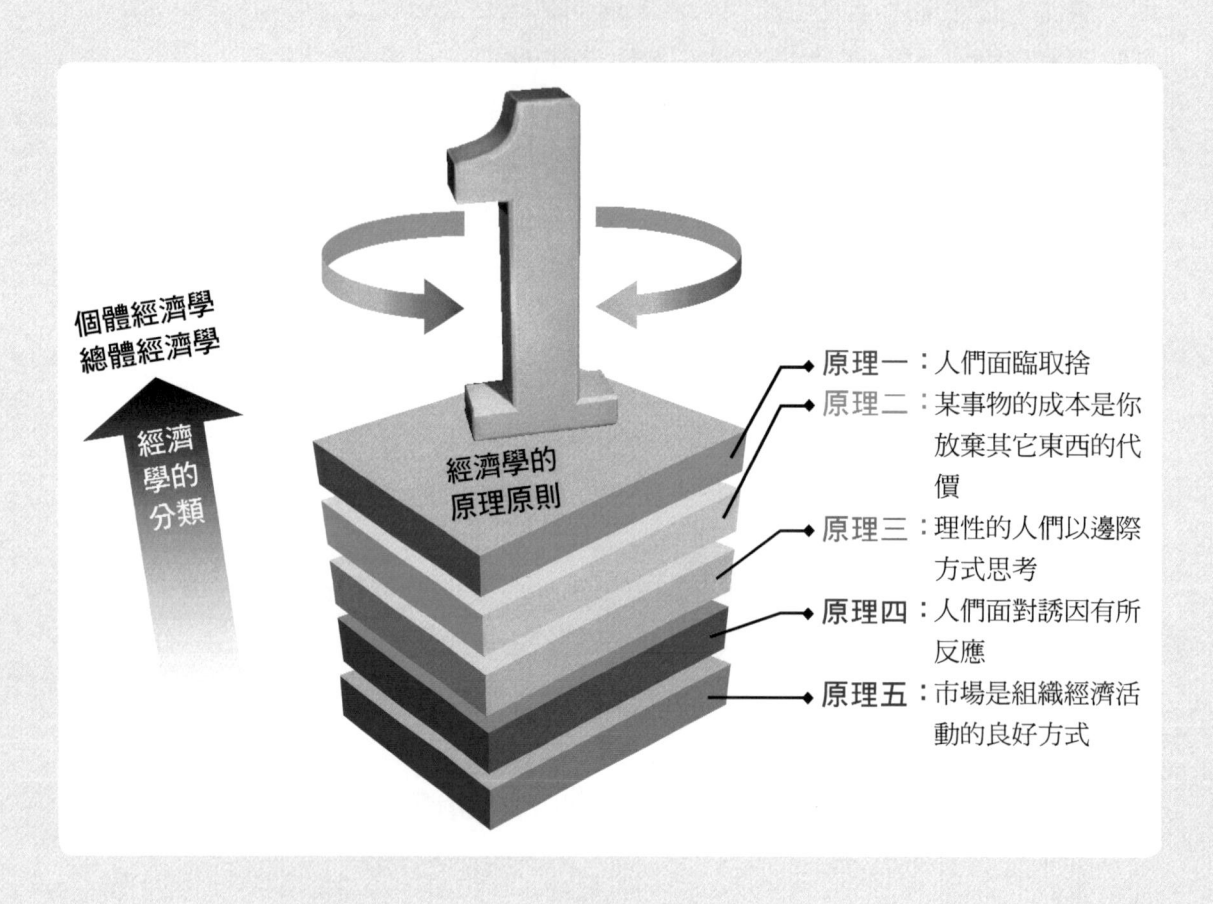

個體經濟學
總體經濟學
經濟學的分類

經濟學的原理原則

原理一：人們面臨取捨
原理二：某事物的成本是你放棄其它東西的代價
原理三：理性的人們以邊際方式思考
原理四：人們面對誘因有所反應
原理五：市場是組織經濟活動的良好方式

習　題

1. 相對於高中畢業即進入職場工作，選擇就讀大學的機會成本並不包括下列哪一個部分？
   (a) 三餐費用
   (b) 學費
   (c) 書籍費
   (d) 如果沒有唸大學而選擇去工作時，可能賺得的薪資

   (106 年勞工行政三等考試)

2. 「天下沒有白吃的午餐」這句話是指哪一種原理原則？
   (a) 商品是稀少的　　　　　　(b) 人們面臨取捨
   (c) 家計單位面臨許多決策　　(d) 大家必須賺錢

3. 阿呆在速食店工作時薪 100 元，為了與女友共度情人節，阿呆向店長請假 3 小時，花 200 元買了一束玫瑰花，並請女友吃法式西餐用掉 1,000 元，阿呆過情人節的經濟成本是多少？
   (a) 1300元　　　　　　　　(b) 1500元
   (c) 1000元　　　　　　　　(d) 300元

   (105 年國際經濟商務人員特考)

4. 日本樂桃航空飛行「臺北—大阪」航線，平均一個位子的成本是 3,000 元。若飛機即將起飛，而有 10 個空位未售出，阿基師願付 2,000 元買候補機位，請問在樂桃航空不會提供任何餐點的情況下，是否該出售空位給阿基師？
   (a) 不應該　　　　　　　　(b) 應該
   (c) 不知道　　　　　　　　(d) 無法判斷

5. 一木匠每週可生產 100 張桌子，且銷售後可賺取利潤。他考慮擴充生產規模來製造更多桌子，請問他是否該擴張？
   (a) 是，因為生產桌子可以賺錢
   (b) 否，因為他無法賣出額外的桌子
   (c) 必須視生產的邊際成本與銷售的邊際收入而定
   (d) 必須視生產的平均成本與銷售的平均收入而定

6. 下列何者不是政府介入市場的理由？
   (a) 價格機制失靈　　　　　　(b) 有外部性存在
   (c) 為追求公平　　　　　　　(d) 市場為完全競爭　　(101 年普考)

7. 在市場經濟中，需要政府的原因之一為何？
   (a) 對消費者購買的商品課稅　(b) 提供貧窮者社會福利
   (c) 提供郵政與垃圾處理　　　(d) 落實財產權

答案

1. (a)　2. (b)　3. (b)　4. (b)　5. (c)　6. (d)　7. (d)

Chapter 2

供需的市場力量

猴子經濟學

叢林市場與人類資本市場一樣，供需才是主宰。新加坡南洋理工大學動物學家古莫 (Michael Gumert) 在印尼叢林待了 20 個月，研究長尾獼猴群居行為發現，公猴努力為母猴抓蟲、洗臉、順毛，報酬就是可以嘿咻。如果公猴過多造成市場供過於求，性交易的代價就會提高，清理門面的服務價格會隨供給與需求改變。公猴奇貨可居的地區，只要為母猴梳理 8 分鐘即可；但若競爭激烈，公猴得工作 16 分鐘才能一親芳澤。性不是叢林裡唯一可以交易的東西，猴群中有新生兒報到，雌長尾獼猴會排排站，幫猴媽媽清理門面，只為了抱一抱新出生的小猴。

群居的南非長尾黑顎猴中，地位卑微的雌猴接受訓練後，為猴群打開了蘋果盒拿到蘋果，地位瞬間水漲船高，其它猴子對牠相當巴結。儘管動物世界沒有一套表面上的體系，但與人類系出同源的靈長類動物對於服務與商品，卻有與生俱來的概念。

於 2009 年 11 月 13 日辭世的諾

貝爾經濟學獎得主薩繆爾森 (Paul A. Samuelson) 曾說過：「只要教會鸚鵡講供給與需求，世界上就多了一位經濟學家。」確實，供給與需求是經濟學家最常使用的兩個詞彙，它們也是使市場經濟順利運作的力量。本章將介紹供需原理以及買賣雙方如何互動。接著我們將檢視供需原理的延伸——彈性及其應用。

何謂市場？

可口可樂的業務代表隔著柏林圍牆將可口可樂送到東德人手中是一種市場經濟行為。**市場** (market) 是指某一特定商品或服務所組成的群體。市場有時是高度組織的，譬如，傳統菜市場的買

方與賣方在特定時間 (早上) 與特定地點 (如士東市場) 會面，在該市場中，家庭主婦 (夫) 買到所需的青菜、魚、蝦和肉類。

比較常見的是，早餐市場比較鬆散。每一個人早上起來都會吃早餐，早餐的購買者不會在特定時間集合在一起，早餐店也會在不同的地點設店並提供不同型式的餐點。每一家生產者決定餐點的價格，而每一個消費者決定購買多少數量與不同種類的早餐。即使他們沒有組織，這些早餐的生產者與消費者仍可形成一個市場。

供給與需求曲線

任何商品的需求量 (quantity demanded) 是指消費者願意且能夠購買的商品數量。阿妹每次到寧夏夜市一定會買遠近馳名的紅豆餅。通常 1 個紅豆餅賣 10 元，她一次都買 10 個。但當寧夏夜市商圈辦活動時，紅豆餅降到 1 個 5 元，阿妹見機不可失，她會買 15 個。我們將這種價格與需求量之間的關係繪於圖 2-1 中。負斜率的需求曲線代表紅豆餅價格下跌，阿妹願意且能夠購買的紅豆餅數量會增加。臺北市不會只有阿妹喜歡吃紅豆餅，我們將所有喜歡吃紅豆餅的消費者需求曲線水平加總，即可得到市場需求曲線。

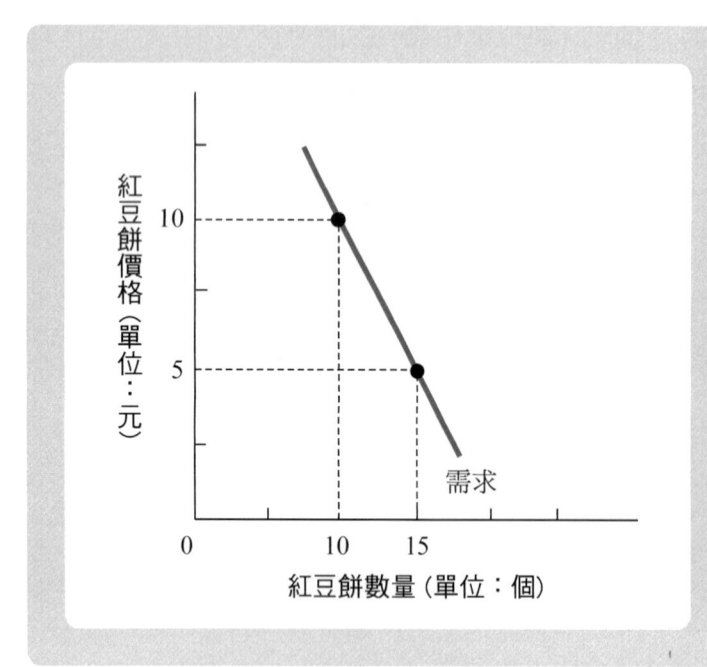

圖 2-1　阿妹的需求曲線

紅豆餅從 10 元降到 5 元，阿妹願意購買的紅豆餅數量從 10 個增至 15 個。

　　經濟學家曾做過計算，香菸價格上升 10%，抽菸的數量會減少 4%，其中青少年族群對香菸價格最為敏感，香菸價格增加 10%，會減少 12% 的青少年吸菸人口，也就是在美國有 496 萬 2,240 名 19 歲以下的青少年不會因為吸菸的後遺症而提早死亡。[1]

　　現在讓我們轉到市場的另一邊，來看看銷售者的行為。任何一種商品或服務的**供給量** (quantity supplied) 是銷售者願意且能夠賣出的數量。當紅豆餅價格上升時，銷售紅豆餅的利潤增加，供給量也會增加。圖 2-2 描繪出阿嘉紅豆餅鋪的供給線。正斜率的供給曲線代表紅豆餅價格從 10 元漲至 15 元時，阿嘉願意生產更多的紅豆餅來賣。而市場供給曲線是所有紅豆餅業者供給量的水平加總。

　　臺北的日本料理店為什麼每晚都能提供份量剛好的黑鮪魚？其實，價格是主要關鍵。如果愈來愈多人喜歡吃生魚片，**餐廳老闆**跟批發商訂購的份量就會跟著增加，如果黑鮪魚在其它餐廳也

---

[1] 臺灣行政院估算菸價上升 10%，菸品消費量將減少 0.8065%，菸價調漲 20 元，將減少菸品約 20% 的銷量。

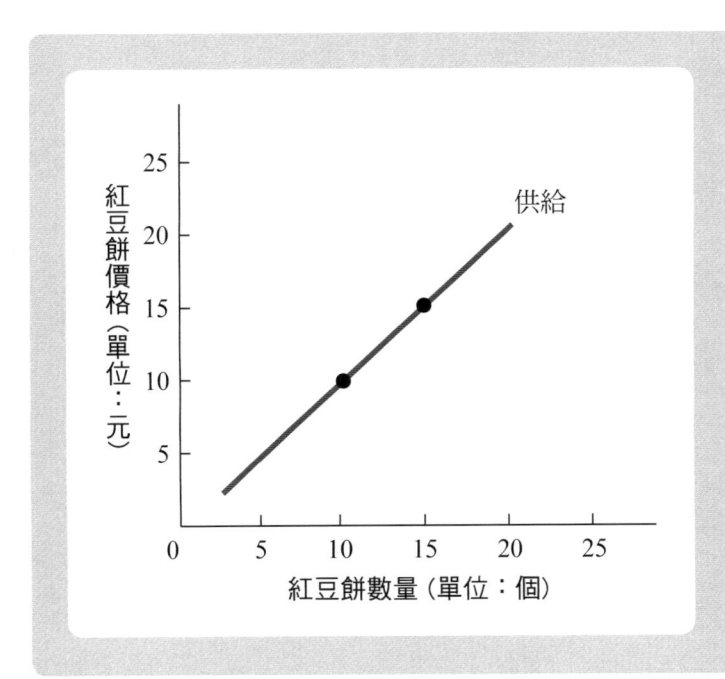

圖 2-2　阿嘉的供給曲線

紅豆餅價格從 10 元漲至 15 元時，阿嘉願意生產的數量從 10 個增至 15 個。

大受歡迎，那麼黑鮪魚的批發價格就會上升。有些漁夫發現黑鮪魚比其它魚類更值錢，就會投入更多時間工作，採買更昂貴設備與雇用更多的漁夫來捕撈黑鮪魚。

均衡價格與數量

接下來我們要問：當生產者遇到消費者時，會發生什麼情況？你願意花多少錢品嚐依循古法費時製作的紅豆餅呢？答案很簡單：市場價格。當紅豆餅鋪製作的數量與消費者想要購買的數量完全相同時，價格就此決定。這個市場決定的價格和數量，稱為均衡價格 (equilibrium price) 與均衡數量 (equilibrium quantity)，如圖 2-3 所示。如果消費者想要購買的數量超過紅豆餅鋪的生產數量，紅豆餅發生短缺 (shortage) 現象，那麼紅豆餅價格會上升；相反地，如果消費者想要購買的數量低於紅豆餅鋪的生產數量，紅豆餅發生過剩 (surplus) 現象，紅豆餅價格會向下調降。因此，生產者與消費者的行為使市場價格趨向均衡價格。一旦市場

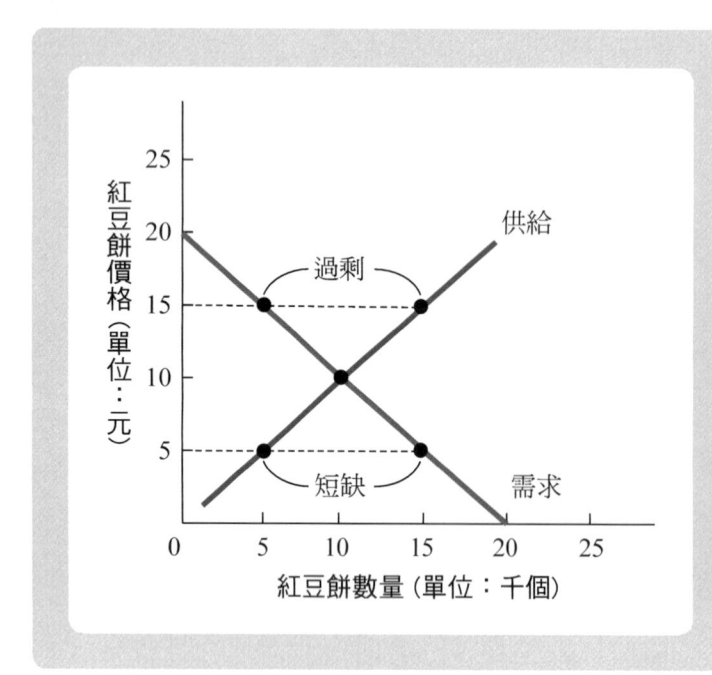

圖 2-3 市場均衡

均衡發生在供給曲線與需求曲線的交點。在此，均衡價格是 10 元，均衡數量是 10(千個)。

達到均衡，所有消費者與生產者都已滿足，價格不再有上升或下降的壓力。

根據聯合國指出，阿富汗是全球最大的鴉片出口國，全球九成海洛因都是由阿富汗鴉片製成。由於氣候適宜及種植技術改進，使得鴉片產量升至 6,900 公噸，足以製造 1,000 公噸的海洛因，但全球用來製造海洛因的鴉片，每年都不會超過 5,000 公

噸。供過於求導致每公斤採收平均價格下跌 84% 至 64 美元。儘管阿富汗農民 2009 年因為鴉片賺進 4.38 億美元，但種植罌粟花的吸引力大不如前。尤其近年來小麥價格一直上漲，在 2003 年，每公頃種植罌粟花的利潤是小麥的 27 倍，但到 2008 年已縮小至只有 3 倍。由於暴利不再，種植小麥又不用承擔政府打擊不法、受販毒集團壓榨等風險，阿富汗種植罌粟花的面積比 2008 年減少 22%，只剩下 12.3 萬公頃。

供需曲線的移動

需求曲線與供給曲線顯示，假設其它條件不變，消費者和生產者於不同價格下對商品與服務的購買及銷售數量。除了價格以外，其它因素的改變會造成供給曲線或需求曲線的移動。以下我們分別就影響需求曲線與供給曲線移動的因素略做討論，然後再以幾個現實生活中的實例加以驗證。

需求曲線的移動

影響需求曲線移動的變數有五個：

所得 (income)

如果你在大學畢業後找到一份待遇 5 萬元的工作，是你在大學時期打工所得 1 萬元的 5 倍，你對雙聖冰淇淋的需求有何變化？很有可能是，冰淇淋需求增加，以前 1 個月只吃一次，現在可以吃兩次。在商品價格不變下，商品需求隨著所得增加而增加，

此商品為**正常財** (normal goods)。當你的所得增加 5 倍時，你會增加美食的消費並減少對低品質食物的消費。一個較明顯的例子是，你可能會減少吃路邊攤的食物而改吃牛排。當商品需求隨所得上升而減少時，此商品為**劣等財** (inferior goods)。劣等財的例子還包括泡麵、搭公車與白米飯等。

偏好 (tastes)

決定需求最明顯的因素為偏好。譬如，2016 年 9 月 26 日，梅姬颱風尚未進門，消費者購買意願增強，高麗菜一顆 200 元。有人直喊：「這是用搶的嗎？」中華奧運女子舉重選手許淑靜在 2016 年 8 月 7 日里約奧運奪得金牌後，中華電信 MOD 申辦量比上個月多出 1 萬 5 千戶。所以偏好提高時，商品的需求會增加。

相關商品價格 (prices of related goods)

在很多人心目中，PS4 的遊戲片與 PS4 主機扮演互補的角色。一片《惡靈古堡》遊戲片市場售價為 1,590 元，如果價格跌至 500 元一片，不僅會造成遊戲迷的購買量增加，也會導致 PS4 主機的需求增加。PS4 主機與 PS4 的遊戲片為**互補品** (complements)。互補品的例子還包括汽油和汽車、咖啡與奶精等。當麥當勞的大麥克降價時，你會多購買大麥克；同時，你可能會減少購買漢堡王的華堡。華堡與大麥克為**替代品** (substitutes)。替代品的例子還包括：吉豚屋日式炸豬排與銀座杏子炸豬排、電影與 DVD 影碟、星巴克咖啡與西雅圖咖啡等。

預期 (expectations)

預期未來所得與物價的變動都會影響現在的需求。譬如，報紙刊登後天衛生紙要漲 30 元，很可能今天超市的衛生紙就被搶購一空。如果因為景氣好轉，你預期老闆會在年後加薪，你可能比較願意多消費美食與 3C 產品。

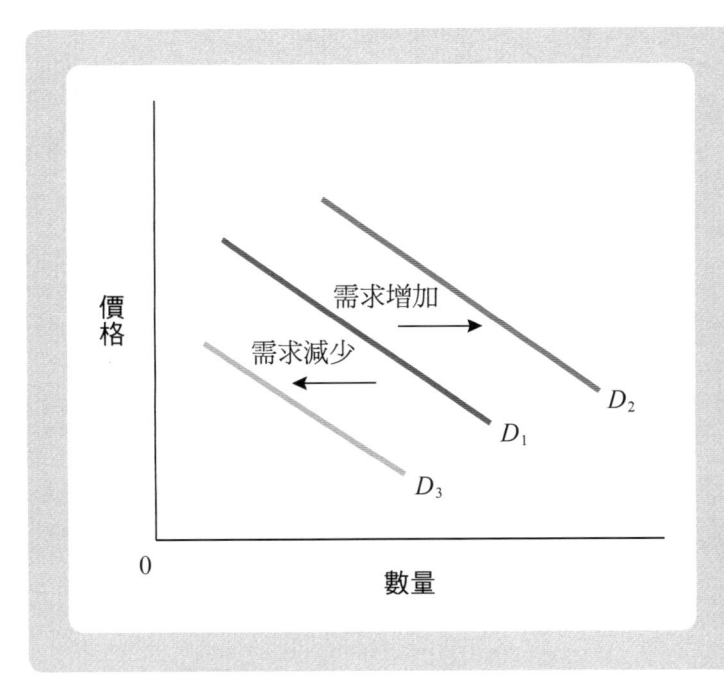

圖 2-4　需求曲線的移動

在既定價格下，消費者購買量增加使需求曲線向右移動；消費者購買量下跌，使需求曲線向左移動。

消費者人數 (number of consumers)

　　市場需求是由個別消費者需求加總而得。開放中國觀光客來臺，導致臺灣特產 (如鳳梨酥與茶葉) 的需求增加，需求曲線向右移動。相反地，偏遠鄉鎮謀生不易，如早期的九份與金瓜石，人口外移導致日常用品 (如衛生紙) 需求量的減少，需求曲線向左移動。圖 2-4 描繪上面五個變數造成需求曲線的移動。任何引起消費者在既定價格下願意購買更多數量的商品，需求曲線將向右移動。任何引起消費者在既定價格下，願意購買更少數量的商品，需求曲線向左移動。

供給曲線的移動

　　影響供給曲線移動的因素有五個：

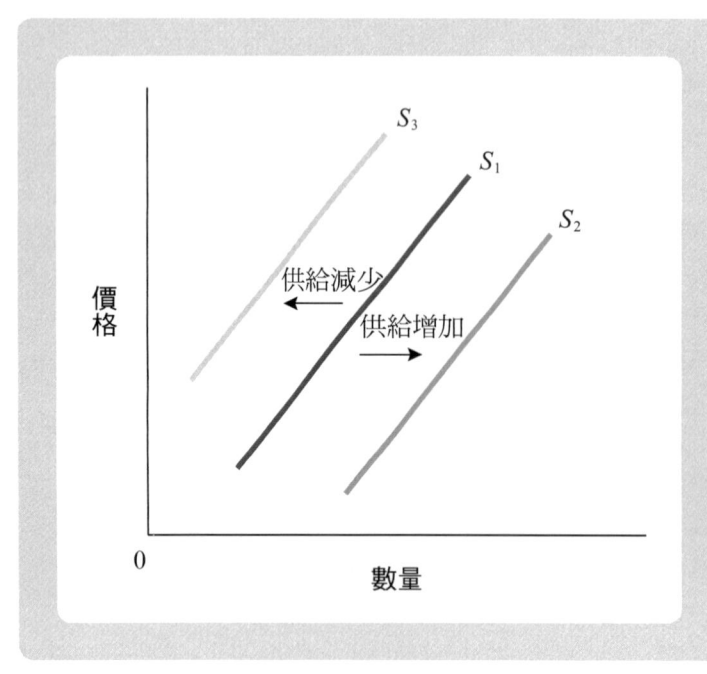

圖 2-5　供給曲線的移動

任何使生產者在不同價格下想要增加產量的變動，將會導致供給曲線向右移動。任何使生產者在不同價格下想要減少產量的變動，將會導致供給曲線向左移動。

技術 (technology)

　　廠商在不同價格下願意提供的商品數量，主要受生產成本的影響，而成本與技術關係密不可分。前面罌粟花的例子告訴我們，儘管阿富汗罌粟花種植面積比去年減少 22%，但是因為種植技術提高與氣候得宜，鴉片產量上升至 6,900 公噸，在 2009 年依舊創下過去 16 年以來的第三高收成紀錄。因此，技術進步使單位生產力提高，商品與服務供給曲線向右移動。

生產因素價格 (price of input)

　　生產因素價格上揚直接造成廠商的生產成本上升，利潤下跌，進而導致商品與服務供給曲線向左移動。2007 年 2 月 1 日《紐約時報》頭版標題寫著：「數以千計的墨西哥人在首都抗議日益高漲的食物價格。」示威者抗議 1 磅墨西哥玉米粉薄烙餅 (tortillas) 的價格在短短幾個月內由 25 美分上漲至 35 至 45

美分。玉米粉薄烙餅是由玉米製造而成，大多數的墨西哥玉米都從美國進口，且兩國的玉米價格基本上由美國玉米市場決定。美國玉米價格則因為《2005 年能源政策法》(Energy Policy Act of 2005) 規定 2006 年開始使用大量的再生能源，導致大家一窩蜂搭建工廠，大量購買玉米來提煉酒精。由於玉米是玉米粉薄烙餅的原料，玉米價格上揚造成玉米粉薄烙餅的供給減少，墨西哥人只得接受較高的玉米粉薄烙餅價格。

同樣地，據《蘋果日報》於 2016 年 6 月 25 日的報導，因為荔枝、龍眼開花季遇嚴重乾旱，蜜蜂捱不過霸王級寒流而凍死，荔枝蜜較 2015 年減產八成，龍眼蜜減產兩成，蜂蜜、花粉及蜂王乳價格均調漲一成到三成。

預期 (expectations)

廠商今天供給的商品數量受其對未來預期的影響。臺灣行政院在 2017 年將菸稅從 11.8 元調漲至 31.8 元。市占最高的日本「七星」和臺灣菸酒「長壽」兩款香菸，在 2016 年已嚴重缺貨。各大通路商會將部分產量存放到倉庫，並減少對市場供給，供給曲線因而向左移動。在 2015 年 7、8 月間，七星的批發價從一條 840 元漲到 930 元。

銷售者人數 (number of sellers)

一商品的生產廠商愈多，商品的供給量將會上升。捷運劍潭站附近有兩家速食業者：麥當勞與肯德基。如果漢堡王與摩斯漢堡也決定設點，當地的漢堡生產數量一定會增加，漢堡供給曲線向右移動。

天氣 (weather)

對某些農產品來說，天氣扮演舉足輕重的角色。2012 年 8 月 10 日《聯合晚報》報導，美國發生半世紀多

以來最嚴重的乾旱,造成全球糧價推升,小麥、黃豆和玉米分別上漲 50%、50% 和 20%。2016 年 10 月 18 日三立新聞報導,由於颱風一個接著一個,九層塔一臺斤從 50 元飆漲到 500 元,鹹酥雞業者說,九層塔不只貴,連買都買不到。供給不足使得供給曲線向左移動,均衡價格向上攀升。

供給與需求的應用

範例 1　需求的改變

2009 年 5 月 20 日《中國時報》國際財經版標題:「美人瘋蔓越莓,苦了亞馬遜窮人。」蔓越莓是近年來歐美爆紅的熱門養生食品,抗氧化含量是藍莓的 2 倍。就連脫口秀女王歐普拉 (Oprah Winfrey) 都力薦為「有助長壽的超級食品」。

據彭博社報導,蔓越莓價格節節攀升,批發價 10 年上漲 60 倍。2008 年巴西帕拉州 (Para) 輸美的出口量驟增 53%。在巴西北部亞馬遜叢林裡,68 歲的老婦人尼維絲說:「目前平均 1 個月得花 9.4 美元 (約家計的 7%) 才買到約 2 公升蔓越莓糊。以前 1 天吃 2 餐,現在已經吃不起了。」

另一個例子是三立新聞在 2016 年 7 月 6 日的報導,陸客來臺人數縮減,全臺各地觀光業都受到影響。據日月潭「金盆阿嬤香菇茶葉蛋」業者透露,在全盛時期,可以日賣 7,000 顆,不過現在每日賣不到 1,000 顆。花蓮藝品店甚至和運輸業、餐飲業並列三大「慘」業,藝品店僅兩成倖存。

上面的例子說明:蔓越莓是抗老化與減肥的聖品,因而改變美國人對蔓越莓的偏好態度,使得蔓越莓需求曲線向右移動。由於移動的幅度相當大,才會造成批發價格在 10 年內上漲 60 倍。圖 2-6 顯示,原來蔓越莓每公升的價格為 1 美元,偏好的改變使需求曲線從 D_1 右移至 D_2,價格在 1 美元下,產量供不應求,所以價格從 1 美元上漲至 60 美元,均衡點從 A 點移至 B 點。

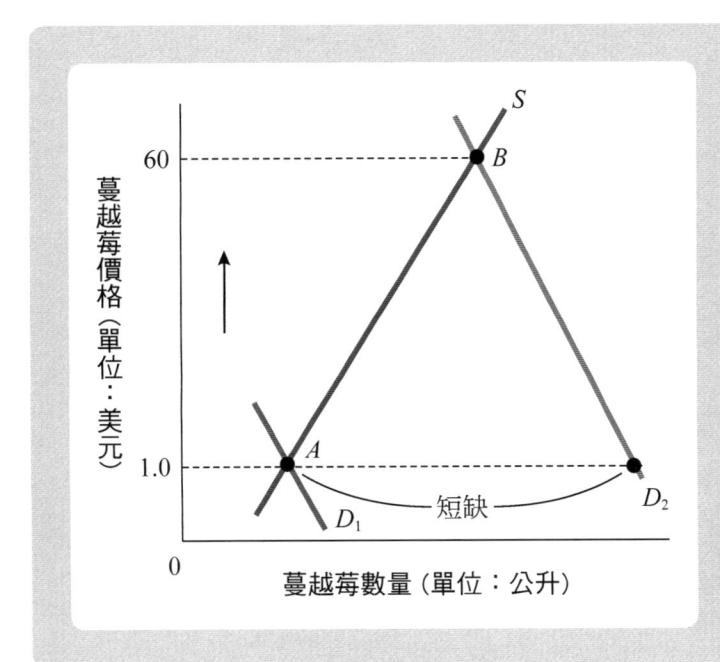

圖 2-6　需求增加

在任一既定價格下，偏好改變使需求曲線向右移動，均衡價格與均衡數量都增加。

　　偏好影響需求的例子不勝枚舉。譬如，英國人本來喜歡喝澳洲紅酒，2008 年後琵琶別抱改喝美國紅酒，使得澳洲紅酒過去 2 年 (2008 年和 2009 年) 出口數量減少 800 萬箱。另一個例子是 2009 年《富比士》雜誌選出全世界最奢華的 11 道美饌，其中加州納帕谷的法國洗衣坊餐廳，每天推出 2 種 240 美元 (約新臺幣 7,800 元) 的 9 道菜套餐，保證無任何食材重複，而這家餐廳超難訂位。

範例 2　供給的改變

　　乳製品曾是商品市場的金雞母，國際乳品價格在 2009 年到 2014 年間翻漲近 2 倍，2016 年價格卻急轉直下，從當初高點腰斬，起因是酪農當年預期因為中東需求激增，紛紛擴大供應，但需求卻未如預期般湧現，導致供應過剩。

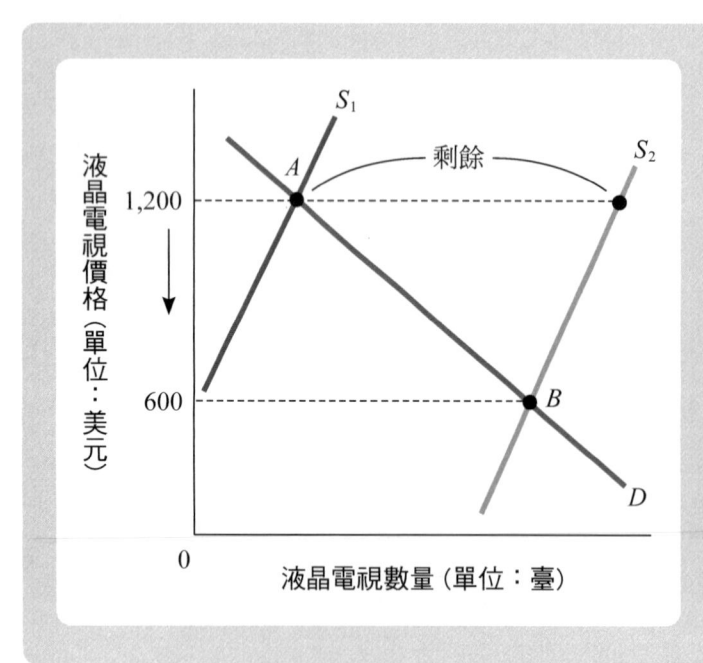

圖 2-7 供給的增加

在任一既定價格下,技術進步導致供給曲線從 S_1 向右移至 S_2,均衡價格從 1,200 美元下降至 600 美元。

液晶電視價格的大幅滑落最主要拜技術進步所賜。圖 2-7 描繪此種情況。S_1 與 D 的交點決定 2006 年的液晶電視價格為 1,200 美元。技術進步促使供給曲線從 S_1 向右移至 S_2,在原先價格下,出現供過於求的現象,此引起均衡價格從 1,200 美元下跌至 600 美元。電視機愈來愈便宜,品質卻愈來愈好,意味著我們的生活

範例 3　供給與需求同時改變

很多時候經濟事件同時發生,影響商品價格的因素錯綜複雜,使用供需模型更能夠釐清事實的真相。臺灣的鴨蛋價格在 2009 年 9 月 3 日創下每臺斤 40 元的歷史高價,最主要的原因有二:一為莫拉克颱風重創南臺灣的養殖場,估計蛋鴨死亡約 80 萬到 90 萬隻;另一是即將到來的中秋節銷售旺季使得鴨蛋(蛋黃)需求增加。

2016 年 8 月 3 日《聯合報》報導,2016 年甘蔗產量大減,台糖宣布調漲糖價。天氣太熱,母鴨不生蛋,蛋黃也變貴,為反映成本加上中秋節旺季,月餅價格漲幅 3% 到 17%,美心月餅一盒從 1,490 元調漲至 1,750 元,貴到令人捶心肝。

水準愈來愈進步，而這正是公司為追求獲利，去創造新產品，並且讓消費者從競爭中獲得最大的好處。

圖 2-8 描繪鴨蛋價格的變動。如圖 2-8 所示，均衡價格上升，但均衡數量可能增加或減少。

在圖 2-8(a)，供給大幅減少而需求微幅增加，均衡數量會下跌。相反地，在圖 2-8(b)，供給微幅減少而需求大幅增加，均衡數量因而上升。

我們每天都可以從報章雜誌中看到商品或服務價格與數量的波動。前面所介紹的供需曲線正是用來預測與解釋的最佳工具。表 2-1 列出供需曲線移動，各種價格與均衡數量變動組合的結果。

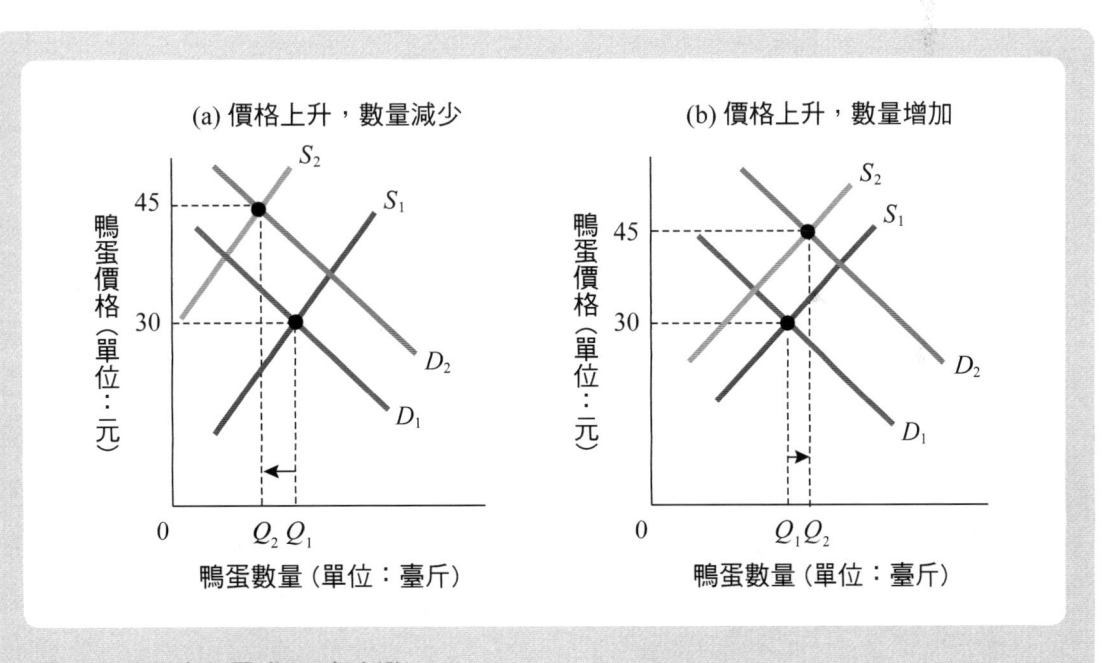

圖 2-8　供給與需求同時改變

供給減少與需求增加導致價格從 30 元上升至 45 元。在圖 (a)，均衡數量從 Q_1 下跌至 Q_2。在圖 (b)，均衡數量從 Q_1 上升至 Q_2。

表 2-1　供需曲線移動：價格與數量變動組合

	S 不變	S 增加	S 減少
D 不變	P 不變 Q 不變	P 下跌 Q 上升	P 上升 Q 下跌
D 增加	P 上升 Q 上升	P ？ Q 上升	P 上升 Q ？
D 減少	P 下跌 Q 下跌	P 下跌 Q ？	P ？ Q 下跌

彈　性

前面的例子提到，香菸的價格上升 10%，會造成青少年吸菸人口減少 12%。這是一種彈性的概念。**彈性** (elasticity) 是在商品價格變動下，衡量供給量或需求量的反應程度。它和供需曲線不同，供給曲線與需求曲線告訴我們颱風來襲會造成菜價上揚，然而彈性可以告訴我們菜價上揚幅度的大小。

我們用一個例子來說明彈性的重要性。2016 年百貨週年慶，在化妝品打折下，新光三越首日業績上看 14 億元，創下首日史上新高紀錄。儘管新光三越不知道什麼叫需求價格彈性，但是化妝品打折的策略 (聯名卡購買化妝品回饋 15%) 卻吸引大批人潮。由於化妝品的單價較高，百貨業者每每祭出名牌化妝品打折，其營收成長絕對超過折扣之成數。

需求的價格彈性

需求價格彈性 (price elasticity of demand) (簡稱需求彈性) 是衡量消費者面對商品價格改變時，其需求量變動的程度。讓我們更精確地說明彈性如何衡量。假設小胖是南港老張胡椒餅士林店的老闆，他正考慮對店內的新產品小酥餅調低售價。目前一個小酥餅賣 30 元，一個鐘頭賣出 16 個，如圖 2-9 的 A 點所示。價格下降究竟可賣出多少個小酥餅呢？此與小酥餅的需求彈性有關。需求彈性的公式為：

$$需求價格彈性 = \frac{需求量變動百分比}{價格變動百分比} = \frac{\Delta Q/Q}{\Delta P/P}$$

或

$$\varepsilon_d = \frac{\Delta Q}{\Delta P} \times \frac{P}{Q}$$

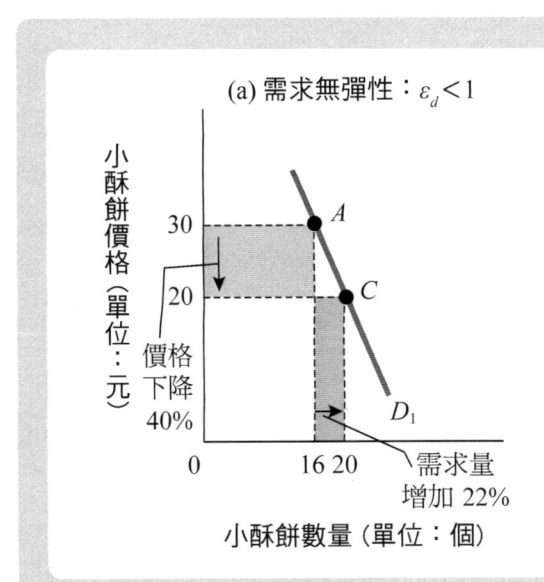

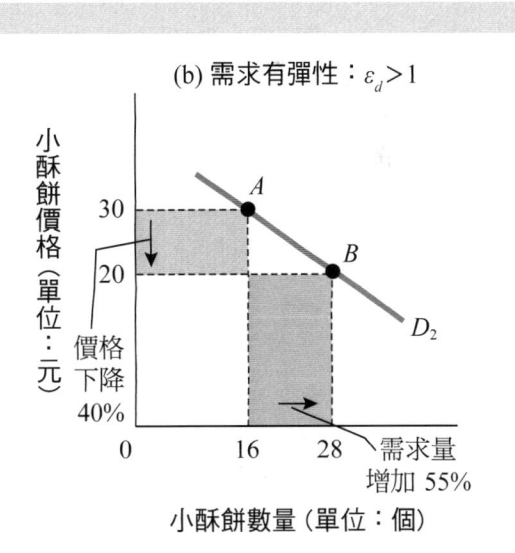

圖 2-9 需求有彈性與需求無彈性

在圖 (a)，需求無彈性：價格從 30 元降至 20 元，數量從 16 增至 20。在圖 (b)，需求有彈性：價格從 30 元降至 20 元，數量從 16 增至 28。

現在有兩種可能：若 D_1 是小酥餅的需求曲線，需求量將增至 20，如圖 2-9(a) 的 C 點所示。需求彈性的計算如下：

$$\frac{\Delta P}{P}=\frac{20-30}{(20+30)/2}\times 100=-40\%$$

$$\frac{\Delta Q}{Q}=\frac{20-16}{(20+16)/2}\times 100=22\%$$

$$\varepsilon_d=-\frac{22\%}{40\%}=-0.55$$

若 D_2 是小酥餅的需求曲線，需求量將增至 28，如圖 2-9(b) 的 B 點所示。需求彈性的計算如下：

$$\frac{\Delta P}{P}=\frac{20-30}{(20+30)/2}\times 100=-40\%$$

$$\frac{\Delta Q}{Q}=\frac{28-16}{(28+16)/2}\times 100=55\%$$

$$\varepsilon_d=-\frac{55\%}{40\%}=-1.375$$

我們依循慣例去掉負號，所有需求彈性均以正號表示。因此，圖 2-9(a) 的需求曲線較陡，需求彈性值小於 1，我們稱為無彈性 (inelastic)；圖 2-9(b) 的需求曲線較平坦，需求彈性值大於 1，我們稱為有彈性 (elastic)。

需求彈性大小的決定因素

根據過去的經驗，需求彈性的決定因素有以下四個：

近似替代品的多寡

近似替代品愈多 (少)，需求彈性愈大 (小)。譬如，大麥克漲 10 元，你可能改吃摩斯漢堡、炸雞、披薩或甚至是吉野家的

丼飯等。因此，大麥克的需求量會減少很多。相反地，衛生紙漲價，衛生紙沒有什麼商品可以替代，所以其需求量的減少有限。

必需品與奢侈品

奢侈品通常比必需品較有彈性。歐洲旅遊團費漲了三成，需求量將會巨幅下滑；而自來水價格漲三成，卻不會遽然減少自來水的使用量。

時間長短

隨著時間經過，商品的需求愈來愈有彈性。當汽油價格上漲，短期間，車主還是必須加油，然而時間一久，人們可選擇騎自行車、搭乘大眾運輸或搬到公司附近等。在許多年後，汽油需求量會顯著減少。

預算比例

商品支出占消費者預算比例愈低，其需求愈無彈性。鹽巴即使漲一倍，需求量不致減少太多。但是，房子、汽車、家具漲價，人們可能會延遲購買，而導致需求量減少很多。

需求價格彈性與總收入

總收入(或總支出)為產品價格與銷售數量的乘積。若一個小酥餅賣 30 元，總共賣 16 個，則總收入為 480 元。圖 2-10 顯示需求彈性與總收入之間的關係。在圖 2-10(a) 中的需求曲線為無彈性，A 點的總收入為 480 元，而 C 點的總收入為 400 元。由於需求量增加的幅度小於價格下跌的幅度，導致價格下跌，總收入減少。另一方面，在圖 2-10(b) 中的需求曲線為有彈性，A 點的總收入為 480 元，而 B 點的總收入為 560 元。由於需求量增加的幅度超過價格的下跌幅度，所以價格下跌，總收入增加。

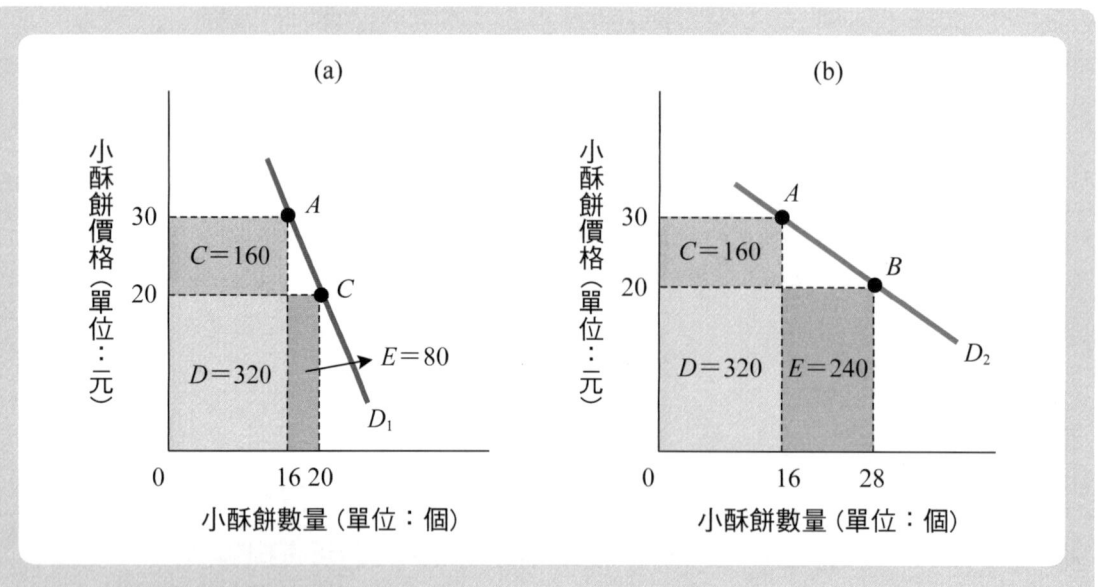

圖 2-10　需求彈性與總收入

在圖 (a)，價格下跌，總收入減少。價格下跌前，總收入為 480 元，價格下跌後，總收入為 400 元。在圖 (b)，價格下跌，總收入增加。價格下跌前，總收入為 480 元，價格下跌後，總收入為 560 元。

表 2-2 總結需求彈性與總收入之間的關係。

過去的研究指出，炸雞和啤酒的需求彈性分別是 1.8 與 1.2，而鞋子和香菸的需求彈性分別為 0.7 與 0.1。因此，身為大潤發的店長，你應該知道店裡的哪一些商品漲價可增加總收入，以及哪一些商品降價可增加總收入。

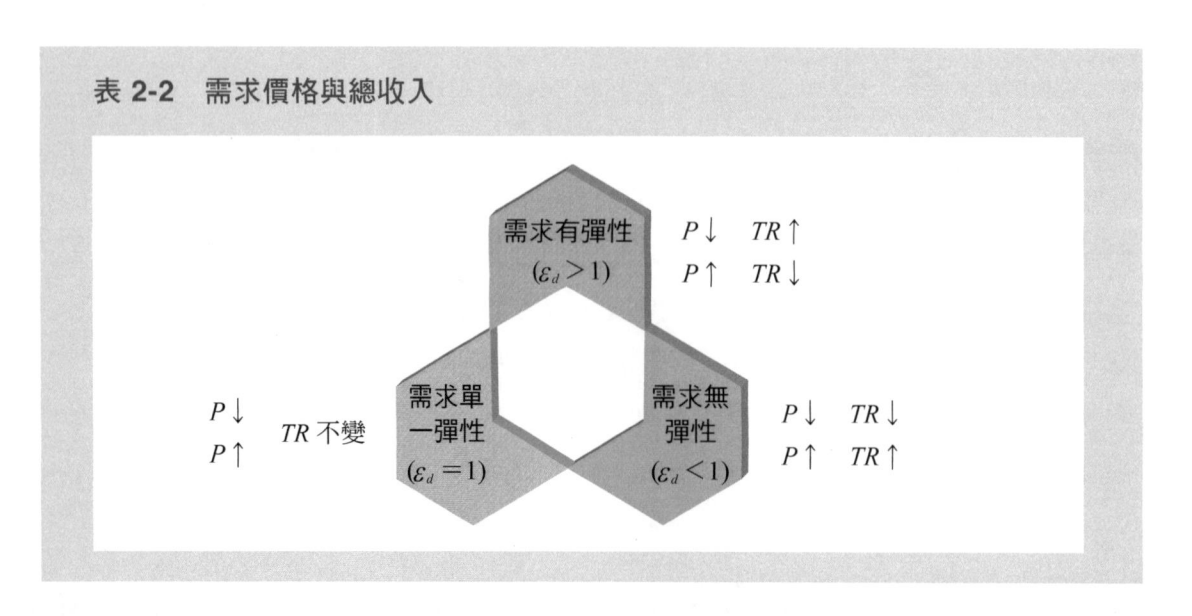

表 2-2　需求價格與總收入

需求有彈性 ($\varepsilon_d > 1$)：$P \downarrow \; TR \uparrow$　$P \uparrow \; TR \downarrow$

需求單一彈性 ($\varepsilon_d = 1$)：$P \downarrow$　$P \uparrow$　TR 不變

需求無彈性 ($\varepsilon_d < 1$)：$P \downarrow \; TR \downarrow$　$P \uparrow \; TR \uparrow$

供給的價格彈性

供給價格彈性 (price elasticity of supply) (簡稱供給彈性) 為衡量廠商面對價格變動時，供給量的反應程度，定義成供給量變動百分比除以價格變動百分比。圖 2-11 描繪供給曲線的外觀與供給彈性之間的關係：供給曲線愈平坦，供給彈性愈大。在圖 2-11(a)，供給曲線的斜率為 2.5，而供給彈性為 0.55，由於供給彈性小於 1，我們稱為供給無彈性；在圖 2-11(b)，供給曲線的斜率為 0.83，而供給彈性為 1.375，由於供給彈性大於 1，我們稱為供給有彈性。

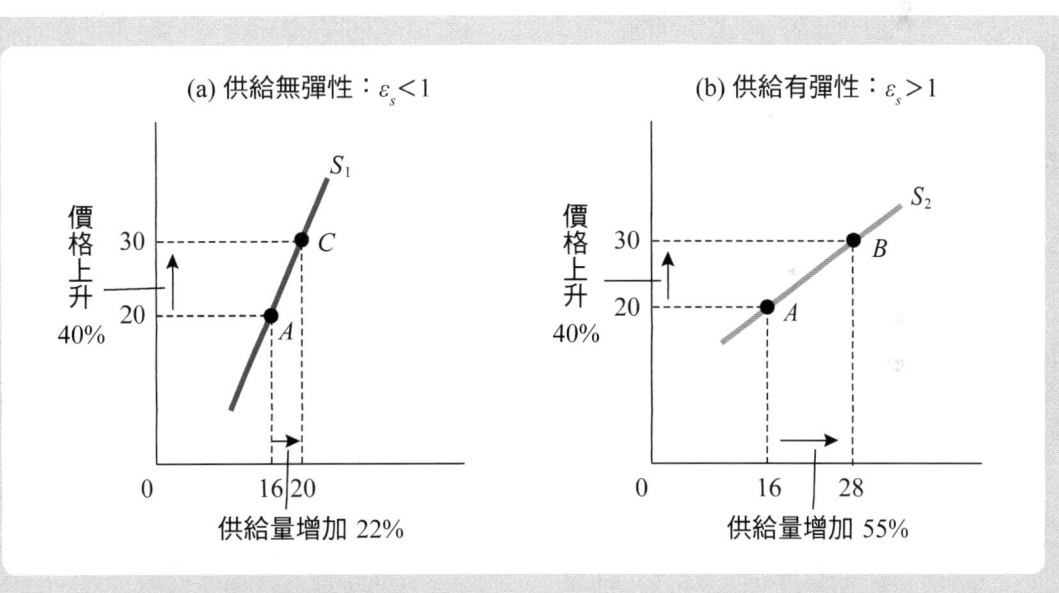

圖 2-11 供給有彈性與供給無彈性

在圖 (a)，供給無彈性，價格從 20 元升至 30 元，供給量從 16 增至 20。在圖 (b)，供給有彈性，價格從 20 元升至 30 元，供給量從 16 增至 28。

供給彈性大小的決定因素

供給彈性的決定因素主要有兩個：

廠商改變商品生產量的難易程度

手工披薩人人愛吃，在臺大附近溫州公園的 So Free 供應窯烤披薩，即使在下午茶時段仍大排長龍。受限於只有一個窯烤爐及店面面積，披薩供給量無法增加太快。相反地，製造品 (如書籍、手機和平板電腦) 的供給較有彈性，因為廠商可增加工時與機器運轉來增加供給量。

時間長短

時間長，供給有彈性；時間短，供給無彈性。在短期，So Free 無法靠增購原料來提高披薩產量。但隨著時間經過，它可擴充店面、增加人手、設置更多窯烤爐來增加披薩供應量。

彈性的應用

風災與旱災重創稻米收成，對農夫是不利的新聞嗎？政府增加緝毒人員，是增加或減少毒品相關的犯罪案件？在此，我們將利用供給、需求與彈性三種工具來回答這些複雜的問題。

範例 4 穀賤傷農，穀貴傷民

中央社在 2009 年 11 月 30 日刊登一則新聞：菲律賓和印度分別傳出風災與旱災重創穀物收成，其中，全球稻米採購因菲律賓當地颱風肆虐，已重創 130 萬公噸的稻米收成。市場憂心供給短缺，導致越南和印度等出口國減少輸出，引爆全球糧價。請問這個事件對農民與稻米市場有何影響？

圖 2-12(a) 描繪這個事件的變動情形。當風災與旱災使稻米供給減少，供給曲線從 S_1 左移至 S_2。稻米價格從 30 元增至 40 元，而稻米銷售量由 100 公斤減至 90 公斤。

　　因為稻米是必需品，需求無彈性，價格上漲導致農民總收入增加，從 3,000 元增至 3,600 元。換句話說，人民必須用比以前更高的價格來購買數量更少的稻米，此為穀貴傷民。現實生活中這種情形屢見不鮮，2016 年 6 月委內瑞拉當局派出武裝警衛保護運糧貨車；在印尼，挨餓百姓上街抗議糧食不足。

　　另一方面，若稻米的生產技術突破，進而增加每公頃稻米的產量，農夫在既定價格下，能夠供給更多數量的稻米。圖 2-12(b) 說明這種變動。當供給曲線從 S_1 右移至 S_3 時，稻米的銷售量從 100 公斤增加至 110 公斤，而稻米價格從 30 元下降至 20 元。

　　由於稻米為需求無彈性，價格下跌導致農民總收入減少。從 3,000 元下跌至 2,200 元，此為穀賤傷農。臺灣在 2015 年因手搖

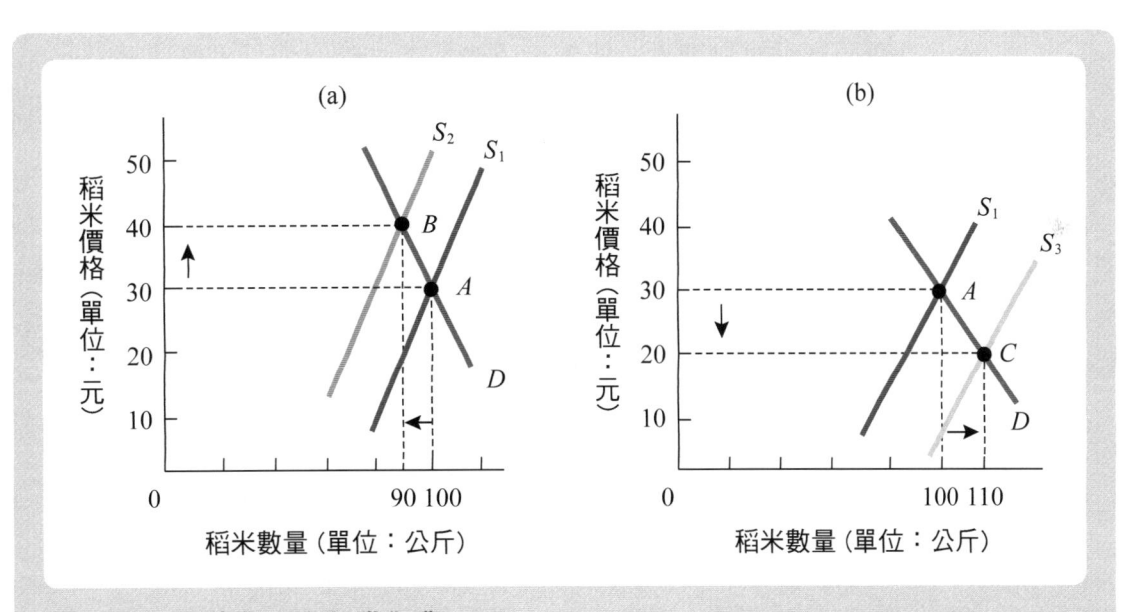

圖 2-12　穀貴傷民與穀賤傷農

一開始稻米每公斤 30 元，銷售量為 100。在圖 (a)，風災與旱災使供給從 S_1 減至 S_2。因稻米為無彈性，價格從 30 元增至 40 元，銷售量從 100 公斤減至 90 公斤，因此總收入從 3,000 元增至 3,600 元。在圖 (b)，技術進步使供給曲線從 S_1 右移至 S_3。價格從 30 元減至 20 元，銷售量從 100 公斤增至 110 公斤，因此總收入從 3,000 元減至 2,200 元。

飲料店風行,農民搶種檸檬,產量暴增 30%,導致價格慘跌,每公斤只賣 12 元,連付工人的錢都不夠,農民怨嘆根本是在做白工。

範例 5　禁毒會提高或降低毒品相關犯罪案件

若政府企圖增加緝毒人員,毒品市場與毒品相關犯罪案件有何變化?

　　當政府遏止某些毒品流入市面,並逮捕更多毒販時,毒品供給將會減少。供給曲線從 S_1 左移至 S_2,如圖 2-13(a) 所示。由於毒品為需求無彈性,吸毒者不會因為價格上升而戒毒,毒品價格上升將造成毒販總收入與吸毒者總支出增加。由於吸毒者總支出增加的結果導致毒品相關犯罪案件增加。

　　經濟學家認為,若政府推行反毒教育,促使毒品需求減少,需求曲線向左移動,如圖 2-13(b) 的 D_1 左移至 D_2 所示。均衡價格與數量都會下跌,毒販的總收入因而減少。換句話說,販毒在利潤減少的誘因下,毒品相關犯罪案件將會減少。

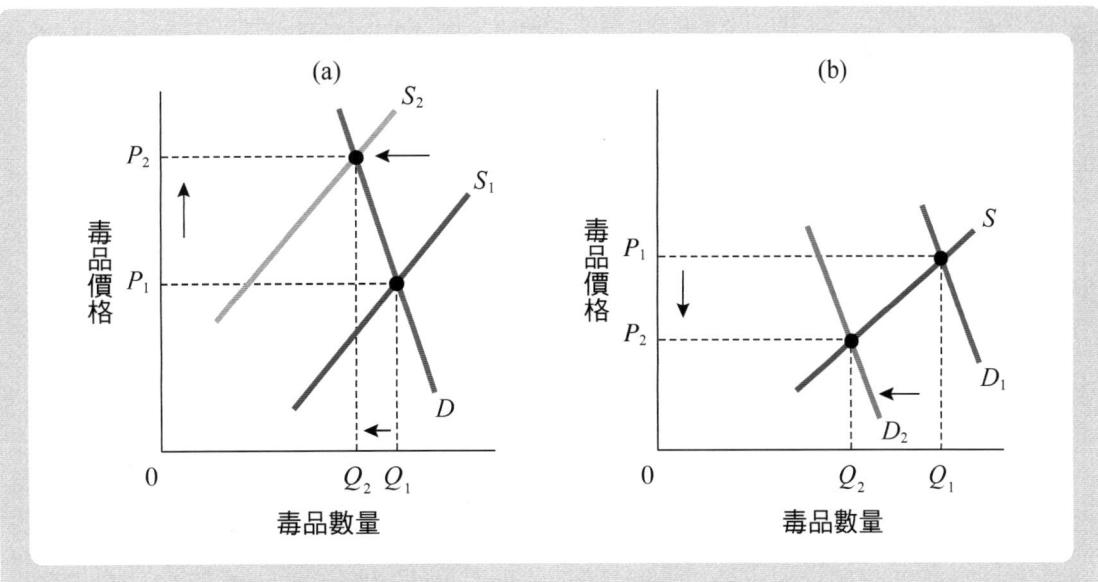

圖 2-13　禁毒的政策效果

在圖 (a)，禁毒使毒品供給減少，在毒品需求為無彈性下，毒品價格上升，使毒販總收入增加。在圖 (b)，反毒教育使需求曲線從 D_1 左移至 D_2，價格下跌與數量減少，毒販總收入下跌。

結　論

　　供給、需求與彈性這三種工具可以讓我們分析許多重要經濟事件，以及讓我們更了解許多經濟政策。譬如，柳丁的供過於求，促使農會每個週末在各個人潮聚集場所銷售柳丁汁；但若政府能將過剩的柳丁外銷到中國，則國內不但可讓柳丁維持在一個有利潤的價格，外銷柳丁亦可增加果農的收入。石油輸出國家組織 (OPEC) 協議減產石油，始終無法維持高油價。學會供需曲線與彈性概念，即可以預測未來商品價格的漲跌和總收入的變化。

不可不知

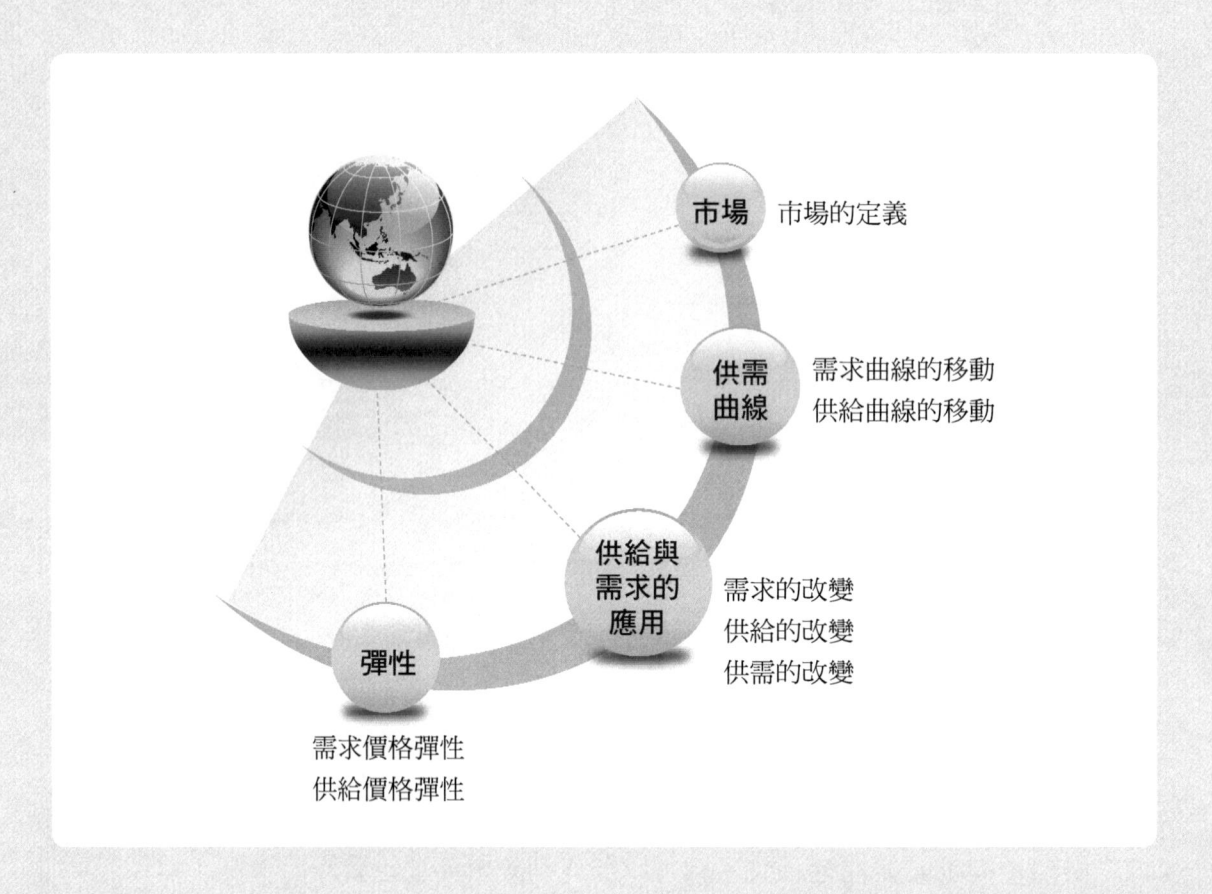

- **市場** — 市場的定義
- **供需曲線** — 需求曲線的移動 / 供給曲線的移動
- **供給與需求的應用** — 需求的改變 / 供給的改變 / 供需的改變
- **彈性** — 需求價格彈性 / 供給價格彈性

習題

1. 下列何者會造成番茄醬均衡價格上升和其均衡數量下降？
   (a) 番茄醬價格下跌
   (b) 番茄醬價格上升
   (c) 芥末為番茄替代品，芥末價格上升
   (d) 薯條為番茄互補品，薯條價格上升　　　　(105 年高考三級暨普考)

2. 大發百貨公司舉辦服飾類商品的換季促銷，所有過季的服飾一律打三折，但是購買的人反而減少，這是因為：
   (a) 需求線右移　　　　　　(b) 需求線左移
   (c) 供給線右移　　　　　　(d) 供給線左移
   　　　　　　　　　　　　　　　(106 年公務人員初等考試)

3. e-mail 與傳統信件為替代品，若技術進步使 e-mail 價格下跌，請問傳統信件的均衡價格與數量變動為何？
   (a) 上升，增加　　　　　　(b) 上升，減少
   (c) 下跌，增加　　　　　　(d) 下跌，減少

4. 下列何者對臺灣家庭而言，最可能是劣等財？
   (a) 海外旅遊　　　　　　　(b) 黑白電視機
   (c) 黃金　　　　　　　　　(d) 紅酒　　　　　(100 年普考)

5. 當樂桃航空調降票價 20% 時，其銷售增加 50%，其需求價格彈性為何？
   (a) 1.75　　　　　　　　　(b) 0.7
   (c) 2.5　　　　　　　　　 (d) 0.57

6. 在臺灣，很多商家都採「薄利多銷」的策略，這些商家產品的需求彈性應為何？
   (a) 小於 1　　　　　　　　(b) 大於 1
   (c) 等於 1　　　　　　　　(d) 任意值　　　　(101 年普考)

7. 家樂福發現同樣價格下跌 10%，衛生紙的銷貨收入減少，手機的銷貨收入增加，下列何者錯誤？
   (a) 衛生紙數量增加小於 10%
   (b) 衛生紙需求彈性小於手機需求彈性
   (c) 手機需求彈性小於 1
   (d) 手機需求線比衛生紙需求線平坦 　　　　　(105 年警察人員特考)

答案　1. (b)　2. (b)　3. (d)　4. (b)　5. (c)　6. (b)　7. (c)

Chapter 3

消費、生產與成本

奢侈的漢堡一個要價 16 萬元

在 2009 年 12 月 3 日《富比士》雜誌選出全球最奢侈的 11 道珍饌。除了上等食材，頂尖名廚、用餐環境和氣氛都能夠創造獨一無二的用餐經驗。當然，「揮霍之都」拉斯維加斯與紐約一定榜上有名。

紐約尼諾披薩以魚子醬和緬因州新鮮龍蝦為主要材料，每個要價 1,000 美元 (約合新臺幣 32,000 元)。拉斯維加斯曼德列灣度假村內的百合餐廳，由主廚凱勒 (Haber Keller) 製作的漢堡以神戶牛排和鵝肝為主要材料，每個售價 5,000 美元 (約合新臺幣 16 萬元)。如果覺得這種用餐經驗太過普通，你甚至可以在大峽谷、尼加拉瀑布等著名景點的上空用餐——代價是 5 萬到 10 萬美元。

為什麼一個漢堡要新臺幣 16 萬元？明明麥當勞超值全餐只要不到 100 元，不單有漢堡，還包括薯條和可樂。如果你嫌雙層牛肉吉事堡難以下嚥，你可以花 300 元去 Chili's 美式餐廳享受美國原汁原味的鄉村漢堡。16 萬元可以讓你去

Chili's 美式餐廳 533 次,或去麥當勞 1,600 次。就算每天去一次,你可以去 4 年半。

要回答上面的問題,其實很簡單:每個人的偏好不同,有些人希望生活得與眾不同。正是這種需求和願望,讓有才華的人一展長才,所有參與市場交易的人都可以獲得好處,我們的生活水準可進一步提升。本章的重點是從消費開始,探討消費者如何做消費選擇,接著檢視廠商如何做生產的決策,也就是更進一步地了解生產與成本的概念。

消費

效用與偏好

經濟學從一個非常重要的假設開始:每個人的行為都是追求自我利益的最大。以經濟學術語來說,就是理性的消費者追求己身的最大效用。**效用** (utility) 是指人們從商品與服務的消費中得到的滿足程度。同樣 1,000 元價值的現金與禮物,哪一項帶給你的滿足程度較高?似乎是現金,因為現金能夠買到相同的禮物或是作為其它的用途。既然如此,為什麼每年的聖誕節,大家都會交換禮物而非交換現金?這種習俗是否說明人們是不理性的?其實不然,交換禮物的目的之一是傳達送禮者的心意,一個精心挑選的禮物所帶來的效果不是金錢可以相提並論的;或者是

人們通常不會溺愛自己，幫自己買一個奢侈的小禮物，對這些人來說，別人送的奢侈小禮物比較不會讓他們覺得有罪惡感。這些解釋都直指交換禮物是理性的行為。

效用是主觀的。經濟學家並不在乎哪些東西特別能給我們帶來效用，而是重視每個人都有自己的偏好。富人與窮人的偏好並不相同，前言提到有些人一擲千金而面不改色，他們希望做一些令人難以置信、獨一無二的事情。因此，他們願意花 16 萬元吃一個漢堡。對一些富豪來說，這無疑滿足了他們以一種非常公開的方式「享受」生活的需求與願望。在同樣買得起手機的情況下，有人願意花上萬元，有人只想花數千元，就是因為他們的效用不同。

效用極大化

記得在第 1 章的原理一：人們面臨取捨。在任何時候我們可以做的事情有千百種，而每個決定都得做出一些取捨。究其背後的原因則為資源的稀少性。譬如，郭台銘與夫人曾馨瑩相約在紐約吃尼諾披薩，就無法到拉斯維加斯吃 16 萬元的漢堡。即使郭台銘有很多錢可以吃漢堡，但他與夫人仍然面臨時間上的限制。經濟學家通常認為消費者在面臨所得限制下，去追求消費商品與服務時滿足程度的最大。

讓我們舉一個例子來說明消費者如何選擇。每年 1 月是美式足球迷的大日子——美式足球超級盃。假設臺北小巨蛋德淶寶餐廳運動酒吧推出超級盃派對。你打算花 100 元買飲料和點心，1 片披薩是 20 元，而 1 杯可樂是 10 元。表 3-1 描繪披薩與可樂的消費數量、效用，以及每一元邊際效用。儘管效用無法測度，但是為了簡化分析，經濟學家仍以 utils (效用單位) 來衡量效用。表 3-1 顯示，吃 2 片披薩的效用是 360，而喝 2 瓶可樂的效用是 350，此表示 2 片披薩的滿足程度高於 2 瓶可樂的滿足程度。

從表 3-1 觀察，在 100 元的預算下，效用極大是吃 3 片披薩和 4 杯可樂 ($TU=960$)，這個消費組合會比 4 片披薩與 2 杯可樂 ($TU=870$) 或 2 片披薩與 6 杯可樂 ($TU=880$) 要好。另一個思考

表 3-1　吃披薩與喝可樂的效用與每一元邊際效用

披薩數量	$TU_{披薩}$	$MU_{披薩}$	$\dfrac{MU_{披薩}}{P_{披薩}}$	可樂數量	$TU_{可樂}$	$MU_{可樂}$	$\dfrac{MU_{可樂}}{P_{可樂}}$
0	0	—	—	0	0	—	—
1	200	200	10	1	200	200	20
2	360	160	8	2	350	150	15
3	460	100	5	3	450	100	10
4	520	60	3	4	500	50	5
5	540	20	1	5	530	30	3
6	510	−30	—	6	520	−10	—

消費者最適選擇的方法是，第 1 章提到的原理三：理性的人們以邊際方式思考。大多數時候，決策者——消費者、廠商與政府——都面臨是否要多做一點這個或少做一點那個的決策。譬如，麥當勞面臨的決策是：是否應該將板烤米香堡下架或推出新的那不勒斯牛肉堡？在我們的例子裡就是選擇多吃一片披薩或多喝一杯可樂。表 3-1 的 $MU_{披薩}$ 與 $MU_{可樂}$ 分別代表多吃一片披薩或多喝一杯可樂所額外增加的總效用。譬如，當你的披薩消費數量從 2 片到 3 片時，總效用從 360 增加至 460，因此，吃第 3 片披薩的邊際效用是 100。可樂與披薩的消費都符合邊際效用遞減法則 (the law of diminishing marginal utility)：在一段期間內，隨著商品或服務的消費數量愈多，邊際效用逐漸減少。譬如，第 5 片披薩的邊際效用是 20，而第 6 片披薩的邊際效用是 −30。如果你的朋友贏得樂透彩而請你去吃 Buffet，你也為了不要掃興而在前一天都不吃東西。一旦你到達餐廳，不管吃什麼，第 1 盤一定最美味。在你連續吃 10 盤後，相信第 11 盤帶給你的滿足程度一定不會比第 1 盤高。

做出最佳決策的關鍵在於，遵守每一元的邊際效用均達到相等的法則，此時的總效用為最大，亦即：

$$\frac{MU_{披薩}}{P_{披薩}} = \frac{MU_{可樂}}{P_{可樂}} \quad (3.1)$$

比較披薩與可樂的邊際效用並非最佳決策的原因是：買任何東西都必須付出代價。記得一片披薩是 20 元，而一杯可樂是 10 元，吃第 2 片披薩的每元邊際效用是 8，而喝第 3 杯可樂的每元邊際效用是 10。顯然，最後 1 元拿來喝可樂的滿足程度較高，喝可樂是較明智的抉擇。根據式 (3.1)，只有在吃 3 片披薩與喝 4 杯可樂時，每一元的邊際效用達到相等且 100 元剛好花完，而消費者的總滿足程度達到最大。

生 產

經濟學家認為，消費者的消費行為是追求總滿足程度最高，而廠商生產商品的最終目標是追求利潤最大。利潤的重要性可從金融海嘯窺其一二。慶祝創立 250 週年的英國名瓷 (Wedgwood) 與有 226 年歷史的愛爾蘭水晶 (Waterford) 合併的瑋緻活公司 (Waterford Wedgwood) 因付不出 4.49 億歐元債務的利息，終於在 2009 年 1 月 5 日聲請破產保護，走入歷史。英國與愛爾蘭以「悲劇」和「國難」來形容這兩大國寶級品牌的沒落。

利潤的種類

利潤是廠商的總收入 (total revenue, *TR*) 減去總成本 (total cost, *TC*)：

$$利潤 = TR - TC$$

廠商的總收入等於商品的售價 (P) 乘以商品的生產數量 (Q)，即 $TR=P\times Q$。假如麥當勞機場店生產 100 個大麥克，而每個大麥克賣 75 元，總收入就是 7,500 元。至於生產成本是一種機會成本的概念。以 Yahoo! 的創業為例。1994 年 2 月，楊致遠與費羅 (David Filo) 在車庫開啟網路搜尋的第一章。架設網路所需的硬體與電腦當然是生產成本的一部分，我們稱為外顯成本 (explicit cost)，又稱為會計成本 (accounting cost)。楊致遠與費羅放棄外面工作的薪水和放棄車庫的租金收入也是生產成本的一部分，我們稱為隱含成本 (implicit cost)。由於成本有兩種不同的衡量方式，利潤的衡量也有兩種不同方式：

會計利潤＝總收入－外顯成本
經濟利潤＝總收入－(外顯成本＋隱含成本)

經濟利潤是一個非常重要的概念。企業總是尋找能夠賺大錢的機會。香港《亞洲週刊》報導，浙江義烏已被聯合國認可為全球最大的小商品批發市場，1 年創造近 500 億人民幣的成交額。義烏的可貴之處在於靈活、多變、價格低廉，可以根據客戶的要求，在很短的時間內直接生產，並提供一定數量的貨品配送到府。

生產函數

企業結合生產因素 (土地、勞動、資本、管理才能等) 創造出價值遠超過要素成本的商品或服務。譬如，《哈佛商業評論》(*Harvard Business Review*) 把賈伯斯列為全球最佳執行長，因為從他 1997 年重返蘋果坐鎮到 2009 年 9 月止，替股東創造了 3,188% 的驚人報酬率 (年報酬率為 34%)，公司市值暴增 1,500 億美元。

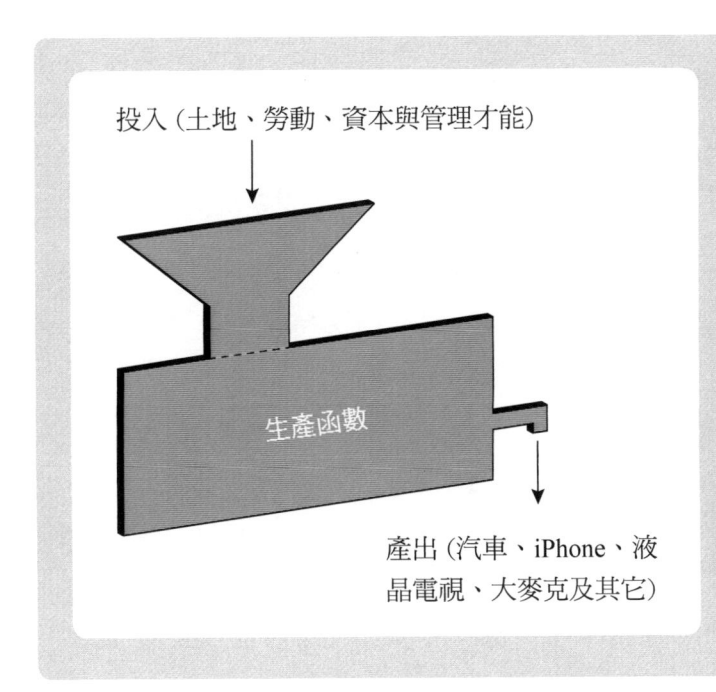

圖 3-1　生產函數

生產函數將投入，如勞動、土地、資本與管理才能轉換成產出。圖中的生產函數包括現有的生產技術。

生產函數 (production function) 描繪生產因素，如資本與勞動，如何轉換成產品間的關係。圖 3-1 顯示生產因素投入其中，而商品或服務就從那裡「釋放」出來。生產函數也包含現有的生產技術，它會隨著時間經過而進步。譬如，蘋果結合 A10 Fusion 晶片 M10 動態處理器、雙鏡頭數位相機，加上庫克 (Tim Cook) 的卓越領導才華，生產出令人驚豔的 iPhone 7，成為全美用戶最多的手機。

考慮小胖在士林開設南港老張胡椒餅的例子。我們假設小胖的店面面積固定，只有 10 坪，且只有一個烤爐烘烤小酥餅與胡椒餅。雇用員工人數不同，小酥餅的產量也會不同，當然這是一個短期的情況。在長期，烤爐數量與店面面積都可隨生意好壞而做調整。表 3-2 列出小胖每小時出爐的小酥餅數量。第 1 欄與第 2 欄描繪的就是生產函數；隨著員工雇用人數的增加，產出數量隨之增加，但增加的速度愈來愈慢。第 3 欄為勞動邊際產出 (marginal product of labor, MP_L)，是指額外增加一單位勞工的雇用，產出的增加數量。

表 3-2　生產函數：總產出、邊際產出與平均產出

員工人數	TP (小酥餅數量)	MP_L (勞動邊際產出)	AP_L (勞動平均產出)
0	0	—	—
1	50	50	50
2	90	40	45
3	120	30	40
4	140	20	35
5	150	10	30
6	155	5	25.83

值得注意的是，隨著員工雇用人數的增加，邊際產出遞減。第 2 位員工的邊際產出為 40 個小酥餅，第 3 位員工的邊際產出為 30 個小酥餅，而第 4 位員工邊際產出則為 20 個小酥餅。這種特性稱為**邊際報酬遞減** (diminishing marginal product)。由於廚房面積與烤爐設備有限，一開始員工很輕易地使用設備，隨著員工人數增加，廚房愈顯擁擠，大家必須輪流使用烤爐，額外增加的小酥餅產量愈來愈少。最後一欄為**勞動平均產出** (average product of labor, AP_L)，定義成總產出除以員工雇用人數。

生產力為何如此重要？讓我們舉兩個例子來說明。第一個例子是，《富比士》公布 2017 年年度最有價值 NBA 球隊，尼克隊以總值 33 億美元成為第一。究其原因有二：一為球場貴賓席收入為全聯盟最高；第二為簽訂新的轉播合約。尼克隊市場足足成長 20%。另一支市值飆升的是金州勇士隊，在 2010 年被雷卡布 (Joe Lacob) 和古柏 (Peter Guber) 以 450 萬美元買下，目前價值 26 億美元，聯盟排名第三。勇士隊市值大漲的原因之一是，2016 年夏天補進兩屆得分王杜蘭特，在 2017 年打敗詹姆斯領軍的騎士隊而得到 NBA 總冠軍。為什麼勇士隊要砸大錢組成 F4 (柯瑞、杜蘭特、湯普森與格林) 的超級豪華陣容？因為他們是聯盟少數具有球星魅力的大明星。以經濟學術語來說，就是他們的高生產力，創造出遠超過他們薪資的價值。

第二個例子是發生在文藝復興時期，整個歐洲地區可能有 100 萬名女性因施行巫術而被殺害，原因何在？哈佛大學經濟系女博士生奧斯特 (Emily Oster) 努力蒐集關於女巫審判與天氣之間關係的系統性數據，結果看上去引人矚目：1520 年到 1770 年，天氣較冷的幾十年間，也就是氣象史上所謂的小冰期 (Little Ice Age)，進行的審判也更多。氣候進入小冰期，農作物欠缺，海水太冷也會導致漁獲減少。在糧食短缺的壓力下，必須去除生產力最低的窮人、老人、寡婦，社會上給這些邊際人口的罪名就是宣稱這些代罪羔羊為巫者。遺憾的是，這些案例並非歷史註解，在坦尚尼亞的 Meatu 地區，有半數的謀殺案都是「殺害女巫」。加州大學柏克萊分校經濟學家米格爾 (Edward Miguel) 認為，這些攻擊有直接的經濟動機：在饑荒的年代，瀕臨生存邊緣的家庭為了保護家庭其它成員的食物，往往會殺害生產力較低的年長女性。

短期成本

延續前面小胖生產小酥餅的例子，表 3-3 的最後 5 欄顯示小酥餅的短期成本。小胖的房租及設備成本每小時為 30 元，而雇用一位員工的時薪為 80 元。若他雇用兩位員工，總成本則為 190 元。從上面的討論，我們知道總成本分成兩類：**固定成本** (fixed cost, *FC*)，不會隨著小酥餅產量變動而變動的成本，以及**變動成本** (variable cost, *VC*)，會隨著小酥餅產量變動而變動的成本。因此，

$$TC = FC + VC$$

表 3-3　小胖生產小酥餅的總成本與邊際成本

員工人數	TP (小酥餅數量)	MP_L (勞動邊際產出)	FC (店面成本)	VC (勞工成本)	TC (總成本)	ATC (平均總成本)	MC (邊際成本)
0	0	—	30	0	30	—	—
1	50	50	30	80	110	2.2	1.6
2	90	40	30	160	190	2.11	2
3	120	30	30	240	270	2.25	2.67
4	140	20	30	320	350	2.5	4
5	150	10	30	400	430	2.87	8
6	155	5	30	480	510	3.29	16

倒數第 2 欄的平均總成本 (average total cost, ATC) 是平均每生產一個小酥餅的成本，定義為總成本除以小酥餅數量：

$$ATC=\frac{TC}{Q}$$

最後 1 欄的邊際成本 (marginal cost, MC) 是額外多生產一個小酥餅所增加的總成本，定義為總成本的變動除以小酥餅數量的變動：

$$MC=\frac{\Delta TC}{\Delta Q}$$

譬如，小酥餅數量從 50 增至 90，總成本則從 110 增至 190，因此邊際成本為 2（＝80/40）。

U 形的平均總成本曲線

平均總成本與邊際成本曲線的形狀則繪於圖 3-2。請注意，

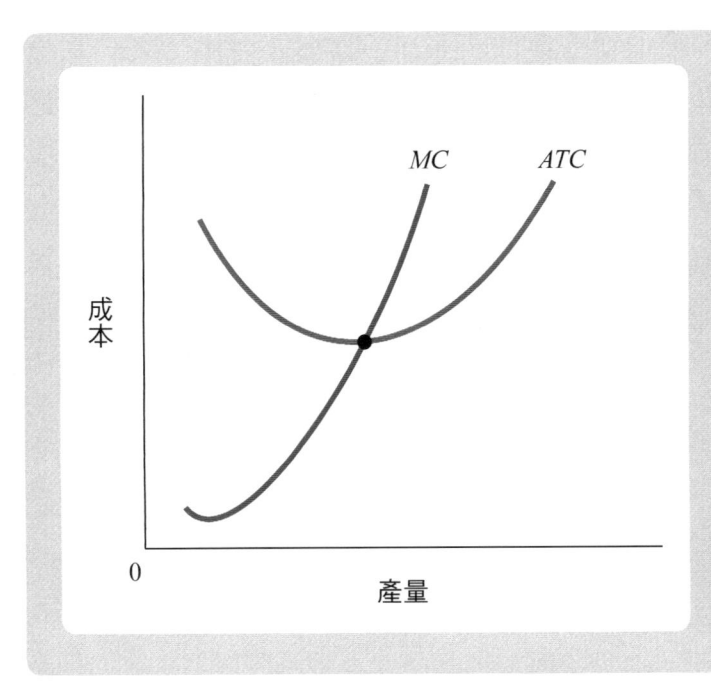

圖 3-2 一典型廠商的成本曲線

一典型廠商有 U 形的 ATC 曲線。MC 曲線會先遞減再遞增，並會通過 ATC 曲線的最低點。

圖 3-2 的成本曲線並非小胖生產小酥餅的成本，而是更一般化的情況。

平均總成本 ATC 在開始時，會隨產量增加而下降，至一最低點後，會隨產量增加而上升，造成的曲線呈 U 形。

儘管全球航空業獲利強勁 (2016 年共盈利近 400 億美元)，但亞洲許多航空業者更將服務升級，因為他們認為想吸引乘客就得寵愛旅客，尤其是頭等艙與商務艙旅客。以新加坡航空為例，有 40% 的營收來自頭等艙，所以不僅不砍 700 萬美元的頭等艙酒品預算，還打算改裝頭等艙座位，提升娛樂品質，並在中國航線推出新餐點。香港的國泰航空也不遑多讓，打算在吉隆坡機場打造新的頭等艙暨商務艙休息室，甚至有酒品運送到家服務。為什麼亞洲的航空公司要拚服務升級？服務升級意味著支出增加，公司營運成本增加，公司獲利

因而下降。記得第 1 章提到的原理三：理性的人們以邊際方式思考。縱使改造頭等艙與推出新餐點，使邊際成本上升，邊際收益增加的幅度將遠超過邊際成本增加的幅度。頭等艙的改造是一種預設成本，而新餐點額外增加的成本相較於頭等艙票價又微不足道，服務升級將使邊際收入 (票價收入) 高於邊際成本 (供應新餐點成本)，腦筋動得快的航空業者預見新興國家經濟復甦力道強勁，因此維持頂級服務絕對不會血本無歸，這就是業者打的如意算盤。

長期成本

對許多廠商而言，固定成本和變動成本的考量與時間有關。譬如，美國福特汽車在底特律的工廠，不可能在幾個月內就改變工廠規模，因為這樣做是不敷成本的。這些工廠與設備成本就是在短期屬於固定成本。相反地，許多年後 (或許是幾十年)，福特汽車可以擴充生產規模、興建新廠或關閉舊廠。因此，工廠與設備成本在長期屬於變動成本。

延續前面小胖生產小酥餅的例子，圖 3-3 描繪三個不同生產規模 (ATC_1、ATC_2 和 ATC_3) 的成本曲線。ATC_1 代表小型生產規模，譬如，廚房面積 5 坪與 1 個窯烤爐；ATC_2 代表中型生產規模，譬如，廚房面積 10 坪與 2 個窯烤爐；而 ATC_3 則代表大型生產規模，譬如，廚房面積 20 坪與 3 個窯烤爐。

圖 3-3(a) 顯示小酥餅數量的變動如何隨著時間經過而改變成本。如果小胖每小時生產 300 個小酥餅，他會面臨兩個選擇：ATC_1 與 ATC_2。基於節省成本的考量，他會選擇在 B 點生產，因為 1 個窯烤爐的平均成本只要 10 元，而 2 個窯烤爐的平均成本要 15 元。如果小胖計畫每小時生產 500 個小酥餅，他會選擇 ATC_2。而如果做出口碑，門庭若市，每小時必須生產 700 個小酥餅才能應付顧客需求，小胖會選擇 20 坪的廚房及 3 個窯烤爐。

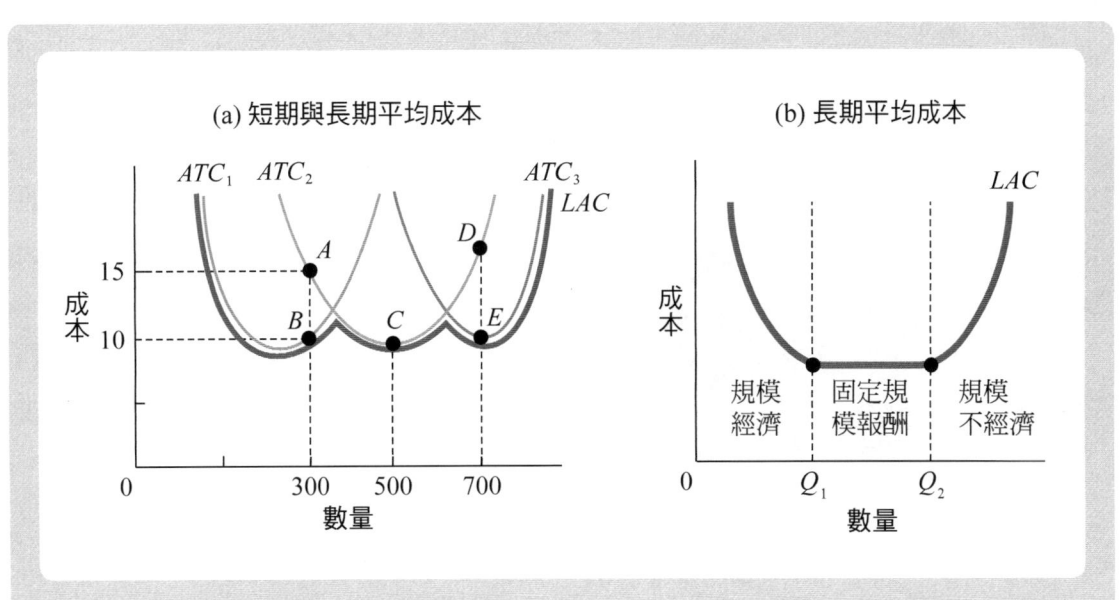

圖 3-3 短期與長期平均成本

在圖 (a)，由於在長期，廠商可選擇不同的設備規模 (固定成本)，長期平均成本 (LAC) 位於短期平均成本的下緣。在圖 (b)，U 形的長期平均成本的形成原因為規模經濟、固定規模報酬與規模不經濟。

因為 ATC_3 的平均成本 (E 點) 低於 ATC_2 的平均成本 (D 點)。因此，長期平均成本曲線 (LAC) 位於短期平均成本曲線 (ATC) 的下緣。

U 形的長期平均成本曲線

一如 U 形的短期平均成本曲線，長期平均成本曲線也是 U 形，如圖 3-3(b) 所示，只是形成的原因不同。U 形 LAC 曲線的形成原因為規模經濟、規模不經濟與固定規模報酬。

規模經濟 (economies of scale) 是指隨著產出增加，長期平均成本處於下降的階段。廠商經歷規模經濟的原因有三：第一為產量增加允許勞工進行專業化分工，譬如，亞當·斯密在《國富論》中提到在別針工廠中，1 位勞工執行所有的操作，每天可生產 1,000 個別針。可是，如果將工作流程分成四項職務，每位勞工專注其中一項，10 位勞工每日可生產 48,000 個別針，生產力

增加為近 5 倍。第二為大型廠商，如沃爾瑪 (Walmart) 或鴻海，可以比其它小型廠商以更低價格買進原料及機器設備。事實上，沃爾瑪的規模愈大，其議價能力愈高，平均成本可進一步減少。最後一個是某些產業，如自來水、電話與天然氣的初始設定成本異常龐大 (譬如，鋪設管線到每一家)。但新增用戶的開通成本很低，亦即，用戶愈多，產業的平均成本愈低。

通常提到規模經濟，就會想到航空業。擁有很多航班的航空公司可接駁許多旅客於不同城市之間。機場也享有規模經濟，原因是維修、登機設備、行李轉盤、櫃檯空間在乘客人數較多時，使用上會較有效率。規模經濟提供了航空業喜歡大飛機的基本理由，如波音 787 夢幻客機 (50% 的主體結構使用輕型碳纖維混合材料)，可容納 250 個座位、節省燃油 20%。

亞洲航空獲得國際飛航評比機構 Skytrax 選為「全球最佳廉價航空」，是全球最懂得控制成本的航空公司。其每公里每個座位的營運成本為 2.5 美分，低於新加坡航空的 5.58 美分，美系航空甚至高達 8 美分以上。

它們是怎麼辦到的？亞洲航空採用統一機型，降低零件購買及維修成本，高頻率的飛機使用率 (每天有 18 小時在天上飛)、點對點多班次營運模式 (飛二線城市，享受更低的登陸及停靠費用)，以及不設辦事處與售票中心 (全球唯一宣布不加徵燃油附費與行政費的航空公司)。由於經營成本的嚴格控制，亞洲航空提供比市場更便宜的票價。廉價航空在臺灣大行其道，進軍臺灣已超過 7 年，市占率從 0.3% 增加到 2.9%，成長 9 倍之多。廉價航空的吸金能力，連日本也不得不追尋市場潮流，成立「首家日本血統的低成本航空」樂桃航空 (Peach Aviation)，首推「臺北－大阪」機票，單程 2,980 元，比一般航空公司便宜 4,500 元。

固定規模報酬 (constant returns to scale) 是指隨著產出增加，長期平均成本固定不變的階段。當廠商增加產出時，它們等比例地增加對生產因素的雇用。長期平均成本最低點的產出水準稱為**最小效率規模** (minimum efficient scale)。如圖 3-3(b) 的 Q_1 所示。隨著產出增加，長期平均成本處於上升的階段，稱為**規模不經濟** (diseconomies of scale)。規模不經濟的發生是因為大廠的溝通及協調成本在組織愈漸龐大時扮演舉足輕重的角色。譬如，福特汽車在美國底特律附近的里弗魯日 (River Rouge) 建立大型工廠來生產 A 型汽車，希望能夠沿用生產線的概念 (汽車用輸送帶運輸，人員不需移動) 來降低平均成本。不幸的是，里弗魯日工廠實在太大而遭受規模不經濟。工廠管理人員無法在這麼巨大的工廠內協調汽車生產。下面的敘述或許能給你一些輪廓：

> 總共有 93 棟獨立建築，包括引擎鑄造工廠、輪胎製造工廠、傳動軸工廠等，占地 15,767,708 平方英尺……，工廠有自己的鐵路，鐵道長 93 英里，還有 16 個火車頭，光是輸送帶的長度就有 27 英里。在工廠工作的人員約有 75,000 個。其中有 5,000 人只負責打掃，每個月要用掉 5,000 支拖把、3,000 支掃把和 86 噸肥皂。由於工廠太過龐大，上位者根本不了解基層工作人員的想法。

福特汽車從 1927 年開始生產 4 款 A 型汽車，由於規模不經濟，在里弗魯日工廠出產的汽車從未賺過錢，直到將生產線移至全國各地小工廠後才開始獲利。

結　論

　　電影《當哈利碰上莎莉》(*When Harry Met Sally*) 是一部過程曲折的愛情喜劇片。故事起源於哈利與莎莉一起前往紐約的途中，兩人對愛情和友情的歧異見解。經過了 10 年，兩人在跨年倒數的真心對白，令人動容，這部電影後來獲得美國電影協會百年十大佳片之一。

　　儘管生產者遇上消費者的過程不像電影般的曲折，但結局卻是一樣美好。交易可以讓雙方過得更好。因為交易，外國人可以喝到高品質的臺灣烏龍茶，我們可以吃到米其林三星的美食。因為交易，捕黑鮪魚的漁夫可以賺進百萬，改善自己的生活水準。市場經濟有失靈的時候，譬如，審計部發現，台酒公司未賣出的原酒高達 4 萬公升。若這批酒以 12 瓶裝箱，足足可以疊高超過 1,030 座 101 大樓，保守估計得花 25 年才能清空庫存。為何賠錢生意仍有人做？台酒坦言，政府照顧果農的政策，早在 60 年前由台酒扛下。否則，依市場導向，全數進口原料不僅品質優良且價格便宜。[1]

不可不知

消費
- 總效用
- 邊際效用遞減
- 效用極大化與需求曲線

成本
- 短期成本
- 長期成本

生產
- 利潤的定義
- 生產函數

---

[1] 資料來源：參考《中國時報》，2009 年 8 月 3 日。

習題

1. 假設大雄消費各種蘋果數量下的邊際效用都為正值，但隨著蘋果消費數量增加，邊際效用下降。大雄消費蘋果的總效用隨著蘋果消費數量增加而
   (a) 增加
   (b) 下降
   (c) 不變
   (d) 資訊不足，無法判斷

   (105 年國際經濟商務人員特考)

2. 小齊追求效用極大，且將所有預算用來消費鹹酥雞與可樂兩種商品。若在某時點他從鹹酥雞所得到的邊際效用是 4，從可樂得到的邊際效用是 3；而鹹酥雞價格是 5，可樂的價格是 2，則接下來他會如何調整消費行為？
   (a) 增加鹹酥雞的消費量，同時減少可樂的消費量
   (b) 同時增加鹹酥雞與可樂消費量
   (c) 減少鹹酥雞消費量，同時增加可樂消費量
   (d) 此時已是最適，不會再做調整

   (105 年關務人員特考)

3. 下列有關經濟成本 (economic costs) 的敘述，何者錯誤？
   (a) 包括外顯成本與隱含成本
   (b) 可以貨幣單位或貨幣數量衡量
   (c) 某一資源的使用具經濟成本係因其稀少具有多種用途
   (d) 一般符合邊際成本遞減法則

   (105 年國際經濟商務人員特考)

4. 下列敘述何者錯誤？
   (a) 廠商可以有會計利潤與經濟利潤
   (b) 廠商可以有會計利潤與經濟損失
   (c) 廠商可以有會計損失與經濟損失
   (d) 廠商可以有會計損失與經濟利潤

5. 下列何者是隱含成本的例子？
   (a) 部分工時勞工的薪水
   (b) 自營業者若替別人工作所獲得的薪資
   (c) 企業貸款支付的利息
   (d) 現在購買原料而在稍後使用的成本
   (e) 以上皆是

6. 下列何者不是生產因素？
   (a) 生產鋼鐵的中鋼員工　　　(b) 用來生產木桌的木材
   (c) 生產鋼鐵的鐵礦　　　　　(d) 中鋼的股票
   (e) 以上皆是

7. 書豪逛夜市吃了 3 個小酥餅和喝了 2 杯珍珠奶茶而達到最大效用。書豪消費第 1 杯和第 2 杯珍奶的邊際效用分別為 50 單位和 20 單位。吃第 1 個和第 2 個小酥餅的邊際效用分別為 20 與 15 單位。1 個小酥餅價格是 20 元，1 杯珍奶是 40 元。請問第 3 個小酥餅的邊際效用為何？
   (a) 25　　　　　　　　　　　(b) 15
   (c) 20　　　　　　　　　　　(d) 10　　　　（100 年初等考試）

8. 下表是樂陞勞動雇用量與總產量之關係，下列敘述何者正確？

勞動雇用量	1	2	3	4	5	6	7	8	9
總產量	8	26	42	57	70	82	92	100	107

   (a) 此表資料顯示邊際產量遞減現象，所以是長期生產行為
   (b) 此表資料顯示邊際產量遞減現象，所以是短期生產行為
   (c) 此表資料並沒有邊際產量遞減現象，所以是長期生產行為
   (d) 此表資料並沒有邊際產量遞減現象，所以是短期生產行為
   （105 年金融保險高考）

9. 下列哪一條成本線不是呈現 U 形特徵？
   (a) 平均變動成本　　　　　　(b) 邊際成本
   (c) 平均成本　　　　　　　　(d) 固定成本　（105 年金融保險高考）

10. 在各項短期成本中，下列敘述何者正確？
    (a) 只有總固定成本會受到產量影響
    (b) 只有總變動成本會受到產量影響
    (c) 總成本與總變動成本都會受到產量影響
    (d) 總成本與總固定成本都會受到產量影響

    (105 年國際經濟商務人員特考)

11. 某應考人每天必須用 6 小時唸國文、英文、經濟學。假設每一科每小時所獲得的邊際效用如下表：

小時	1	2	3	4	5	6
國文	20	16	10	5	2	0
英文	15	12	9	6	3	1
經濟學	25	22	18	14	8	2

在最適時，他一天應該唸幾小時經濟學？
    (a) 5 小時   (b) 4 小時
    (c) 3 小時   (d) 2 小時   (106 年關務人員考試)

12. 下圖顯示某競爭廠商其邊際成本 (MC) 與社會邊際成本 (SMC) 兩條曲線，且市場均衡價格為 20。政府為矯正外部性所造成之無效率，應該訂定單位稅額為：
    (a) 4
    (b) 8
    (c) 12
    (d) 16

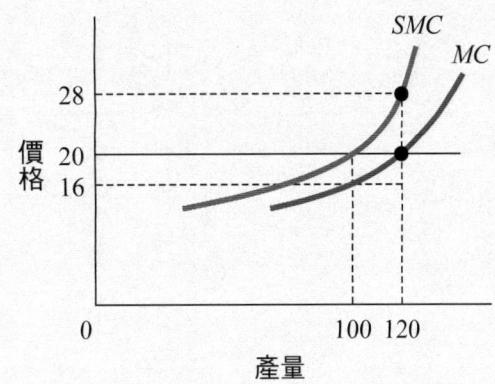

答案

1. (d)　2. (c)　3. (d)　4. (d)　5. (b)　6. (d)
7. (d)　8. (b)　9. (d)　10. (c)　11. (c)　12. (a)

Chapter 4

市　場

不能說的祕密

被控非法壟斷市場的官司正要在美國開打，英特爾 (Intel) 與超微 (AMD) 卻閃電和解。這樁攸關全球 IT 產業的案子急轉直下的關鍵，竟是幾封電子郵件，證據顯示，戴爾 (DELL) 有三分之一的淨利來自英特爾的回扣。

英特爾利用「忠誠度回扣」綁住電腦製造商的作法行之有年。這種作法雖然違法，但過去一則因為英特爾產品確實勝出，二則也因為英特爾給客戶豐厚補貼，雙方你情我願，因此從來沒有被拿來攤在陽光下，也讓英特爾 20 年來在微處理器市場享有近乎獨占地位。

但好運也有用完的時候，紐約州檢察官寇渠 (Andrew Cuomo) 在 2009 年 11 月 3 日公開英特爾前任執行長貝瑞特 (Craig Barrett) 和當時的執行長歐德寧 (Paul Otellini) 的幾封電子郵件的部分內容顯示，英特爾從 2001 年到 2006 年間，每一季都付錢給戴爾，累計達 60 億美元。這幾封電子郵件公布後的 9 天，英特爾與超微閃電和解，除了賠償超微 12.5 億美元之外，並承諾減少從事

獨占補貼，還重簽專利授權相互協議。

2017 年 6 月下旬，歐盟對 Google 開出破紀錄的 24 億歐元罰款，理由是 Google 扭曲搜尋結果，拉抬自己的購物搜尋服務，影響其它規模較小競爭對手利益。

這兩個例子告訴我們，生產者與消費者不是單純的市場價格接受者。在某些情況下，廠商掌握某種程度的市場力量，也就是對產品售價有某種程度的控制權。以蘋果 iPhone 7 手機為例，iPhone 7 手機在臺開賣售價為 24,500 元起，比前一代貴 2,000 元。相較鄰近的日本、香港及中國的價格。香港及日本的含稅價均較臺灣便宜。四地售價，以香港最便宜。

市場正是本章的主題。在現實的生活中，有為數眾多的市場，不同市場中的生產者行為截然不同：在某些市場，生產者高度競爭，而在另一些市場，生產者彼此協調避免競爭。由於廠商生產的商品種類不勝枚舉，經濟學家以市場結構將市場分成四類：完全競爭、獨占、寡占和壟斷性競爭。我們將依序介紹各個市場的特性與生產者的行為。

市場結構

市場結構 (market structure) 包括兩個不同層面：

- 市場存在的廠商家數 (一家、很少或很多)。
- 廠商銷售的商品品質是同質或異質。

圖 4-1 整理出四種不同的市場結構。由於真實世界不像理論一樣的斬釘截鐵，有時候你可能無法確定所觀察的對象是哪一種市場。譬如，臺灣的披薩廠商主要是必勝客、達美樂和拿坡里。如果從這個角度觀察，披薩市場是寡占，因為只有三家。除了連鎖披薩店，臺灣還有許多好吃的披薩店，譬如，強調手工窯烤的

圖 4-1　市場結構

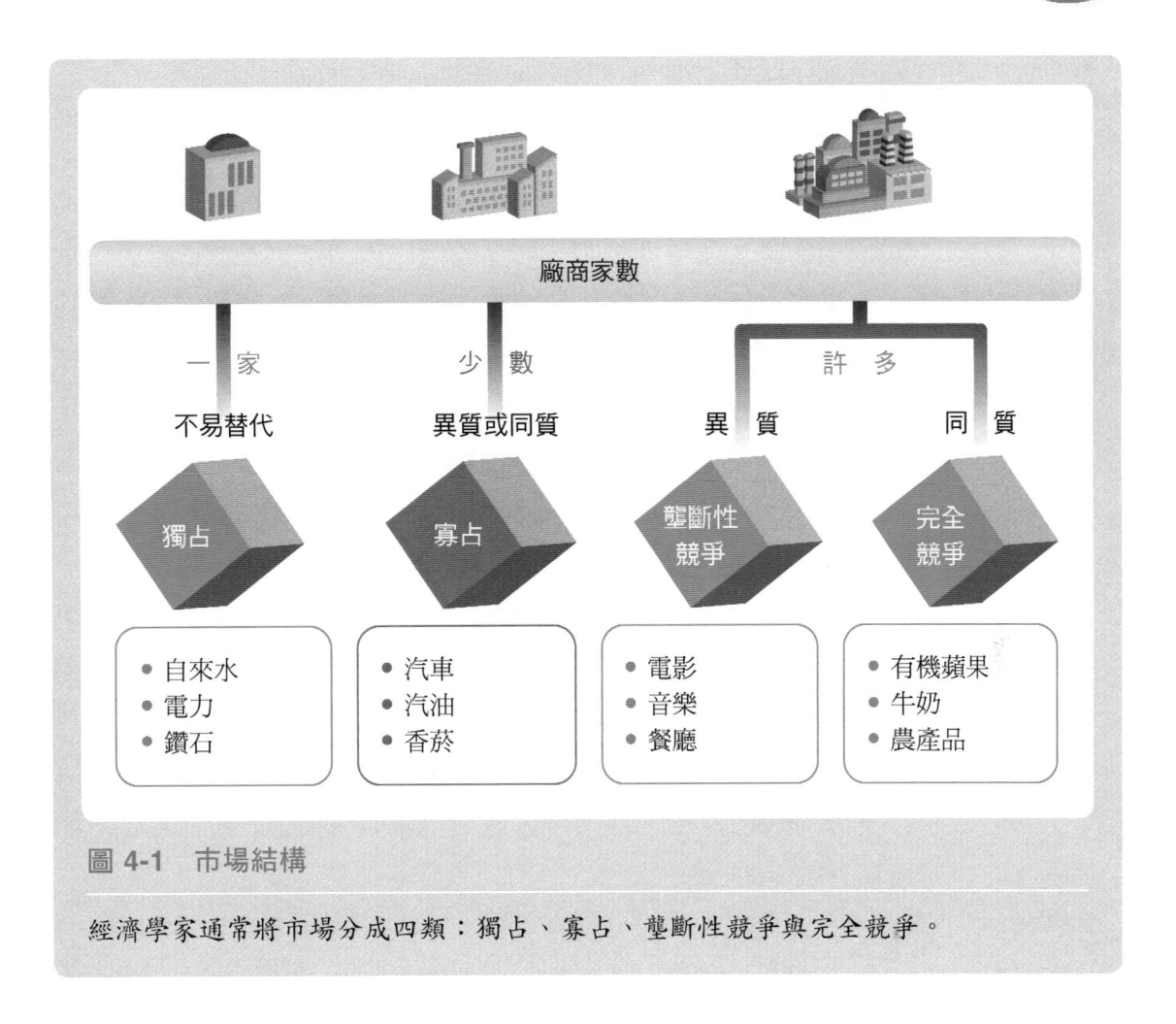

廠商家數	一家	少數	許多（異質）	許多（同質）
替代性	不易替代	異質或同質	異質	同質
市場型態	獨占	寡占	壟斷性競爭	完全競爭
例子	自來水、電力、鑽石	汽車、汽油、香菸	電影、音樂、餐廳	有機蘋果、牛奶、農產品

經濟學家通常將市場分成四類：獨占、寡占、壟斷性競爭與完全競爭。

So Free、木石餐廳、新店薩莉亞義式餐廳、高雄卡不里餐廳、臺南的 Double Cheese 手工窯烤披薩吃到飽等，若從這個角度觀察，披薩市場又像是壟斷性競爭。

同樣地，沒有一個確定的方法來分辨商品是同質或異質。不同品牌的牛奶是同質或異質？頂好超市或長庚生物科技提供的有機蘋果品質相同嗎？答案其實是可以討論的。經濟學家學習所有的市場型態，然後將其運用到適合的地方。

完全競爭

完全競爭市場有三個特性：

1. 市場存在為數眾多的買者與賣者。
2. 不同廠商提供的商品品質大致相同。
3. 廠商可以自由進出市場。

第一項與第二項特性說明，商品的價格是由市場上的供給與需求來決定，市場中的任何一個買者或賣者都無法影響價格，他們都是**價格接受者** (price takers)。讓我們以有機蘋果為例，長庚生技門市 1 公斤賣 80 元，頂好超市 1 公斤賣 90 元，而大潤發 1 公斤賣 100 元。在品質完全相同的情況下，你會選擇去長庚生技門市購買，另外兩家業者見銷售狀況不佳，被迫將價格降為 1 公斤 80 元。同樣地，消費者的購買量也無法影響有機蘋果的售價 (一次購買的數量不可能好幾卡車)。因此，價格市場由供給曲線與需求曲線共同決定，個別廠商面對的需求曲線為一水平線，如圖 4-2 所示。

第三項特性說明任何一個想要進入有機蘋果產業的人都可以買地與栽種蘋果樹。任何想要退出有機蘋果種植的農夫也可毫無

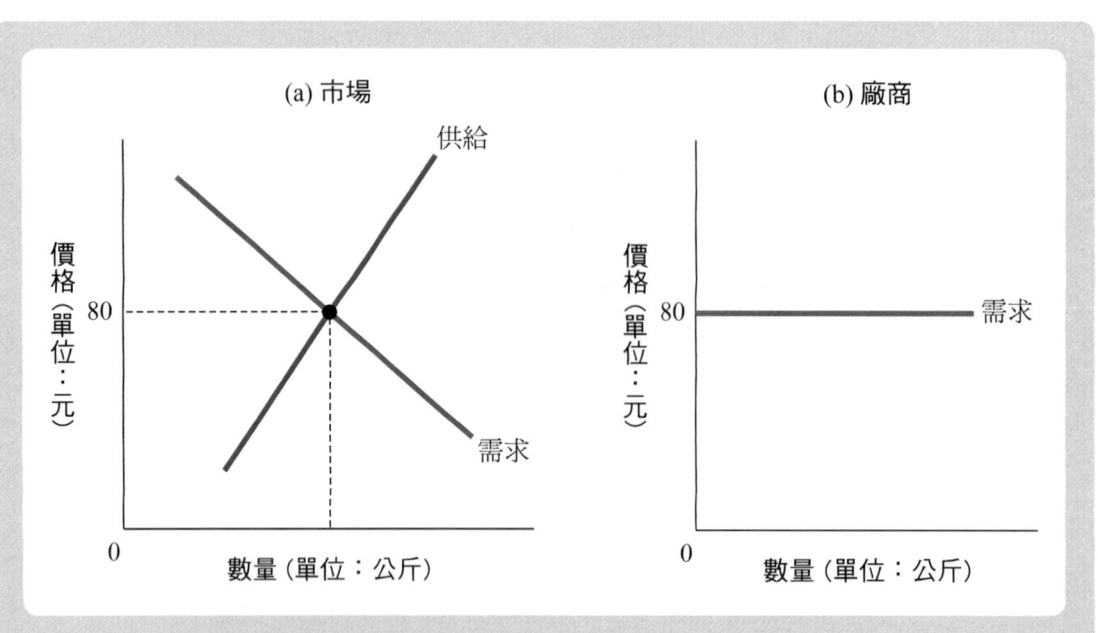

圖 4-2　市場需求與個別廠商需求

在圖 (a)，市場供給曲線與需求曲線的交點決定有機蘋果 1 公斤 80 元。在圖 (b)，個別農夫為價格接受者，因此，面對一條水平的需求曲線。

障礙地離開。這個特性與廠商的長期決策有關,因為廠商在短期有固定成本的考量。

短期利潤極大化

第 3 章曾經提到廠商的目標是追求利潤極大化,而利潤等於總收入減去總成本,也等於價格與平均成本的差額再乘以數量,以數學式表示可寫成:

$$利潤 = TR - TC = \left(\frac{TR}{Q} - \frac{TC}{Q}\right) \times Q = (P - ATC) \times Q$$

圖 4-3 顯示阿土伯生產有機蘋果的短期利潤極大化。首先,廠商面對一條水平的需求曲線,譬如,有機蘋果 1 公斤賣 80 元,消費者總共買了 100 公斤,阿土伯的總收入是 8,000 元。

平均收入 (average revenue) 是平均每銷售一單位產出的收入,為總收入除以銷售數量:

$$AR = \frac{TR}{Q} = \frac{P \times Q}{Q} = P$$

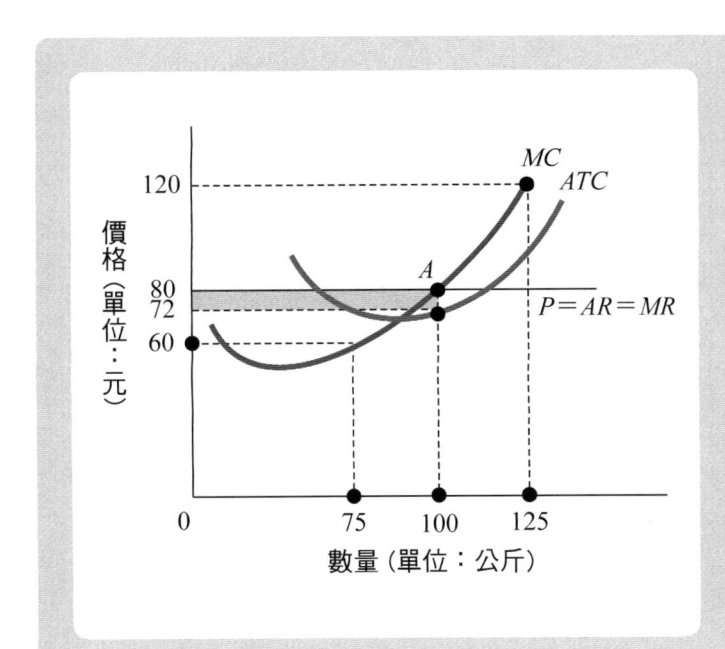

圖 4-3　完全競爭廠商的短期利潤極大化

利潤極大化發生在 $MR = MC$ 的地方,利潤等於 800 元。

邊際收入 (marginal revenue) 為額外銷售一單位產出所增加的總收入，為總收入的變動 (ΔTR) 除以產出的變動 (ΔQ)：

$$MR = \frac{\Delta TR}{\Delta Q} = \frac{P \times \Delta Q}{\Delta Q} = P$$

在完全競爭市場，由於廠商是價格接受者 (價格固定在 80 元)，價格會等於平均收入，也等於邊際收入，$P=AR=MR$。其次，第 1 章的原理三提到理性的人們以邊際方式思考。若阿土伯生產 75 公斤蘋果，他的邊際收入 (80 元) 會超過邊際成本 (60 元)。阿土伯生產第 75 公斤蘋果，會讓利潤增加 20 元。因此，只要 $MR > MC$，阿土伯可藉由多生產蘋果來提高銷售的總利潤。同樣的推理，也可運用到 $Q=125$ 之處。當阿土伯決定生產 125 公斤蘋果時，其邊際收入 (80 元) 低於邊際成本 (120 元)。藉由減少蘋果產量，阿土伯的銷售總利潤可以增加。因此，若 $MR < MC$，阿土伯會減少生產。邊際調整在何處結束？只有在 $MR = MC$ 時，阿土伯會停止產量的調整；亦即，$MR=MC$ 為利潤極大化的生產點。由於完全競爭廠商的 $P=MR$，因此利潤極大化的條件也可寫成 $P=MC$。

最後，當阿土伯生產 100 公斤蘋果時，其平均成本為 72 元。阿土伯銷售蘋果的利潤等於 $(P-ATC) \times Q = (80-72) \times 100 = 800$。當然，72 元的平均成本是我們的假設，如果阿土伯生產 100 公斤蘋果的 ATC 是 88 元，此時利潤＝$(80-88) \times 100 = -800$ 元，阿土伯銷售蘋果將遭受經濟損失 800 元。阿土伯在短期發生虧損是否應該暫時休耕 1 年或繼續種植有機蘋果？若阿土伯決定休耕，他就沒有收入 ($TR=0$)，但同時間，他省下變動成本，如雇用工人採收蘋果的工資，卻仍必須支付固定成本，如土地成本。因此，只要 TR 低於變動成本，阿土伯就會暫時歇業。

歇業法則與沉沒成本

一家廠商是否歇業與沉沒成本相關。沉沒成本 (sunk cost) 是已經發生且無法回收的成本。在短期，阿土伯購買土地的成本或

餐廳購置桌椅的支出為固定成本，是沉沒的。廠商在決定生產多少數量的商品時，不需要考慮沉沒成本。沉沒成本在做個人決策時頗為重要。想像你看電影《我的少女時代》的價值是 300 元，電影票價是 200 元。當你打算進電影院時，發覺電影票不翼而飛，你是否應該買另一張票？答案是應該。看電影的利益 (300 元) 超過機會成本 (第二張票價 200 元)。已經遺失的電影票是一種沉沒成本，就如同諺語所說：「不要為灑出去的牛奶哭泣。」

你是否有以下的經驗：中午時分到附近的餐廳或到百貨公司的美食街用餐，發現幾乎門可羅雀？你的心裡可能會閃過一絲念頭：好險，我不是餐廳老闆，不然一定要虧死。在決定是否開門做生意，餐廳老闆必須能分辨固定成本與變動成本。餐廳的固定成本包括桌椅、餐盤、廚房設備和租金，這些成本在短期是沉沒的。只有變動成本——額外餐點的成本與員工的額外工資——是相關的。因此，只要顧客所帶來的收入高於變動成本，老闆就會開門做生意。這種分析方式也可適用於其它市場，如冬天的海水浴場與游泳池，或是夏天的北投溫泉泡湯。

長期均衡

由於廠商在長期可以自由進出市場，當很多人發覺種植有機蘋果可以賺錢時，新的廠商 (農夫) 就會加入，市場供給增加，產品價格將會下跌，直至損益兩平 (break-even) 為止。相反地，當很多人發覺種植有機蘋果虧錢時，現有廠商 (農夫) 將會退出市場。原有廠商的退出，將使市場供給減少，產品價格將會上升，直至損益兩平為止。加入與退出的過程導致長期競爭均衡 (long run competitive equilibrium)。在長期均衡，自由進出導致現有廠商損益兩平，即經濟利潤為零。圖 4-4 顯示完全競爭廠商的長期均衡。當一完全競爭廠商符合下列三項條件時：

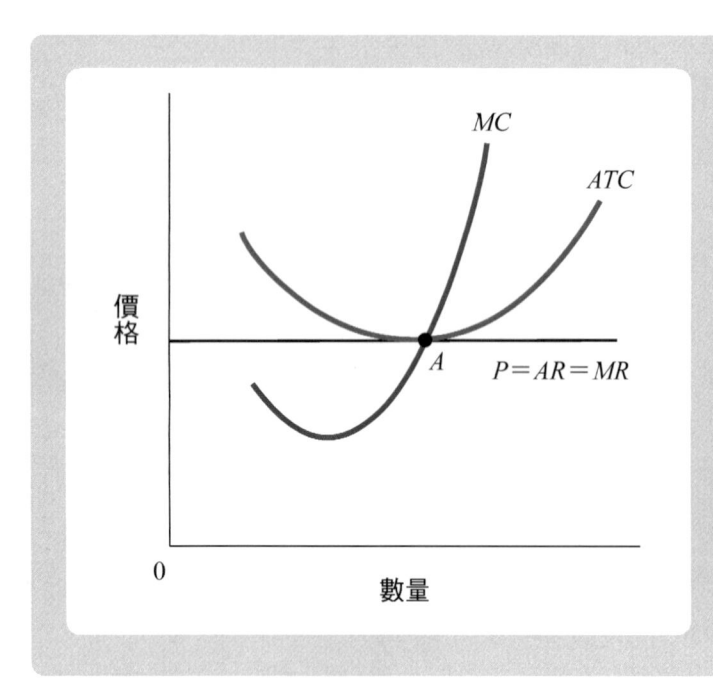

圖 4-4　長期競爭均衡

生產 A 點為完全競爭廠商的長期均衡。在 A 點，$P=ATC=MC$。

- $P=MC$（利潤極大化條件）
- $P=ATC$（經濟利潤＝0）
- $MC=ATC$（ATC 最低點）

我們就說廠商處於長期競爭均衡。根據一項研究，有機蘋果市場的長期約為 3 年到 4 年，這是讓果農從一般種植方式轉換成有機種植方式所需的時間。在美國，從 1997 年到 2001 年，種植有機蘋果可以賺取經濟利潤。但到了 2002 年，新廠商的加入已經讓有機蘋果事業無利可圖。

獨　占

獨占（monopoly）是指市場只有一家廠商，且銷售的產品無近似替代品。XBOX ONE 是 PS4 的近似替代品嗎？微軟的 XBOX ONE 包括硬碟與作業系統，這與 PS4 並不相同。當然，XBOX ONE 的售價也比較高。不過，法國遊戲製造商 Infogrames Entertainment 公司的總裁康奈爾

(Bruno Cornell) 說：「XBOX ONE 就像是全配的 BMW，而 PS4 只是 Toyota。」不幸的是，消費者視 PS4 為 XBOX ONE 的近似替代品。最終微軟被迫將 XBOX ONE 的售價訂得與 PS4 價格相同。

進入障礙

獨占廠商不必面對競爭的基本原因是進入障礙 (barriers to entry)：任何阻止其它廠商加入產業的理由。進入障礙的來源有四：

- 廠商擁有關鍵資源。
- 政府創造的獨占。
- 規模經濟。
- 網路外部性。

廠商擁有關鍵資源

一家公司變成獨占最簡單的方式就是擁有關鍵生產資源。一個擁有關鍵資源的經典例子是「鑽石恆久遠」的 De Beers。這家在 1888 年間由英國商人 Lecil Rhodes 創立的公司，由於不斷地在全世界找尋最具開採價值的鑽石礦，不到 10 年，就成為掌握世界九成以上裸鑽的企業。1990 年之後，隨著新礦區的發現與自身礦產的減少，裸鑽的市占率逐漸下滑 (De Beers 在裸鑽市場的市占率已掉到五成)。De Beers 的廣告詞向來極具渲染力與說服力。誠如官網的文宣所寫：「數千年來鑽石因其美麗稀有創造不斐身價，以其閃耀的火焰和光芒迷惑人心。鑽石是代表權力和靈感的符號，也是愛情永恆的象徵，更表達個人對未來的希望。」

在美國，職業運動的關鍵資源是大型場館。無論是 MLB、NBA 或 NFL，它們在大城市都擁有大型場館的長期租約。譬如，洛杉磯快艇隊就與 AEG 集團簽下 10 年使用史代波中心

(Staples Center) 的長約,控制場館對新的職業籃球、棒球或足球聯盟而言是一種主要的障礙。

政府創造的獨占

法律也會形成進入障礙:別想躲在診所旁邊賣克流感,這可能會為你帶來牢獄之災!克流感不是什麼違禁藥品,它只不過是瑞士羅氏藥廠擁有的發明專利權,其專利保護期間要到 2020 年才屆滿。**專利** (patent) 賦予廠商唯一生產新產品的權利。在臺灣,發明專利權的期限是自申請日起算 20 年屆滿。[1] 在專利權屆滿後,其它廠商可以合法地生產成分相同的**學名藥** (generic drugs),在百憂解 (Prozac) 的專利權到期後,禮來公司 (Eli Lilly and Company) 隨即生產相同抗憂鬱藥,使得百憂解的銷售頓時減少 80%。另一個法律進入障礙是**著作權** (copyright),政府賦予著作人唯一生產其創作的權力。著作包括音樂、美術、戲劇、舞蹈、建築與電腦程式等。在臺灣,智慧財產權存續於著作人生存期間及其死亡後 50 年,如果不用花錢就可以看到周杰倫的《出神入化 2》或複製《床邊故事》,相信他不會再努力地創作,以後我們再也無法欣賞到周杰倫的表演。

政府除了以法律形式創造獨占外,藉由**特許** (franchises)——政府發給經營執照也會形成獨占。「哇!爸爸、媽媽,動物園附近居然也有麥當勞!」沒錯,臺北市立動物園的麥當勞在 2009 年 7 月中正式營業。「認為華堡比大麥克好吃的我,比較希望臺北市立動物園能夠選擇漢堡王。可惜,動物園的決策令我失望。」當然,園方可能認為完全沒有空間容納另一家速食業者。有時候,政府會索取高額執照費用,這將迫使領到執照的人制訂較高的產品價格,這正是某些機場管理當局經常會做的事情。譬如,桃園機場的一碗牛肉麵賣 250 元,被美食家韓良露批評:「有任何臺北、臺灣平均飲食的水準嗎?」「全臺灣有代表性的飲食名店,為什麼進不了機場?」

---

[1] 至於新型與新式樣專利權期限分別為自申請日起算,10 年屆滿和 12 年屆滿。

政治也會造成市場的進入障礙。譬如，第二次石油危機後，日本汽車大舉進攻美國市場，美國的汽車業者有兩種選擇：一為開發更節省能源的小車；另一為花大錢請公關公司，推動國會立法課徵進口關稅或進口配額，讓日本汽車遠離美國市場。

規模經濟

當長期平均成本處於下降的階段時，供應整體市場所需最廉價的方式就是交由一家廠商來生產，此即為**自然獨占** (natural monopoly)。圖 4-5 顯示供應自來水的**長期平均成本曲線** (long run average cost curve, *LAC*)。若自來水公司每年生產 1,000 萬噸的自來水，其平均成本每噸 5 元，如圖 4-5 的 *A* 點所示。若市場由兩家廠商供應，各自生產 500 萬噸的自來水，其平均成本上升至每噸 8 元，如圖 4-5 的 *B* 點所示。由於一家廠商的供應成本較低，獨占會自動或自然形成，我們才稱此為自然獨占。為什麼會有自然獨占？想像臺北市有兩家自來水公司，每家公司都要鋪設自己的自來水管，馬路開挖引起的交通紊亂，加上鋪設的固定成本絕對會讓兩家公司都虧錢。在現代經濟中，最常見的自然獨占包括地方政府的公用事業——天然氣、電力、電話、自來水及有線電視等。

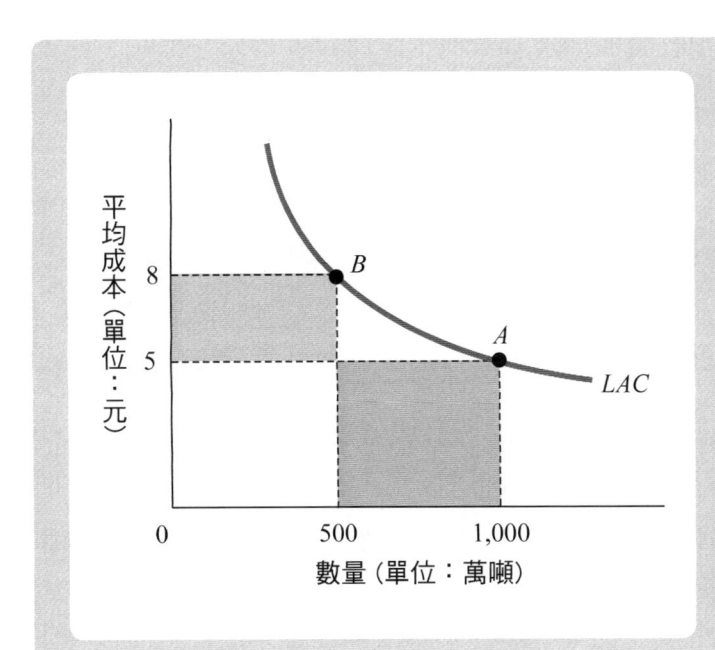

圖 4-5　自然獨占

當長期成本曲線 (*LAC*) 負斜率時，一家廠商供應整個市場始終比較便宜。

網路外部性

在許多市場的需求面，隨著消費者使用的人數增加，產品的價值愈高，我們稱此產品存在網路外部性 (network externalities)。一個顯著的例子是微軟 (Microsoft) 的視窗作業系統。在 1980 年代，IBM 個人電腦採用微軟的作業系統 MS-DOS，因為 IBM 的個人電腦賣得比別家好，許多軟體業者開始為 MS-DOS 開發軟體。愈多的人使用以 MS-DOS 開發的軟體，這些軟體的使用價值也就愈高。時至今日，視窗作業系統如 Windows 8 和 Windows 10 囊括全世界 95% 的個人電腦作業系統。其它的作業系統難以抗衡，即使很多人認為蘋果麥金塔 (Mac) 介面比較人性化，這種軟體鴻溝造成大家都選擇視窗作業系統。微軟的瀏覽器 Internet Explorer 與文書處理軟體 Word，都是網路外部性的例子。

2004 年 2 月成立的 Facebook (臉書或非死不可) 是全世界最大的社交網站，也是美國排名第一的照片分享網站，每天上傳照片高達 850 萬張。據 TechCrunch 報導，「在 Facebook 覆蓋的學校當中，85% 的學生有 Facebook 檔案，有 60% 的學生每天登入，85% 至少每週登錄一次，而有 93% 至少每個月一次。」這種領袖群倫的地位，使得 MySpace 與 Google 的 OpenSocial 難以抗衡。誇張的是在 2009 年 10 月 18 日《中國時報》的報導，Facebook 的「開心農場」被毒販利用作為吸收買家的犯罪平臺，警方循線查獲毒品通緝犯。

差別訂價

你可能會有以下的經驗：你很好奇全世界第一部真人 3D 電影《阿凡達》(*Avatar*)，上映 72 天狂吸 6 億美元 (超過新臺幣 190 億元) 的票房，速度之快，已超越影史上最賣座的電影《鐵達尼號》(*Titanic*)。當你走到信義威秀影城時，發覺早場的票價 (310 元) 與晚場票價 (360 元) 並不一樣，優待票與全票價格也不盡相

同。同樣的電影，同樣的座位，同樣的爆米花與可樂 (如果你購買的話)，為什麼時間不同，票價不同？為什麼孩童票或學生票比全票便宜？難道是戲院老闆可憐小朋友付不起電影票的錢而算便宜一些嗎？當然不是，其實電影院實施的是差別訂價行為。所謂**差別訂價** (price discrimination) 是指公司將同樣的商品，用不同的價格賣給不同的顧客。

$$
\begin{array}{l}
\text{統一售價 } 300 \text{ 元} \rightarrow 1{,}000 \text{ 張} \rightarrow TR\ 300{,}000 \\
\text{差別訂價 } 360 \text{ 元} \rightarrow\ \ 400 \text{ 張} \rightarrow TR\ 144{,}000 \\
\phantom{\text{差別訂價 }} 280 \text{ 元} \rightarrow\ \ 600 \text{ 張} \rightarrow TR\ 168{,}000 \\
\hline
\phantom{\text{差別訂價 } 280 \text{ 元} \rightarrow\ \ 600 \text{ 張} \rightarrow\ } TR\ 312{,}000
\end{array}
\right\} \begin{array}{l}\text{總收入差} \\ 12{,}000 \text{ 元}\end{array}
$$

成功的差別訂價策略，必須符合三項要件：

- 廠商擁有市場力量。
- 某些消費者比另一些消費者願意支付較高的價格，且廠商有辦法分辨。
- 產品無法轉售，亦即無法低買高賣。

由於電影院老闆知道很多看晚場電影的人願意支付比早場電影更高的價格 (白天要上班或上學)，因此電影院藉由不同票根顏色或印製時間在票面上，通常針對晚場電影票收取較高的票價，這個例子顯示差別訂價的一個重要結論：當廠商有能力差別訂價時，他們對那些價格不敏感的客戶——需求彈性較小——收取較高價格，而針對那些價格較敏感者——需求彈性較大——收取較低價格。在這個例子中，晚場電影的觀眾比較無彈性，票價較高；另一方面，早場電影的觀眾比較有彈性，票價較低。

另一個差別訂價的經典例子是飛機票價。我們坐同一架的飛機，飛往同樣的目的地，吃同樣的飛機餐，可是支付的價格可能差到 3 位數之多。商務人士願意支付較高的票價，而休閒旅遊者的預算比較緊。如何區分這兩種顧客，是航空公司面臨的主要挑戰。通常商務出差的時間都會到最後一天才會決定是否成行，且他們對價格比較不敏感；而休閒旅遊者比較願意早早就訂票，且

他們對價格比較敏感。根據前面的討論,航空公司藉由向商務旅遊人士索取較高票價和向休閒旅遊人士索取較低票價來追求最大利潤。航空公司如何差別訂價呢?它們的作法是:想要買便宜機票的人必須在 14 天以前訂票付款且能夠在目的地度過週末。因為商務人士通常不會在 14 天以前訂票且不會想要週末不回家,他們就必須支付較高票價。商務人士與休閒旅遊者的飛機票價有時差距頗大。譬如,從洛杉磯到芝加哥的來回機票,商務人士付的價錢是 511 美元,而休閒旅遊人士付的價錢是 273 美元。差別訂價的例子還包括:數量折扣(量販店賣得比 7-Eleven 便宜)、尖峰/離峰用電價格、白天/凌晨長途電話費率,甚至麥當勞利用甜心卡與上網列印折價券來實施差別訂價。

兩階段訂價法

差別訂價的另一個例子是兩階段訂價法──消費者先付一筆錢辦會員證,然後買東西再付錢。譬如,很多高爾夫球與網球俱樂部要求會員付年費,然後每一次打球再付場地使用費。同樣地,好市多 (Costco) 與台灣大哥大都是兩階段訂價的例子。

曾經有一段時間,迪士尼的門票價格頗低,但遊客玩園內設施需另外買票。現在,你只要買門票,就可以一票玩到底。圖 4-6 協助我們了解哪一種價格策略讓迪士尼賺更多錢。為方便說明,假設遊樂設施的邊際成本頗低,固定為 $2。在圖 4-6(a),迪士尼樂園利潤極大化的數量為每天 20,000 張遊樂設施門票,遊樂設施的收費為 $26。遊樂設施帶來的利潤 = ($26 - $2) × 20,000

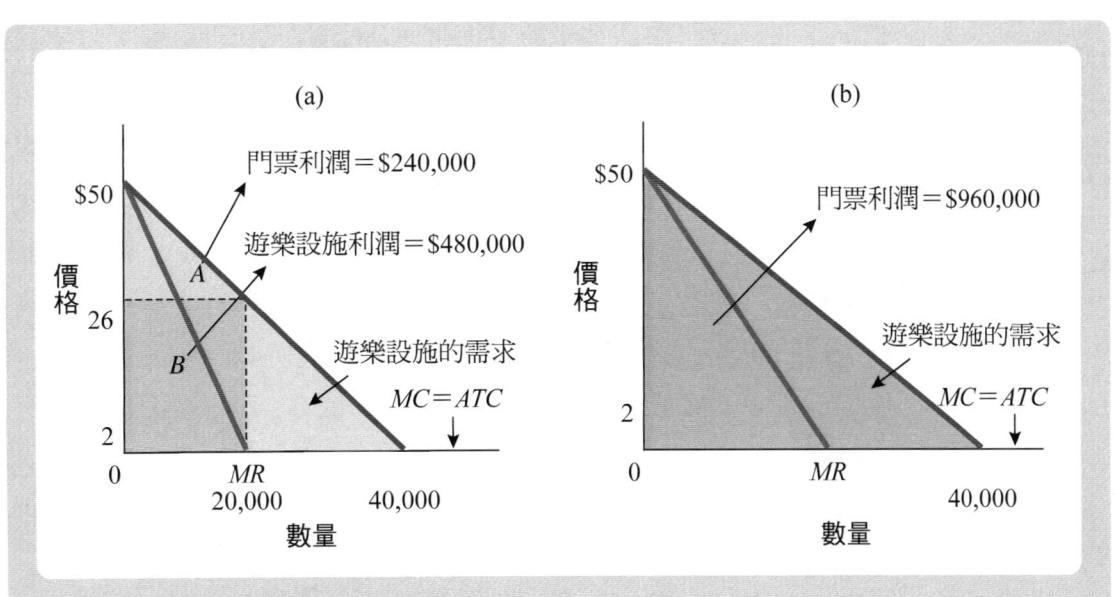

圖 4-6　迪士尼樂園的兩階段訂價

在圖 (a)，迪士尼樂園針對遊樂設施的票價是 $26，利潤是 $480,000，門票可訂為消費者剩餘的 $240,000，總利潤為 $720,000。在圖 (b)，價格訂在 $P=MC$ 處。然後，索取較高的門票 $960,000，而一票玩到底。

＝$480,000，如圖 4-6(a) 的面積 B 所示。迪士尼樂園的第二個獲利來源為入園門票收入。若園方知道消費者願意支付的入園價格，利用兩階段訂價法，入園門票的收入會等於消費者剩餘，即 $240,000，如圖 4-6(a) 的面積 A 所示。因此，迪士尼樂園的總利潤為 $720,000 (＝$480,000＋$240,000)。

在圖 4-6(b)，迪士尼樂園將價格訂在 $P=MC$ 處。價格下跌 ($P=$2$) 導致消費者剩餘增加 ($960,000＝1/2×40,000×$48)，而迪士尼可索取的門票最高收入即為 $960,000。而此時，遊樂設施並沒有為迪士尼帶來利潤 ($P=ATC$)，但其總利潤從 $720,000 提高為 $960,000。顯然，一票到底的策略帶來更多的遊客及更高的利潤。

兩階段訂價法可應用到多個領域，譬如，被譽為「2016 年全球最佳廉價航空」的亞洲航空即將兩階段訂價法發揮得淋漓盡致。臺北飛雪梨只要新臺幣 5,290 元 (包括機場稅)，不過機上餐飲、觀賞電影、選擇座位，甚至行李超過 15 公斤都需另外付

費。亞洲航空可讓旅客租賃平板電腦玩遊戲、欣賞電影，每趟收取新臺幣 350 元的費用。

為了減少赤字，倫敦巴尼特自治區向廉價航空取經，希望能開源節流。巴尼特議會的作法是，降低區內居民的稅賦，但提高其它項目的代價。譬如，提高垃圾收集費，民眾要享受「馬上辦」也額外收費。依照新辦法，如果居民的垃圾桶小一點，市政稅可以打折，因為公家能降低掩埋成本，且獎勵回收。還有，店家與公司不希望別人在自己門前停車，可以，但享受權利就必須盡義務：店家與公司得負責清理街道。政府少了停車費追帳，但也省下清潔街道的費用。巴尼特居民的感想如何？他們認為新政值得嘗試，而且樂觀其成。

獨占好嗎？

獨占廠商擁有市場力量而賺取超額利潤，而常被人批評為將自己的快樂 (利潤) 建築在消費者的痛苦 (較高價格) 上。當消費者購買產品而多付 1 元給廠商時，消費者福利會減少 1 元，而生產者福利可增加 1 元，總福利不變。換句話說，獨占廠商的利潤並不代表「經濟大餅」的減少，只是生產者吃到大部分的餅，而消費者只得到一小部分。

獨占市場的問題是因為廠商生產與銷售的數量低於完全競爭市場下的數量。換句話說，「經濟大餅」變小了，消費者用更高的價錢買到更少數量的商品。資源的使用無效率最主要來自產量太少。政府面對獨占所造成的資源浪費，可以透過《反托拉斯法》、管制或收歸國有等方式來因應。

《反托拉斯法》(在臺灣稱為《公平交易法》) 宗旨為促進競爭與禁止聯合壟斷。歐盟主管競爭的執委在 2016 年 7 月 19 日宣布，針對歐洲多家大型卡車製造公司 (戴姆勒、富豪／雷諾等)，串通操縱市場價格及規避嚴格廢氣排放標準應付出高額成本，重

罰高達 30 億歐元的天價罰款。[2] 臺灣的公平交易委員會認定，長榮國際儲運等 21 家業者共同決定恢復 3 噸以下 CFS 出口機械使用費屬聯合行為，除勒令停止行為外，並合計處新臺幣 7,260 萬元罰鍰。

搭售行為曾在臺灣菸酒公司出現。2005 年 3 月，臺灣菸酒公司利用菸品健康捐即將調高之際，採行菸品獎購措施：若經銷商購買 5 種新菸品，就可以優先購買長壽菸。此舉使得客戶為了優先購買暢銷的舊菸品，不得不購買新菸品。公平交易委員會裁定違反《公平交易法》第 19 條第 6 款規定，判處新臺幣 301 萬元的罰鍰。另外，歐盟執委會在 2009 年 3 月 24 日裁定，微軟在影音播放軟體市場有使用「搭售」手段阻礙競爭的不當行為。

寡　占

寡占 (oligopoly) 是指市場存在少數廠商，提供同質或異質產品。經濟學家通常用兩個指標來衡量市場是否由少數廠商支配：集中比率與赫芬達爾－赫希曼指數 (Herfindahl-Hirschman Index, HHI)。**集中比率** (concentration ratio) 是指產業中前四大廠商產出占總產出的比率。在美國，大多數產業的 4 家廠商集中比率不會超過 50%，但在某些產業，大廠商扮演關鍵角色。高度集中的產業包括香菸 (99% 的集中比率)、啤酒 (90% 的集中比率)、量販店 (92% 的集中比率)、飛機 (85% 的集中比率)、低價百貨公司 (95% 的集中比率)，這些產業均可視為寡占。[3]

至於赫芬達爾－赫希曼指數是產業中各廠商市場占有率平方的加總。下面有幾個計算 HHI 的例子：

---

[2] 請見張子清，〈歐洲卡車業聯合壟斷，歐盟祭 30 億天價罰款〉，中央廣播電臺，2016 年 7 月 19 日。

[3] 低價百貨公司的前四大廠商分別為沃爾瑪、Target、Kmart 和好市多。

- 1 家廠商，100% 的市占率 (獨占)：

$$HHI = 100^2 = 10,000$$

- 2 家廠商，每家 50% 的市占率 (雙占)：

$$HHI = 50^2 + 50^2 = 5,000$$

- 4 家廠商，市占率分別為 30%、30%、20% 和 20%：

$$HHI = 30^2 + 30^2 + 20^2 + 20^2 = 2,600$$

- 10 家廠商，每家 10% 市占率：

$$HHI = 10 \times 10^2 = 1,000$$

美國司法部與聯邦交易委員會以 HHI 作為允許或駁回大型企業實行合併的依據，判斷準則如下：

- 合併後低於 1,000 者，屬於低度集中市場，合併不會被挑戰。
- 合併後，HHI 介於 1,000 與 1,800 之間，屬於中度集中市場。
- 合併後，HHI 高於 1,800 者，屬於高度集中市場。

在美國，某些寡占產業的 HHI 低於 1,000，如零售百貨 (321) 和電影供應商 (1,096)；但某些產業的 HHI 則高得嚇人，如個人電腦作業系統 (9,182)、寬體客機 (5,098) 等。

寡占通常牽涉到廠商間的策略競合，一般經濟學教科書的寡占模型琳瑯滿目，而其中最著名的一個就是賽局理論。

賽局理論

諾貝爾經濟學獎曾經有兩年 (1994 年與 2005 年) 頒發給對賽局理論有貢獻的學者。**賽局理論** (game theory) 是研究在廠商之間彼此互動時，如何做決策的學科。

一般而言，賽局有三個基本元素：

- 參賽者 (players)。
- 策略 (strategies)。
- 報酬 (payoffs)。

囚犯困境

賽局理論中最經典的例子就是囚犯困境 (prisoners' dilemma)，這是一個有關罪犯被警方逮捕的故事。讓我們稱他們為亞瑞與納斯。在圖 4-7 中，參賽者為兩個罪犯：亞瑞與納斯；策略為認罪與不認罪；至於報酬則為判刑年數。警方有足夠的證據可起訴亞瑞與納斯非法持有槍械，而求處 1 年的刑期。同時，警方也懷疑兩人涉嫌一宗銀行搶案，但缺乏足夠事證來起訴他們。為了避免串供，警方立刻隔離偵訊，因此需要他們自行招認：

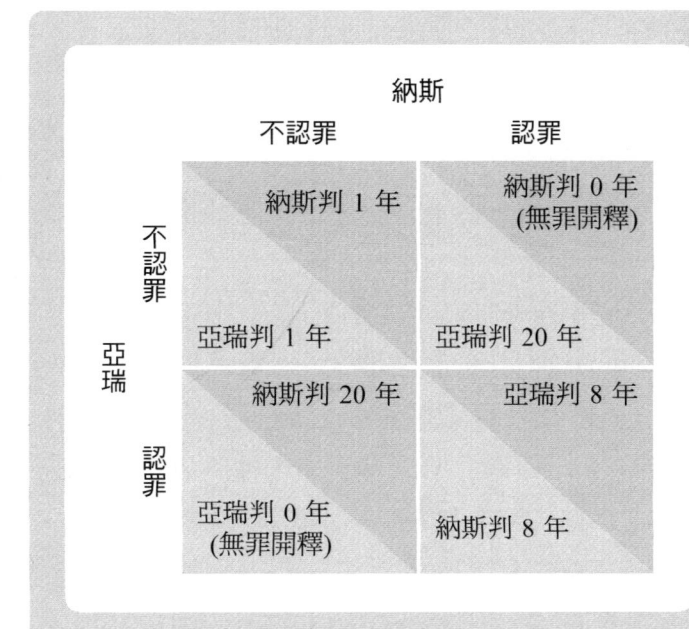

	納斯 不認罪	納斯 認罪
亞瑞 不認罪	納斯判 1 年 亞瑞判 1 年	納斯判 0 年（無罪開釋） 亞瑞判 20 年
亞瑞 認罪	納斯判 20 年 亞瑞判 0 年（無罪開釋）	亞瑞判 8 年 納斯判 8 年

圖 4-7　囚犯困境

亞瑞與納斯的刑期受他們自己認罪或不認罪相互決策的影響。

「現在，我們可以將你關在監獄 1 年。若你承認搶銀行並招出你的同夥，我們將你轉為污點證人並無罪開釋，你的夥伴將在監獄待 20 年；若你們兩人都承認搶劫，我們就不需要你的證詞，因自首符合減刑，所以各被判 8 年坐牢。」

若亞瑞與納斯只關心自己本身的利益，他們會做何打算？如果兩個人都不招認，結果對他們最有利，但他們有可能信守承諾嗎？他們會各懷鬼胎……。

讓我們先考慮亞瑞的決策。亞瑞會想：

- 若納斯不漏口風，我的最佳策略是認罪，因為認罪可轉為污點證人無罪開釋：
  不認罪──判 1 年；認罪──判 0 年
- 若納斯認罪，我的最佳策略還是認罪，因為：
  認罪──判 8 年；不認罪──判 20 年

因此，不管納斯招或不招，我最好坦白從寬；亦即，亞瑞的優勢策略是認罪。在賽局理論的術語，若不管對手策略為何，參賽者選擇對自己最有利的策略，稱為**優勢策略** (dominant strategy)。

同樣的想法會發生在納斯身上。不管亞瑞招或不招，納斯只要供出一切就可自由離開警局。換言之，納斯的優勢策略也是認罪。

最後的結局是亞瑞與納斯均認罪，各被判 8 年，此即為**納許均衡** (Nash equilibrium)。納許均衡是指廠商彼此之間互動，在對手策略選定情況下，廠商各自選擇對自己最有利的策略。納許 (John Nash) 為 1994 年諾貝爾經濟學獎得主，他的故事曾被拍成電影《美麗境界》(*A Beautiful Mind*)，由羅素‧克洛 (Russell Crowe) 主演。這個例子說明為什麼寡占廠商難以維繫勾結的獨占均衡 (圖 4-7 的左上角)。對寡占廠商而言，獨占的結果對雙方而言是理性的，但每個寡占廠商都有作弊的誘因。追求自我利益最大的結果就是較高的產量與較低的利潤。因為在對手策略選定

(認罪) 下，參賽者選擇對自己最有利的策略 (認罪)。合作固然可得到美好的果實 (各被判 1 年)，一旦隔離偵訊，追求自我利益最大將主導一切，進而導致較差的結果 (各被判 8 年)，合作對個人而言是不理性的。

這個模型與現實情況有著驚人的相似：雖然都以追求自己的利益最大為出發點，但結果反而對自己不利。武器競賽與共同資源就是兩個囚犯困境的例子。二次世界大戰後，兩大世界強權——蘇聯與美國就從事永無止境的武器競賽，儘管兩國都明瞭克制自己，可大幅改善人民生活水準，他們也透過協商並同意武器管制，可是依然陷入困境——彼此互相猜忌，導致不斷加碼的武器競賽才是蘇聯與美國的優勢策略，因為這樣做可以使國家富強和人民免於戰爭威脅。

共同資源是大家可以使用，但因過度使用將造成資源的枯竭。以中東的油田為例，如果為石油產量設限，那麼石油公司都有石油可以抽取和銷售。不過問題是油田位於地底下，沒有任何一家公司真正「擁有」它，因此很難對原油汲取加以監控。於是個別公司也就面臨上述的囚犯困境：它們可以表面上遵守 OPEC 協議對自己的原油產量設限，也可以極盡所能地生產原油。結果呢？正如同囚犯困境的預測一樣：石油公司彼此各懷鬼胎，合作是一種不可能的任務。大家心裡想的是，多鑽一口油井可以提高自己的利潤。每一家公司都循同樣的模式思考，結果是追求私利，導致更糟的非合作苦果 (油價與利潤都下跌)。

獨占性競爭

獨占性競爭 (monopolistic competition)，又稱壟斷性競爭，是指市場存在為數眾多的廠商，銷售異質商品。產品異質的關鍵在於消費者有不同的偏好且願意付多一點錢來滿足他們的需求。每一家公司能夠發掘自己產品的特色來供應特定族群的消費者，而產品異質性的來源有以下三種：

型態不同

百貨公司的美食街提供消費者不同的用餐選擇，以 SOGO 復興店為例，有鼎邊銼、鼎泰豐、海南雞飯、鐵板燒、拉麵與韓國石鍋拌飯等。志祥可能特別喜歡吃海南雞飯，而杰倫對鼎泰豐小籠包情有獨鍾。美食街並不是唯一能夠差異化產品的地方。遊戲廠商寫出不同遊戲軟體：《機動戰士鋼彈》、《麻將》、《惡靈古堡 7》、《漫威英雄》與《仙境傳說》等，以滿足社交、競技與豐富的情境體驗三種功能。其它的例子還包括電影、小說、音樂、服飾、書籍等，只要人們的偏好不同，廠商就能夠找到利基點，並發展出不同型態的產品來賺取利潤。

地點不同

同一條路上的運動商品店提供異質化商品，聽起來有點怪？同樣的慢跑服飾在 NIKE 旗艦店與暢貨中心的售價並不相同 (暢貨中心通常位於偏遠工業區，而旗艦店座落在車水馬龍的市中心)。同樣地，7-Eleven 便利商店與家樂福同樣都賣御茶園，價格就會不一樣。

品質不同

你渴望吃巧克力嗎？你願意付多少代價吃巧克力？在便利超商、百貨公司或機場免稅店都排滿令人垂涎的巧克力，有些巧克力只要 10 元，有些動輒要幾百元，甚至上千元。

你能想像最貴的單車價錢是多少？3 萬元？5 萬元？答案是新臺幣 60 萬元。義大利超級跑車品牌法拉利，慶祝建廠 60 週年，推出限量 60 輛紀念單車，出廠價 1 萬歐元起跳。從不到 3,000 元的單車到一部房車的價格，其中關鍵來自一連串的改變：重量從 30 公斤降到 6 公斤，材質從鋼管換成碳纖維，輪胎由棉紗換成防彈衣材質，前後避震器、變速器的改變，使時速從 10 公里飆升到 50 公里。

廣告

為什麼臺梗九號米不在電視上廣告，而麥當勞卻會在電視上大打 McCafé 的廣告？這並不是因為農夫比較內向，而麥當勞比較外向；而是廣告只有在廠商擁有市場力量時才能扮演重要角色。廣告的目的是說服消費者購買更多的公司產品。

贊成廣告的人主張公司利用廣告傳遞資訊給消費者。譬如，曾獲得英國電視廣告首獎的 Acer TravelMate C100 平板電腦——阿里山篇。影片的主軸是男主角——捷克帥哥進入原住民部落用 TravelMate 與族人溝通，影片配合視覺表現的訴求吸引讀者，強調「旅行，是一種追尋；轉身，即見幸福」，令人印象深刻。同樣地，天王周杰倫擔任 Sony X 系列代言人，只要透過手機與 X Card 浮空投影片，就可以在手機上見到虛擬周董帥氣施展籃球絕技。在「0.6 秒快啟快拍篇」，讓你即時記錄每一個精彩畫面；「預測追蹤對焦篇」在拍攝動態的人、事、物時能預測行進路線，先行對焦準備。

另一個贊成的理由是，廣告可促進競爭。麥當勞在 2016 年 11 月 9 日起可至麥當勞官網下載優惠券。為因應麥當勞的強力促銷，肯德基也推出「早安大推薦」，只要 49 元就能吃到吮指嫩雞蛋烤餅加奶茶。

批評廣告的人則持相反意見，認為廣告純粹操弄消費者偏好，影響心理層面而無任何資訊內容。譬如，可口可樂公司花費 30 秒新臺幣 1.6 億元的代價，在美式足球超級盃上演漫威最巨大超級英雄──浩克對決最小超級英雄──蟻人的廣告，兩人在街道追逐爭奪最後一瓶可樂。你覺得這個廣告傳遞什麼樣的資訊？「鑽石恆久遠，一顆永流傳」這句鑽石的經典臺詞，就是 De Beers 在 1953 年推出，從此鑽石與愛情、身分、地位畫上等號。事實上，鑽石是地球上非常普遍的礦產，雖然它們非常昂貴，可是難以像商品一樣被自由買賣，因為二手鑽石的價格遠低於原價。鑽石的高價是 De Beers 公司成功地運用廣告和行銷手段營造出鑽石浪漫恆久遠的形象，大大減少了鑽石持有者賣出鑽石的行為。即使是奇異公司發明人造鑽石，De Beers 還是能成功維持鑽石完美高價形象。因此，人們反對廣告的第二個理由是：廣告阻礙了市場競爭。

被譽為 NFL 史上最佳四分衛的祖‧蒙坦拿 (Joe Montana) 曾為百事可樂的 Diet Depsi 代言，31 秒的畫面只見他坐在那裡講話，不像麥可‧傑克森 (Michael Jackson) 又唱又跳 (1 分 27 秒)。為什麼廣告總是喜歡請名人代言？一個可能的解釋是，讓消費者覺得自己也可以像名人一樣使用新產品；另一個理由則是，名人確實知道產品的真正價值在哪裡。譬如，P&G 集團請老虎伍茲 (Tiger Woods) 與足球金童貝克漢 (David Beckham) 代言吉列刮鬍刀的廣告，強調「貼面科技」，吉列完美貼面無懈可擊的舒服乾淨，就像貝克漢的犀利弧度和伍茲的流暢動作。[4]

---

[4] 老虎伍茲四處獵豔偷腥，痛失廣告代言，包括服務供應商埃森哲 (Accenture)、電信巨擘 AT&T、吉列刮鬍刀、耐吉 (NIKE)、運動飲料開特力 (Gatorade)，以及高爾夫球巡迴賽遊戲商美商藝電 (EA) 等。

產品品牌

中午時分,你在埃及的開羅想要用餐,街道右邊有一間很體面的埃及餐廳,左邊有一家麥當勞,你會選哪一家?除非你對當地相當熟悉,否則大多數的人都會去麥當勞。麥當勞究竟在賣什麼?你一定會回答說:漢堡。沒錯,麥當勞的主力產品是漢堡,即使大麥克難以下嚥,但世界上任何一家麥當勞提供的大麥克都一樣:碎肉、生菜、起司、美乃滋和番茄醬。換句話說,麥當勞賣的是**產品品牌** (brand names)。巨大的「金色拱門」告訴我們大麥克的品質相當一致,不管你在中國、瑞士或埃及,麥當勞都不敢提供過期的食物給顧客吃。相反地,你在埃及餐廳用餐,有可能吃壞肚子,也可能求償無門。

結　論

一旦公司建立成功的品牌名稱,就有強烈的誘因維護它。公司申請商標,即可合法地禁止別家公司盜用。在 2010 年 1 月 10 日,Yahoo! 奇摩新聞刊登一則新聞:「高帽子喜餅山寨版?價差 1 成」,號稱喜餅界 LV 的日本高帽子喜餅 (Tivolina),驚傳有山寨版,商標幾乎一模一樣。高帽子日本總公司決定訴諸法律行動,向水貨商求償 1,000 萬元。

蘋果公司的產品從 iMac、iPod、iTunes、iPhone 到 2010 年推出的 iPad,名稱都加上「i」,最初的意思是網際網路 (Internet),到後期,也代表「我」的意義,宣示獨立性。據說蘋果的命名都經由顧問小組挑出數十個名字寫在卡片上,由賈伯斯做最後定奪,Pad 是指襯墊,似乎比先前業界猜測的「Tablet」更適合平板電腦。

不可不知

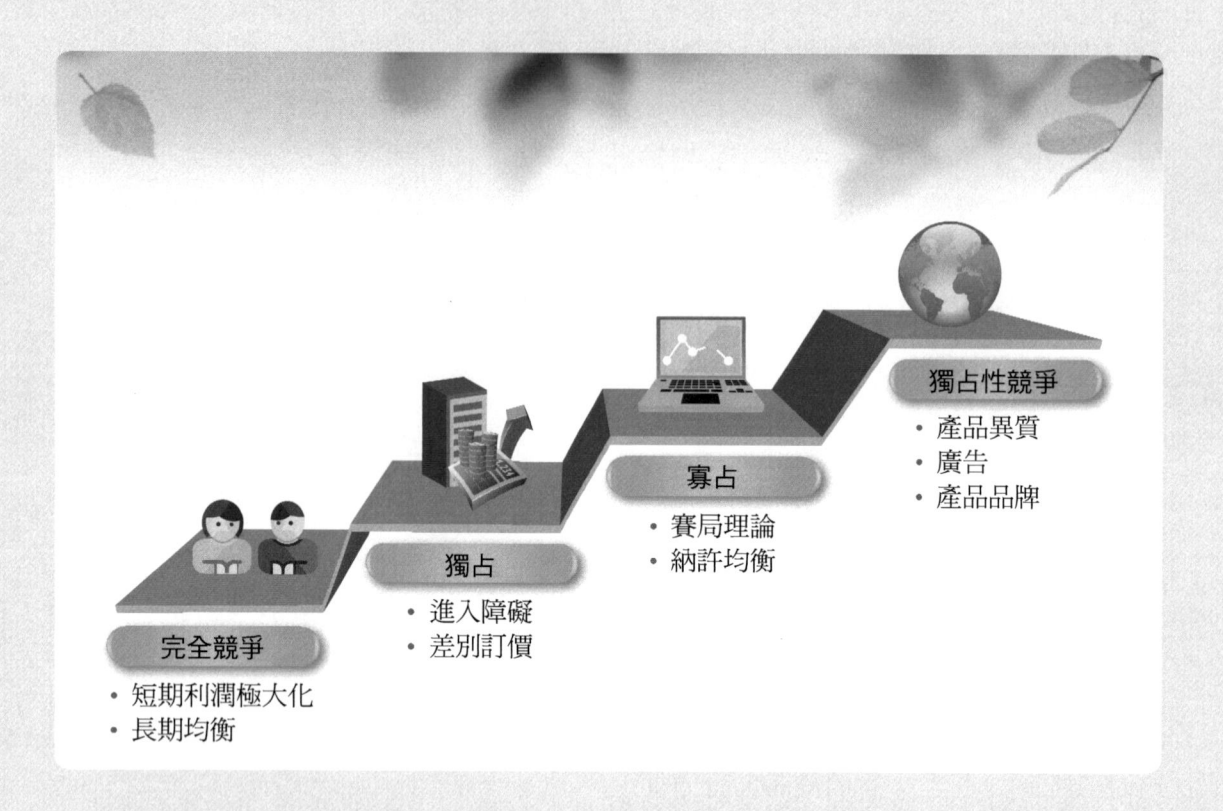

- **完全競爭**
  - 短期利潤極大化
  - 長期均衡
- **獨占**
  - 進入障礙
  - 差別訂價
- **寡占**
  - 賽局理論
  - 納許均衡
- **獨占性競爭**
  - 產品異質
  - 廣告
  - 產品品牌

習　題

1. 在提供行動電話服務市場中，共有台灣大哥大、中華電信少數幾家系統業者能夠維持。這代表此一產業有很強的：
   (a) 邊際報酬遞減　　　　　　　(b) 邊際報酬遞增
   (c) 規模報酬遞減　　　　　　　(d) 規模報酬遞增　　（100 年初等考試）

2. 廠商賣同樣商品針對不同消費者收取不同價格，是：
   (a) 差別訂價　　　　　　　　　(b) 搭售
   (c) 包裹出售　　　　　　　　　(d) 兩階段訂價

3. 臺灣的早餐店市場結構為
   (a) 獨占市場　　　　　　　　　(b) 完全競爭市場
   (c) 寡占市場　　　　　　　　　(d) 壟斷性競爭市場

4. 假設「阿霸公司」、「A 錢公司」可採取高價或低價策略，兩家公司策略與利潤間的關係如下圖所示。試問「阿霸公司」、「A 錢公司」的優勢策略為何？
   (a) (低價, 高價)　　　　　　　(b) (高價, 低價)
   (c) (低價, 低價)　　　　　　　(d) (高價, 高價)

阿霸公司

	低價	高價
A錢公司 低價	$1,500 / $1,500	$2,000 / $3,000
A錢公司 高價	$3,000 / $2,000	$4,000 / $4,000

5. 什麼市場結構內，有許多廠商賣類似但不完全相同的產品？
   (a) 獨占　　　　　　　　　　　(b) 寡占
   (c) 完全競爭　　　　　　　　　(d) 獨占性競爭　　（100 年初等考試）

6. 假設小米與三星兩家可採用的策略為廣告 (A) 及不廣告 (NA)，兩家採用這兩種策略的報酬如下所示，則純粹策略 (pure strategy) 的納許均衡為何？

		三星 A	三星 NA
小米	A	(120, 130)	(140, 100)
	NA	(100, 140)	(90, 90)

(a) 小米、三星均為 A
(b) 小米、三星均為 NA
(c) 小米為 A、三星為 NA
(d) 小米為 NA、三星為 A

7. 假設雙聖冰淇淋店的店租提高，且它是一個追求利潤極大化的獨占廠商。在短期，雙聖冰淇淋店的？
   (a) 產量減少，利潤減少
   (b) 產量不變，且利潤減少
   (c) 產量增加，利潤增加
   (d) 產量不變，利潤不變

(106 年關務特考)

8. 在壟斷性競爭市場，不同廠商所生產的產品為：
   (a) 同質
   (b) 完全替代
   (c) 不完全替代
   (d) 完全互補 　(106 年關務特考)

答案

1. (d)　2. (a)　3. (b)　4. (d)　5. (d)　6. (a)　7. (b)　8. (c)

Chapter 5

外部性、共同資源與公共財

「只有比 1850 年上升 0.8°C，就已天災頻傳」

倫敦政經學院帕特爾 (I. G. Patel) 講座教授尼古拉・史登 (Nicholas Stern) 受英國財政部委託所做的研究「史登報告」(Stern Review)——以量化的方式計算地球暖化對全球經濟的影響。報告內容中提到，我們現在「只有」比 1850 年溫度上升大約 0.8°C，過去的 20、30 年就已經天災頻傳。

在 1985 年到 1995 年之間，次撒哈拉非洲地區經歷了史上最炎熱和最乾燥的 10 年。2001 年，南非西南開普省海岸，在破紀錄的 40°C 高溫下，引發大規模火災。查德湖的湖面從 1963 年的 25,000 平方公里減少到今日的 1,350 平方公里；歐洲在 2003 年的熱浪侵襲下，比平常多出 35,000 人死亡。

氣候變遷的特徵之一，就是關鍵的各種面向上具有高度的易變性。在破紀錄的炎熱夏天後，接著可以是寒流；龐大降雨量的雨季後，接著可以是極為乾旱的時期。2009 年，莫拉克颱風帶來 200 年來臺灣最大災害 (光是阿里山在 8 月 7 日到 8 月 10 日，即降雨約 2,700 公

鱉)。4 個月之後，曾文水庫竟然缺水，抗旱大戰即將開始。2010 年 1 月，美國佛羅里達州創下 80 餘年來低溫紀錄，邁阿密氣溫降到 2°C (往年的平均溫度為 20°C)，導致柳橙汁期貨價格飆漲。在大西洋彼岸的英國面臨近百年來最酷寒的嚴冬，經濟學家估計每天的寒害損失最少 6.9 億英鎊 (約 11.13 億美元)。

科學家相信全球暖化不是溫度的自然波動，而是因為燃燒石化燃料，如煤炭、天然氣和石油，馬路上的汽車與靠燃燒煤炭的火力發電廠都會排放二氧化碳，近 10 年來增加將近 30%。另外，牲畜的糞便發酵、污水外洩、稻田糞肥發酵等活動產生甲烷，都累積在大氣層中為**溫室氣體** (greenhouse gas)。溫室氣體的增加，加強了溫室效應，是造成全球暖化的主要原因。

空氣污染是外部性的例子之一。**外部性** (externality) 是指一個人的生產或消費活動影響到第三者的福利，譬如，買本田運動休旅車 CR-V 的車主，買車的時候會考慮到車的價格與耗油。但他不會考慮到休旅車排放的廢氣可能使周遭有氣喘病的孩子病情加重，造成 20 年後北極無冰、倫敦可能遭淹沒；40 年後，人類可能無魚可吃。面對這些成本，不需提供任何補償。空氣污染是一種負的外部性，而知識就是一種正的外部性。你不需要發明微波爐，只要知道將食物放進去，幾分鐘後就有熱騰騰的食物供你大快朵頤。

本章將會探討外部性的經濟分析及如何處理外部性的問題，也會檢視共同資源與公共財的特性及相關的一些例子。

外部性

當你購買大麥克時,大麥克的價格包含大麥克的所有成本;當你向臺電購買電力時,你支付的電價並未包含酸雨侵蝕森林、土壤與河流的損害;當你上大學念書時,學費並未包含未來犯罪率的減少與國民生活水準的提升。

因此,大學教育是一種正的外部性,因為即使有些人不念大學仍可獲益;電力生產是一種負的外部性,因為酸雨會造成魚類大量死亡,釣客無魚可釣。

負的外部性

首先,讓我們討論在生產過程中所產生負的外部性如何影響經濟效率。在 1960 年代的美國,許多電力公司都使用煤炭發電。煤炭燃燒會釋放二氧化硫和一氧化氮到大氣中,這些氣體與水混合即為酸雨。在電力的生產成本中,某些成本是由電力公司負擔——**私人成本** (private cost),但某些成本卻由農夫、漁民和社會大眾承擔——**外部成本** (external cost)。生產電力的**社會成本** (social cost) 是從社會整體來估算的成本,為私人成本與外部成本的加總。圖 5-1 顯示負的外部性對電力市場的影響。

S_1 是市場供給曲線,反映電力生產的私人成本。S_2 是考慮外部成本後的市場供給曲線,反映電力生產的社會成本。S_1 與需求曲線的交點為私人均衡,如圖 5-1 的 A 點所示,均衡價格分別為 P_1 與 Q_1。而 S_2 與需求曲線的交點為社會最適均衡點,如圖 5-1 中的 B 點所示,均衡價格與數量分別為 P_2 與 Q_2。從整體社會的角度來看,Q_2 是電力生產的最適數量。若超過此一產量 (如 Q_1),電力生產的社會成本超過消費者購買電力的價值,多餘電力 ($Q_1 - Q_2$) 的額外成本高於額外利益,是一種**無謂損失**

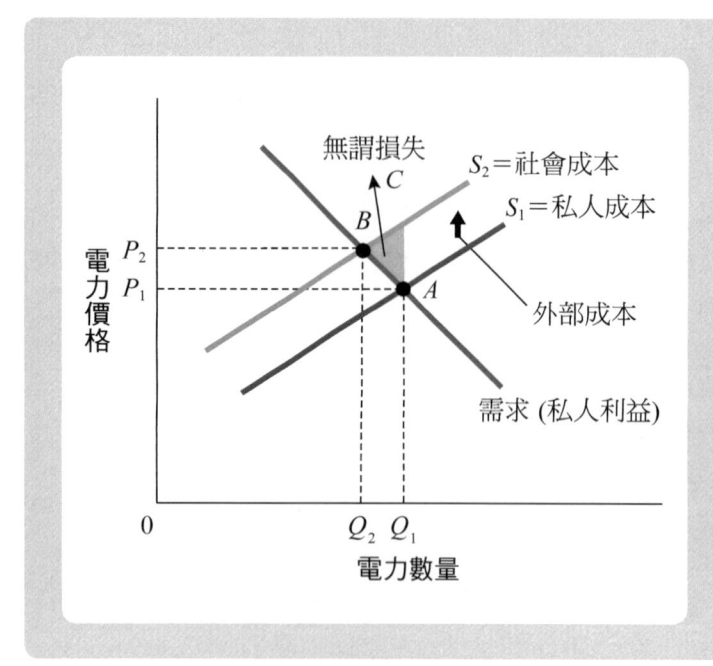

圖 5-1　污染與社會最適均衡

存在負的外部性下，如酸雨，電力的生產成本超過私人成本。最適數量 Q_2 小於均衡數量 Q_1。

(deadweight loss)——為市場扭曲所造成的福利減少。如果污染會造成社會總福利的減少，減少電力產量可改善經濟效率。

在現實社會中，負的外部性例子比比皆是。譬如，遛狗的人不會跟在小狗後頭清理狗大便，雖然法律規定遛狗時絕對要帶塑膠袋，但很多遛狗的人，在小狗便便後都若無其事地離開。根據《紐約時報》的估計，巴黎每年平均有 650 人因為踩到狗大便而摔斷骨頭。噪音污染也是令人不愉悅的經驗，每到夜深人靜，好不容易將小孩哄睡，隔壁鄰居卻突然傳來一陣打麻將的喧譁聲，即使撥打 1999 市民熱線投訴都沒有用。

不是只有廠商的生產有負的外部性，商品消費也會產生負的外部性。在臺灣，隨處可見到大樓外面有一群人在吸菸，即使外面溫度為攝氏 7 度。二手菸明顯是一種負的外部性的例子。根據研究，2005 年二手菸每包的社會成本是 0.52 美元。若已經懷孕，而且繼續吸菸的話，未出生小嬰兒的健康成本列入計算將使得社會成本巨幅增至每包 4.8 美元——是香菸批發價格的 2 倍。康乃爾大學經濟學家法蘭克 (Robert H. Frank) 認為，富豪擺闊對其他人而言是一種外部成本，因為當人們見到別人的錢比自己更多，自己的幸福感就愈低。俄羅斯富豪向來「為富欲人知」，全

球最貴的手機(要價120萬美元)及最貴跑車,買家都是俄羅斯富豪。法蘭克解釋說,人們買的東西大多具有地位性 (positional),如一輛數千萬元的法拉利跑車或上億元的豪宅,都是展現擁有者的身分地位與一般人不同。同樣地,根據報導,美國搶匪最中意的目標是 iPhone;在紐約,所有搶案有將近半數與手機有關。加州奧克蘭市市議員候選人凱爾布剛參加完社區犯罪會議,就在槍口下被人搶走 iPhone。在臺灣新北市也曾發生民眾在吃涼麵時,被搶走 iPhone 的案例。

正的外部性

大學畢業可以幫自己找到更好的工作,因此獲得較高的工資,這是私人利益 (private benefit)。除了私人利益,大學教育也會產生正的外部性:一是教育程度愈高,愈能夠分辨立法委員問政品質的好壞,也能夠選出較好的政府;二是教育程度愈高,犯罪率愈低;三是教育程度愈高,愈能夠發明與傳播知識,導致每一人的生產力與工資提升。這些正的外部性所增加的利益,稱為外部利益 (external benefit)。社會利益 (social benefit) 是私人利益與外部利益的加總。圖 5-2 顯示大學教育受正外部性之影響。

需求曲線 D_1 與 D_2 分別代表學生受大學教育後獲得的私人利益和社會利益。D_1 與供給曲線的交點為私人均衡,如圖 5-2 中的 A 點所示,均衡價格與數量分別為 P_1 與 Q_1。而 D_2 與供給曲線的交點為社會最適均衡,如圖 5-2 中的 B 點所示,均衡價格與數量分別為 P_2 與 Q_2。從整體社會角度觀察 Q_2 是最適受教育數量。若低於此數量,(如 Q_1),受教育的社會利益超過受教育的私人成本。不足的部分 (Q_1Q_2) 為無謂損失——因為額外利益高於額外成本。因此,讓更多的人受教育可改善經濟效率。

在現代經濟社會中,一個最重要的外部利益是技術外溢 (technology spillover)。譬如,當一家廠商在生產機器人時,有可能發現新且較好的設計。這個新的設計不僅幫自己荷包賺錢且能

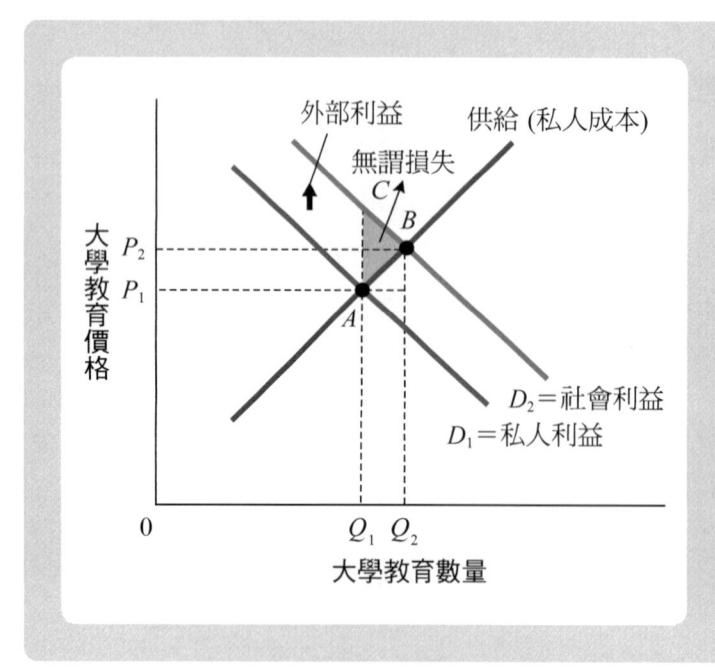

圖 5-2　教育與社會最適均衡

在正的外部性存在情形下，教育的社會利益超過私人利益。最適數量 Q_2 大於均衡數量 Q_1。

嘉惠其它公司，因為這個設計會進入社會知識庫。譬如，炒股機器人。「炒股機器人」是早稻田大學的產學合作計畫，由機器人依企業績效與股價動向獨立操作。截至 2009 年 10 月底為止，操作績效較最初下跌 0.17%，和東證股價指數 (TOPIX) 下跌 3.83% 相比，成績還算不錯。中國安信證券在 2016 年 6 月 1 日進行一場人機大戰，結果是 A 股機器人以 24.06% 的累計收益率打敗 98% 的參賽投資者。另外一個例子則是英格蘭足球超級職業聯賽 (簡稱英超)，竟能降低墨西哥犯罪率。原因是曼聯球隊的墨西哥籍足球巨星哈維爾‧赫南德斯 (Javier Hernandez)，使得墨西哥人都守在電視機前看球賽直播，而且許多孕婦看到哈維爾進球太興奮了，導致提前分娩，所以曼聯比賽時，出生率都會提升。

不管是外部利益或外部成本，市場不見得能產生社會最適數量。究竟外部性是怎麼發生的？簡單來說，就是財產權的界定不清與無法有效保護。**財產權** (property rights) 是個人或企業自由處分財產的權利：出售、出租或抵押。想想看，你整個寒假都在打工，為的是去看 2016 年里約奧運。在你即將出發的前夕，你的鄰居到你家串門子，看到桌上有奧運會的門票及住宿費用就順便帶走，你會不會覺得不公平？

同樣地，在缺乏政府的管制下，若乾洗衣服的工廠可以任意地排放廢水，工廠不需要負擔廢水處理成本，它一定會接受更多的乾洗衣物。相反地，如果政府裁定大家有權使用乾淨水源，乾洗工廠就必須想辦法增添設備處理廢水。

外部性的私人解決方式：寇斯定理

在沒有政府介入情形下，私人部門是否有能力解決外部性問題？1991 年諾貝爾經濟學獎得主寇斯 (Ronald Coase) 指出，在某些情況下，私人部門的確可以處理外部性。根據**寇斯定理** (Coase theorem)，在交易成本很低的情況下，私人部門可自行解決外部性問題。

想要知道寇斯定理如何行得通，想像有兩個人——張菲與力宏是鄰居。張菲喜歡騎重型機車，而力宏是一位音樂才子。每天下午，重機車隊友會到張菲家後院聊天喝酒，這讓力宏無法專心創作，大聲喧譁對力宏造成負的外部性。是張菲應該停止聊天喝酒？還是力宏必須忍受噪音污染？

寇斯定理指出，不管法律規定是力宏擁有享受寧靜的權利或張菲可以在自家後院聊天，雙方私下協商是可以解決問題，而不需要鬧上法院。假設張菲與朋友聊天的利益是 5 萬元，而力宏忍受噪音的成本是 8 萬元。只要力宏給張菲 6 萬元，就可以停止後院的喧鬧，而張菲也會欣然接受。相反地，若力宏忍受噪音的成本低於張菲從聊天得來的利益，喝酒聊天仍會繼續 (張菲可以付一筆錢補償力宏的損失)。

儘管私人解決外部性的方法似乎可行，但在現實生活中，執行起來卻有些困難。譬如，火力發電廠所造成的空氣污染不會只影響到一、兩戶人家。如果污染範圍甚

廣，要將許多人聚集在一起協商的成本就相當高。換句話說，交涉過程中所花費的時間及其它資源投入的成本——交易成本，若高到私人部門無法解決時，就必須依賴政府的介入。

外部性的政府解決方式

許多政策說穿了都是為了解決外部性：

- 美國第五大城市費城 (Philadelphia) 市議會在 2016 年 6 月 16 日通過開徵汽水稅。自 2017 年 1 月起，針對含糖飲料開徵每盎司 (28 公克) 1.5 美分 (約新臺幣 0.5 元)，一罐 12 盎司 (355 毫升) 要加價 18 美分 (約新臺幣 6 元)。加州的柏克萊在 2014 年就已經是全美首座公投通過汽水稅的城市。其實，課徵「肥胖稅」的另一層用意是，可以補助政府清理人們隨手丟棄飲料罐的「垃圾稅」。臺灣衛生福利部國民健康署規劃的「國民營養及健康飲食促進法草案」，研擬對高鹽、高糖與高熱量食物開徵健康捐。
- 在車上撥打行動電話與酒醉駕車都是相當危險的事。一項估計顯示，每年有超過 600 人因為一邊開車，一邊撥打行動電話而死亡。所以，法律針對這種行為是禁止的。

政府面對外部性有兩種解決方式：一為命令與管制政策；另一為市場機制政策。市場機制的政策又分為課稅與可排放交易許可兩種。

命令與管制政策：數量限制

命令與管制政策 (command and control policy) 是政府針對污染廠商能夠排放的污染量加以數量設限，或要求廠商裝設污染防

治設備。2005 年 6 月發生在彰化線西地區戴奧辛鴨蛋事件，環保署要求禍首臺灣鋼聯公司在第一階段完成活性碳噴注設施之裝置，第二階段裝置防治污染設施，以符合 1.0 ng-TEQ/Nm^3 氣體之排放限值標準。環保署在 2006 年公布的「固定污染源戴奧辛排放標準」，污染源的排放標準為每立方公尺 0.5 奈克毒性當量，違反標準者，可依法處新臺幣 10 萬元以上，100 萬元以下罰鍰，並可按日連續處罰，甚至勒令停工停業。

市場機制政策 1：課排放稅

已故的諾貝爾經濟學獎得主傅利德曼 (Milton Friedman) 曾說，管制污染有比政府開罰單更有效的辦法，就是徵收排放費，讓廠商自發性地降低污染。首先，若政府課徵的排放稅等於污染所產生的外部成本，社會仍可達到最適產量。其次，課稅比數量管制要好。原因有三：第一，課徵排放稅提供廠商誘因來發展防治污染技術，因為更新的技術可以降低廠商支付的稅額；第二，廠商支付排放稅會提高生產成本而導致產量減少，等於也減少了污染；最後，課稅能增加政府收入，增加的收入可用來彌補因污染而受到損失的人，另一方面也可以減少所得稅的課徵 (所得稅徵的愈多，人們的工作意願愈低)。這種用來減低外部成本的稅稱為**皮古稅** (Pigovian taxes)。

在 2016 年 10 月 3 日，臺灣行政院發言人表示，一包香菸調漲菸稅新臺幣 20 元。若加上營業稅 5%，業者若未自行吸收，一包菸售價將增加 21 元。但根據世界衛生組織推估，菸稅應占菸價六成七到八成 (即調高到 60 元) 才能有效抑制菸品消費量。在 2016 年，澳洲菸價調高 546 元，新加坡是 304 元，而香港是 201 元。

市場機制政策 2：可交易排放許可

可交易排放許可 (tradable emissions permits) 是廠商可以買賣排放固定數量污染物的執照。發放的數目是依據廠商過去的歷史數據，再以公式換算而得。譬如，每一家火力發電廠得到的許可證數目相當於交易制度實施前 50% 的排放量。更重要的是，這些許可證是在芝加哥期貨交易所進行買賣。

讓我們用一個例子來說明。假設有兩家發電廠：旺旺與康康，每一家都有 300 噸的二氧化硫可交易排放許可證。若旺旺發電廠採用較新的科技，每年只排放 200 噸的二氧化硫；相反地，康康發電廠沿用舊科技，每年必須排放 400 噸的二氧化硫。若有一個市場允許可交易排放許可證進行交易，旺旺可將多餘的 100 噸賣給康康。換句話說，一隻看不見的手 (芝加哥期貨交易所) 確保這個市場有效率地分配污染權；亦即，許可證將分配給願意支付最高價格的廠商，而廠商降低污染的成本愈高，他願意支付的許可證價格也愈高。

在 1990 年美國國會正式核准可交易排放許可進行買賣之前，愛迪生電力協會估計，發電廠在 2010 年必須花費 740 億美元來降低酸雨污染；但實際上，美國聯邦審計局估計，可交易排放許可開放買賣後，2010 年的成本只需 8 億 7,000 萬美元，比先前的估計要少 90%。

美國酸雨與歐盟溫室效應的可交易排放許可制度都是**總量管制與交易** (cap and trade) 的例子：政府訂出一個污染物排放上限 (cap)，發行可交易排放許可，然後每年規定污染者持有的許可證數目等於污染物排放總量。目標是許可證 (污染權) 的數目會日益減少，以限制溫室氣體和酸雨。同時，會有誘因讓污染者減少排放，以便將多餘的污染權售予別家公司。2015 年亞洲為排放交易新熱點，因為在過去三年有 9 個碳交易市場興起 (中國有 7 個，日本、韓國各 1 個)。2015 年全球碳交易市場呈現兩個

相反走勢，在量的方面持續縮小 (交易量下跌 19%)，但碳權整體價值反而增長 (成交金額成長 9%，從 443 億歐元增加到 484 億歐元)。

商品的四種分類

在小勞勃道尼與裘德洛主演的電影《福爾摩斯》(*Sherlock Holmes*) 中，小勞勃道尼飾演的福爾摩斯為了揭露布萊克伍德公爵想要摧毀全英國的致命陰謀，從布萊克的同黨內政大臣的辦公室一躍而下，跳入倫敦泰晤士河。大家可能不知道，泰晤士河在 1858 年的夏天曾經造成大惡臭 (great stink)。人們經過西敏寺橋都要掩住口鼻，住在河邊的居民因為霍亂和傷寒，其死亡率要比遠離河邊的人高出 6 倍；國會就位於河邊，泰晤士河的惡臭導致窗戶必須緊閉，而且窗簾也經過特殊藥水處理。終於在 1895 年國會通過《公共衛生法案》，興建地下水道與排放污水。泰晤士河從全球最髒的大都會河流變成最乾淨的河流。

在這個例子裡，倫敦的污水處理系統是公共財的例子──不管你有沒有付錢，都可享受其帶來的好處，別人的使用不會影響到你的使用量。此外，泰晤士河的乾淨水質是共同資源的例子──不管你有沒有付錢，都可享受其帶來的好處，但你的使用會減少他人的使用。地下水道與污水處理系統都是由政府提供，麥當勞不會有興趣興建地下水道。因此，我們有必要思考經濟體系中的不同商品。

經濟學家通常依據兩個特性來進行商品分類：

- 商品是否排它？排它性 (excludability) 是指任何人如果沒有付錢就無法消費此商品。

- 商品是否為消費敵對？消費敵對性 (rival in consumption) 是指你使用一個商品時，會降低別人的使用量。

利用這兩個特性，圖 5-3 將商品分成四類：

1. 私有財 (private goods)──商品具排它性與消費敵對性即為私有財。譬如，你正在麥當勞吃大麥克時，別人就不能吃你的大麥克 (大麥克是消費敵對的)；如果阿基師沒有 75 元，他就無法享受大麥克 (大麥克是排它的)。經濟體系中，大多數的商品都屬於私有財：你不付錢就無法享用。一旦你擁有它，就會減少他人的使用量。

2. 公共財 (public goods)──商品具非排它性與消費非敵對性即為公共財。公共財一般均由政府提供，譬如，颱風警報，一旦氣象局發布颱風警報，你無法阻止任何一個人知道 (所以是非排它的)。此外，一旦你從警報中獲益 (關緊門窗) 也不會降低別人從警報中獲益 (所以具消費非敵對性)。

3. 共同資源 (common resources)──商品具消費敵對性但有非排它性，即為共同資源。譬如，海洋裡的黑鮪魚，一旦你捕捉到一條黑鮪魚，別人能捕捉的數量會減少 (所以有消費敵對

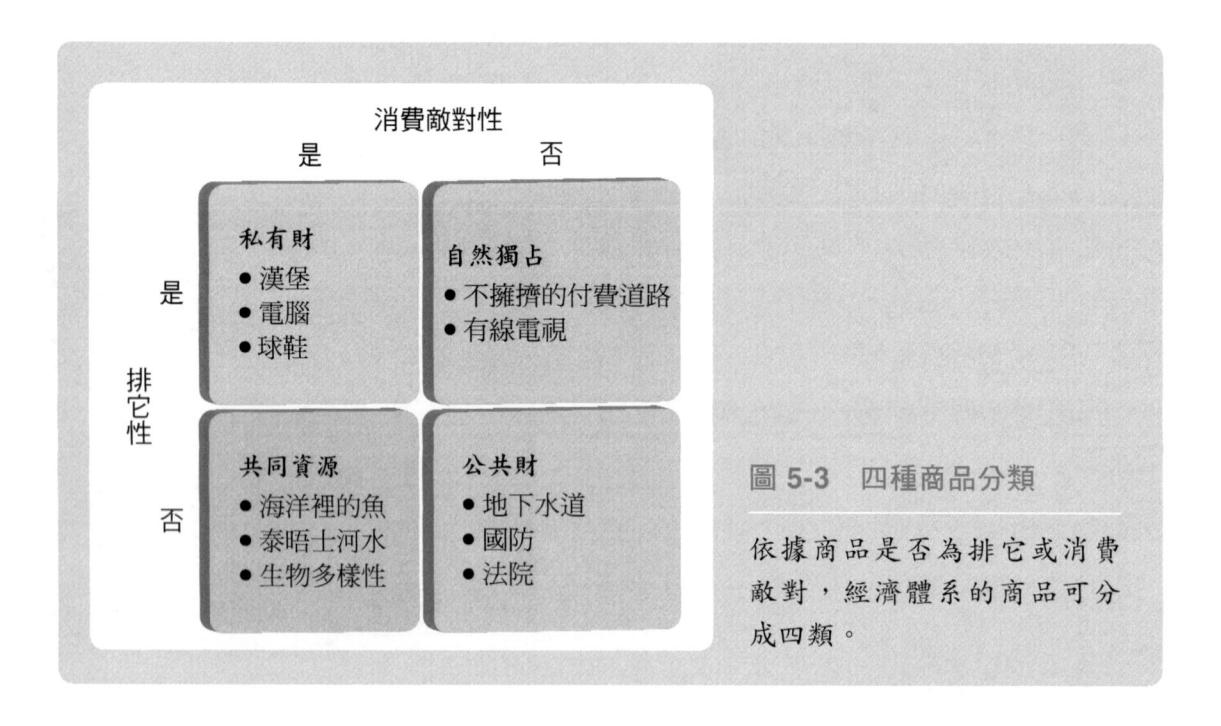

	消費敵對性 是	消費敵對性 否
排它性 是	私有財 ● 漢堡 ● 電腦 ● 球鞋	自然獨占 ● 不擁擠的付費道路 ● 有線電視
排它性 否	共同資源 ● 海洋裡的魚 ● 泰晤士河水 ● 生物多樣性	公共財 ● 地下水道 ● 國防 ● 法院

圖 5-3 四種商品分類

依據商品是否為排它或消費敵對，經濟體系的商品可分成四類。

性)。然而,這些黑鮪魚並不屬於任何一位漁夫所有,因為無法禁止他人捕捉 (所以是非排它的)。

4. **自然獨占** (natural monopoly)──商品具排它性但沒有消費敵對性,即為自然獨占所提供的商品。譬如,有線電視,若你不付月租費,就無法觀賞 (所以有排它性),但你在看 HBO 時,不會影響其他人的收視 (所以沒有消費敵對性)。同樣的例子還有不擁擠的付費道路,任何人不付費都無法行經付費道路,但你的使用不會影響他人的使用 (當然是在不擁擠的情形下)。

私有財與自然獨占在第 2 章和第 4 章都已經討論過,接下來,我們簡短地檢視公共財與共同資源。

公共財的例子

前面提到政府會提供各式各樣的公共財,譬如,國家公園、燈塔、基礎研究、國防、煙火秀、警察或消防隊等。以執法人員為例,民間的保全公司只能防止壞人入侵你家,但他們不會查緝毒品,也不會主動抓出可能入侵你家的罪犯,更不會在馬路指揮交通,這些工作都可以讓你身家性命在長期更有保障,當然他們也存在「免費搭便車」的問題。

另一個例子是墾丁國家公園。夏天去墾丁度假,不管是浮潛、騎自行車,或在海邊散步都是人生一大樂事。若由私人提供,國家公園可以讓資產發揮最大生產力,可是面對如此廣大的區域,如何收取入場費會是一個大問題。另外,萬一發生油輪翻覆、原油外洩破壞珊瑚礁等海底資源的情事,將是一場夢魘,還好政府可以保護這些天然資源,從而為我們創造利益。

經濟學家經常使用燈塔作為公共財的例子。燈塔提供的照明服務可以使來往船隻避開危險海域。鵝鑾鼻燈塔不可能因為通過

的是陽明海運船隻就關閉，是長榮海運船隻就開燈。因為具非排它性與消費非敵對性，每位船長都有很強的誘因「搭便車」。民間經營的燈塔收不到錢，也只好請政府出面。時至今日，大多數的燈塔都由政府興建與管理。

共同資源

釣魚線的盡頭，有黑鮪魚、旗魚、龍蝦、石斑等豐富的海洋資源？或只剩下泥沙、小蟲？科學家大膽預言，如果饕客繼續追逐價廉味美的海鮮，到了 2048 年將無魚可吃。紀錄片《魚線的盡頭》(The End of the Line)，宛如海洋版的《不願面對的真相》。

專家估計，現在全球捕魚能量是總漁獲量的 4 倍以上，全球最大的拖網，開口足以裝下 13 架 747 飛機，更不用說精良的電子探測設備讓魚群無所遁形。高科技的捕魚技術是造成海洋浩劫的主因。海洋裡的魚是非排它的，因為每一艘漁船均可在海面上作業盡情地捕魚 (濫捕)。但是濫捕的結果造成海洋魚群從 1998 年開始減少，光是從大西洋游到地中海的鮪魚，過去 10 年就減少了八成，每年有 700 萬噸的漁獲又被丟回海裡，因為漁民只想拿他們想要賣的，所以海洋裡的魚具消費敵對性。

草原的悲劇

中古世紀的英國，每一個村莊都有草原，而草原屬於公有地 (commons)，村民可以免費在草原上牧養牛羊。當然約翰家的羊吃草後，瑪莉家的牛就吃不到這些草，所以消費是敵對的。但村子裡的每一家都有權使用公有地，所以並沒有排它性。隨著村莊人口的成長，在公有地上吃草的牛羊數目也隨之增加。日益增多的牛羊在固定的公有地上吃草，土地開始失去生長牧草的能力，最終變成不毛之地，羊群無以維生，整個牧羊產業也隨之消失。

第 5 章　外部性、共同資源與公共財

　　為什麼每一家都有過度利用資源的強烈誘因？舉一個可再生資源——漁場的例子。為簡化分析，假設有兩艘捕旗魚的漁船——日勝生號與興富發號。如果有配套措施，譬如，每季捕魚量設限，那麼旗魚數量可維持穩定，也因為捕獲的數量有限，旗魚可以賣到較好的價錢。這表示日勝生號與興富發號的漁夫可獲得較高收益。相反地，漁場是一種共享資源，沒有人真正擁有它，因此很難對捕獲量進行監控，漁船可能盡情地捕魚，結果是市場的旗魚供應量太多，造成價格下跌，漁夫的收益自然下滑。圖 5-4 描繪共同資源的賽局，結果就跟囚犯困境的預測一模一樣：高捕獲量對兩艘漁船而言是優勢策略，但漁夫之間彼此不夠信賴，無法透過協調而皆大歡喜 (各賺 5,000 萬元)。漁船追求自

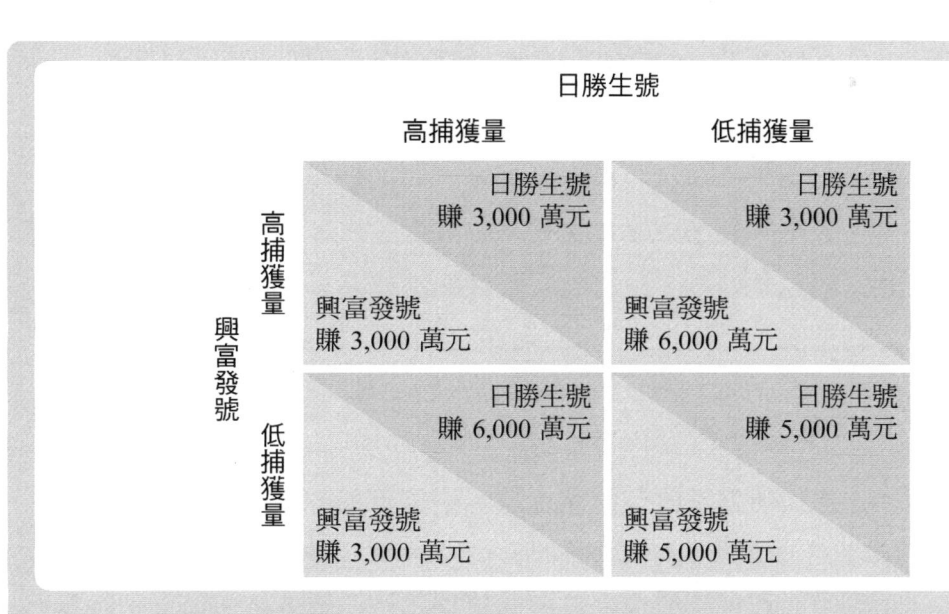

	日勝生號 高捕獲量	日勝生號 低捕獲量
興富發號 高捕獲量	日勝生號 賺 3,000 萬元 興富發號 賺 3,000 萬元	日勝生號 賺 3,000 萬元 興富發號 賺 6,000 萬元
興富發號 低捕獲量	日勝生號 賺 6,000 萬元 興富發號 賺 3,000 萬元	日勝生號 賺 5,000 萬元 興富發號 賺 5,000 萬元

圖 5-4　共同資源賽局

日勝生號與興富發號在同一個漁場捕旗魚，每一艘漁船的利潤受自己與對手捕獲量的影響。

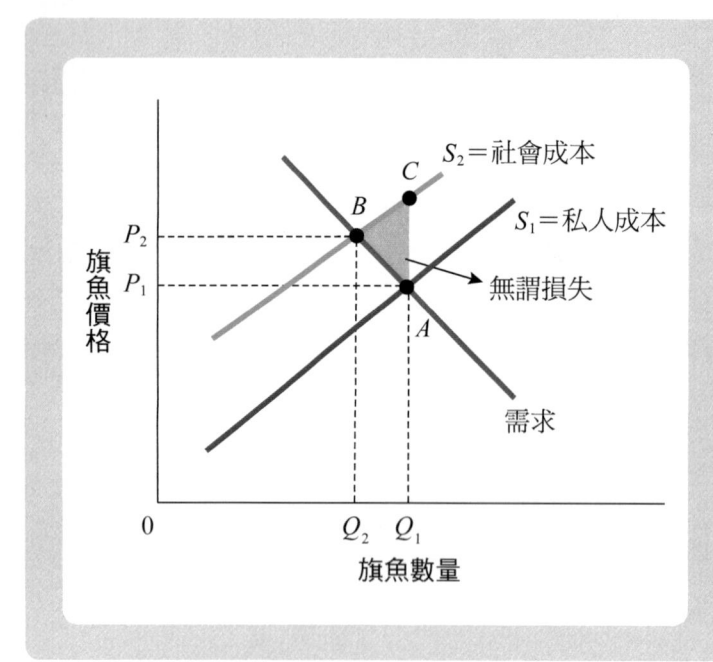

圖 5-5　共同資源的過度使用

就一共同資源，如旗魚的最適數量決定於 S_2 與需求曲線的交點。而未考慮外部成本之旗魚數量 Q_1 高於最適數量 Q_2，無謂損失為 $\triangle ABC$。

我利益導致一個較差的結果 (各賺 3,000 萬元)：最後到 2048 年以後大家都沒魚可以吃了。

這種共同資源被過度使用的傾向稱為草原的悲劇 (tragedy of the commons)。悲劇是怎麼發生的？答案很簡單：外部性。

圖 5-5 顯示共同資源如旗魚的最適數量為需求曲線與 S_2 的交點。S_2 反映旗魚捕捉的社會成本，等於旗魚捕捉的私人成本加上外部成本。外部成本是每艘漁船捕捉的旗魚愈多，別的漁船能抓到的旗魚就會減少。因為每艘漁船都忽略外部成本，造成魚類資源的枯竭，無謂損失為圖 5-5 的 $\triangle ABC$。

草原悲劇的解決方式

如前所述，因為財產權缺乏明確定義或執行才會產出負的外部性。一種解決的方法是將共同資源轉換成私人財產。在英國，每個家庭可以用籬笆將草地圍起來避免過度使用。這種作法對海洋的魚類並不適合，比較好的方式是由政府出面，限制共同資源的使用，譬如，限制捕捉數量、課徵皮古稅或拍賣數量有限的交易許可。

諾貝爾經濟學獎得主貝克 (Gary Becker)，夏天時都到麻薩諸塞州的鱈魚角度假。該地盛產的條紋鱸魚是他喜愛的美食，這種魚的數量已大為減少，因此政府對每季的商業捕魚量做了限制。貝克不覺得政策有何問題，不過他對限制總捕獲量的作法有些意見。因為每季一開始，漁船都會爭先恐後捕魚，深怕晚了一步，當季配額就會被別的漁船捕光了。結果在季節開始，供應量大增，市場價格滑落。可是過沒多久，達到季配額，消費者根本買不到，大家都是輸家。幾年後，麻州針對每艘漁船訂定配額，個別漁夫終於都有魚可捕。

「一個海洋、兩個世界」，《紐約時報》在 2000 年 8 月 27 日刊登一篇名為〈雙漁記〉的文章。在美國，一個曾經被譽為全球鮪魚首都的羅德島茱迪角，鮪魚數量銳減。當地漁夫索林思這麼說：「現在對我唯一有吸引力的就是出海捕魚，捕得愈多愈好；我並沒有誘因去保育魚場資源，因為就算我沒捕，下一個出海的漁夫還是會捕。」結果造成鮪魚、鱈魚、旗魚和龍蝦數量的日益枯竭。50 年前，隨便抓到的龍蝦都是 30 磅，20 年前還可抓到 20 磅的龍蝦，如今所能抓到最大的龍蝦只有 4 磅。雪上加霜的是，政治人物還常利用減稅與其它誘因來幫助漁夫，使原本打算退出漁場的人繼續留在海上。

澳洲南部盛產龍蝦的林肯港則有截然不同的結果，在 1960 年代，當地政府開始對捕龍蝦的籠子數量加以設限 (每位漁夫只能裝 60 個，而在美國，每位漁夫的籠子數量是 800 個)，漁民必須購買執照才能擁有籠子。從那時候起，新來的漁夫只能向別的漁夫購買執照來捕龍蝦，這個方法讓龍蝦得以繁衍。諷刺的是，比較茱迪角與林肯港，林肯港的漁民不費力氣就能夠賺到更多的錢。澳洲漁民史賓塞在接受《紐約時報》採訪時說：「何必濫捕？這可是我的退休金呢！如果一隻龍蝦都不剩，還有誰願意花 35,000 美元跟我買執照？如果我現在利用執照濫捕，10 年後我的執照就不值一毛錢了。」

共同資源的例子

黑犀牛是瀕臨絕種的動物之一。1970 年代時，非洲南部還有 65,000 頭，現在只剩下 3,600 頭。人們為什麼要獵殺黑犀牛？許多亞洲國家人民認為黑犀牛角有催情與退燒功能，葉門人則以黑犀牛角製成刀柄。黑犀牛角在黑市可以賣到 30,000 美元高價，對於非洲南部貧窮的人民而言，死的黑犀牛要比活的更值錢。

美國華盛頓大學瓦塞爾 (Samuel Wasser) 在《保護生物學》刊登的一篇文章指出，一些遠東地區的工業化國家，譬如，中國與日本，象牙成為新中產階級的一個重要身分象徵。由於這些國家及包括美國在內的富裕國家對象牙的需求日增，高品質象牙的批發價格從 2004 年的每公斤 200 美元，飆漲到 2007 年的每公斤 850 美元，到了 2016 年象牙價格再度暴漲至每公斤 2,000 美元。由於非法象牙貿易猖獗，非洲野生大象瀕臨滅絕。根據最新一項數據顯示，目前在非洲，每年大約有 8% 的大象成為盜獵者的犧牲品，這麼高的死亡率已超過大象在最佳條件下每年約 6% 的繁殖率。如果人們不採取有力的措施，到 2020 年野生大象將從地球消失。

結　論

2009 年諾貝爾經濟學獎得主奧斯特羅姆 (Elinor Ostrom) 觀察俄羅斯、中國、蒙古牧草地；數個世紀以來，游牧民族在這些牧草地上逐水草而居。但中國政府卻將這些牧草地收歸國有，在其上設置許多集體農場，人們開始永久定居，這些牧草地的地力因而迅速衰退。後來中國政府又將這些牧草地私有化賣給一般家庭，結果卻是這些原本游牧的家庭也開始永久定居，牧草地的地力衰退更嚴重。

游牧民族逐水草而居是共同資源「自我規範」而運作良好的例子。奧斯特羅姆提出：若有一群本身有利害關係的使用者，他們能彼此協調出規則，則此共同資源最終都比「私有化」或「國有化」經由外人強加一套新規則好得多。

第 5 章　外部性、共同資源與公共財

不可不知

外部性 ▶ **公共財** ▶ **共同資源**

- 寇斯定理
  可交易排放許可
  課稅

- 公共財的特性
  公共財的例子

- 共同資源的特性
  草原的悲劇
  共同資源的例子

習題

1. 市場失靈發生於：
   (a) 市場雖然處於均衡，但沒有達成經濟效率
   (b) 競爭廠商長期經濟利潤為零
   (c) 競爭廠商短期發生虧損
   (d) 物價上漲使得消費者覺得日子難過　　　　(105 年金融保險高考)

2. 環境污染會造成外部成本，是因為：
   (a) 污染行為人是沒有生產力的人
   (b) 承受污染的人沒有支付污染成本
   (c) 污染行為人沒有認知到污染是不好的
   (d) 污染行為人沒有負擔污染成本　　　　(105 年初等考試)

3. 下列何者並非負的外部性？
   (a) 史密斯公司生產鋼鐵並在美國橘郡製造污染
   (b) 你的朋友買了一隻小狗，每天晚上都在狂吠
   (c) 你對醫生開給你的藥過敏
   (d) 你的鄰居買了一套很貴的音響

4. 當有下列何種情形時，商品在市場會出現供給不足的現象？
   (a) 正的外部性　　　　　　(b) 負的外部性
   (c) 社會成本　　　　　　　(d) 內部成本　　(105 年經建行政高考)

5. 關於水污染的問題，從社會的觀點最適污染水準為何？
   (a) 應為零污染　　　　　　(b) 應由市場決定政府不宜介入
   (c) 應低於市場決定之水準　(d) 應高於市場決定之水準
   　　　　　　　　　　　　　　　　　　　　(100 年初等考試)

6. 公共財與共同資源皆為：
   (a) 敵對的　　　　　　　　(b) 非敵對的
   (c) 排它的　　　　　　　　(d) 非排它的

第 5 章　外部性、共同資源與公共財

7. 寇斯定理強調的是：
   (a) 外部性必須由政府介入才得以獲得效率結果
   (b) 外部性無法靠市場機制解決
   (c) 外部性的處理不一定要政府
   (d) 外部性一定存在而無法根除

8. 消防車數量增加，使滅火速度提升，使自己的房子免受祝融之災。政府提供的消防安全防護為：
   (a) 純私有財　　　　　　　　(b) 準私有財
   (c) 純公共財　　　　　　　　(d) 準公共財　　　(101 年高考三級)

9. 擁擠而導致速度慢的免費無線網路 (free Wi-Fi) 屬於：
   (a) 私有財　　　　　　　　　(b) 俱樂部財
   (c) 共同資源　　　　　　　　(d) 公共財　　　　(106 年勞工行政)

10. 即使不支付費用，人民還是可以享受到公共財之利益；譬如，逃稅的人仍然可以受到國防安全網的保護。因此消費者對公共財之願付價格_____消費者由此公共財得到的利益。此現象稱為_____。
    (a) 高於、搭便車問題　　　　(b) 低於、搭便車問題
    (c) 高於、排他問題　　　　　(d) 低於、排他問題　(106 年關務特考)

答案

1. (a)　2. (d)　3. (d)　4. (a)　5. (c)
6. (d)　7. (c)　8. (c)　9. (c)　10. (b)

Chapter 6

資訊經濟學

禮輕情意重？

報載 42 歲的陳小春與 26 歲的應采兒相戀 3 年後，終於決定在 2010 年 2 月 14 日情人節當天步入禮堂。陳小春向應采兒求婚的鑽戒價值 6 位數港幣，求婚過程很搞笑，因為他什麼都沒說，不停地哭，邊哭邊說：「妳嫁給我啦！」女方竟笑個不停，然後答應。

送禮是一門學問。如果陳小春不是送鑽戒而是改送現金，不知道姻緣能否成功？哈佛大學經濟學教授曼基 (N. Gregory Makiw) 認為禮物反映一種資訊不對稱：他有著女方想知道卻無從得知的訊息——他真的愛我嗎？選擇一個精緻好禮是顯示愛她程度的訊息。選購禮物要花時間與金錢，這些都可以讓女生觀察到底男生有多愛她 (私人資訊)。如果他是真心的，選擇一個適合她的禮物是輕而易舉的，因為他時時刻刻都掛念她。如果送的是現金，這表示他不愛她，因為連選個禮物都很懶，女友自然覺得男友不把她放在心上。

美國賓州大學經濟學教授瓦佛格 (Joel Waldfogel) 認為送錯禮是一

種浪費，因為花錢買個不適合別人的禮物是一種無謂損失。他估計無謂損失大約占送禮金額的 18%，也就是買 100 元的禮物送人，對別人而言只有 82 元的價值。根據他的統計，全世界花在買耶誕節禮物的金額就有 1,450 億美元，因此這種無謂損失大約為 250 億美元 (約合新臺幣 8,000 億元)。

本章即在探討資訊經濟學，以及資訊不對稱如何影響家計單位與廠商的決策。內容包括逆向選擇、道德風險、委託人－代理人、訊息及以貌取人等主題。

資訊不對稱

交易雙方若有一方擁有的資訊比另一方還少時，我們稱這種情況為資訊不對稱 (asymmetric information)。譬如，早期在光華商場買電腦時，為了避稅，只要現金交易就不用開發票。國稅局人員為了查緝逃漏稅，喬裝打扮成一般買家，只要商家不開發票就人贓俱獲。同樣地，你到麥當勞或漢堡王買漢堡時，店員一定會給你發票。漢堡王這麼積極地開發票，是想幫你記帳嗎？當然不是，漢堡王是想避免員工偷竊，這是一種隱藏行動 (hidden action) 的例子，更精確地說，是一種「委託人－代理人」的問題。同樣地，買中古車的人總是會擔心中古車商或賣家並未把車子的所有狀況都告知，這是一種隱藏特性 (hidden characteristics) 的例子。這兩個例子都說明一件事：不知情的一方 (漢堡王店長、買中古車的人) 想要知道相關訊息，但知情的一方 (漢堡王店員與中古車商) 卻盡可能地掩蓋相關資訊。

隱藏特性：逆向選擇

賣方比買方更清楚商品的特性，就可能發生逆向選擇 (adverse selection) 的問題。在這種情況下，買方承擔買到低品質商品的風險；亦即，從不知情的買方「逆向」地「選擇」到品質較差的商品。

逆向選擇的經典例子是中古車市場。2001 年諾貝爾經濟學獎得主之一的阿卡洛夫 (George Akerlof) 在〈檸檬市場〉(the Market for Lemons) 一文中指出，中古車賣家對車子真正狀況的了解絕對多於潛在的買家。若中古車買家知道自己難以分辨好車與爛車 (或檸檬)，他們特別將這層考慮列入願意支付的價格中。考慮一個簡單的例子：假設有一半的 2013 年本田 CR-V 是準時維修、品質值得信賴的中古車，另外一半則為沒有定期保養的檸檬爛車。若買家願意付 20 萬元買好車，但只願付 10 萬元買爛車，在這種情形下，買家出價會介於 10 萬元與 20 萬元之間，譬如，15 萬元。從買家的角度來看，他根本不知道中古車是好還是壞，15 萬元的出價看似合理，但是，賣家清楚明白自己車子的狀況。對品質好的中古車主來說，車子賣不到好價錢 (少了

5 萬元)，因此比較不可能出售；而對爛車的中古車賣家來說，賣掉等於賺到 (多了 5 萬元)，結果市場上都充斥著爛車。換句話說，因為資訊不對稱，市場上高品質的二手車並不存在，存在的都是「逆向選擇」的爛車。

逆向選擇的第二個例子出現在保險市場。以國泰人壽為例，當該公司承保 4 萬名 45 歲男子的醫療保單時，45 歲男子的平均醫療成本是 1 年新臺幣 4 萬元，而國泰人壽收取每年 45,000 元的保費，平均每張保單可以獲利 5,000 元。

對無病無痛的 45 歲男子來說，45,000 元的保費並不划算。可是對於體重過重、有高血壓、糖尿病家族病史的老菸槍來說，卻是賺到了。於是，健康狀況最佳者決定退出保險，最糟的人則最有可能加入。保險公司研究新的人口結構變化後，認為保費必須調高到 6 萬元，公司才有獲利空間。接下來，會有更多的人決定退出，結果留下來的是身體健康更差的人。這麼一來，人口結構又有改變，這種逆向選擇的自我淘汰機制，保險市場有可能崩潰。

第三個例子發生在金融市場。每一家公司對自己的財務狀況了解得比潛在投資者多。一般而言，投資人必須仰賴分析師與外資報告才會注意到一家公司。以台積電為例，大家都知道董事長是張忠謀，他經營的公司財務非常透明，外資持股的比例也很高。相反地，一家名不見經傳的公司，如先進電，從未見報，分析師也沒有做財報分析與財務預測，若台積電與先進電都想要在新的會計年度興建新的工廠，你覺得哪一家公司可以毫不費力地在股票或債券市場籌措到所需資金？當然是台積電。投資人在衡量流動性與風險的條件下，台積電絕對是首選。

第四個例子發生在勞動市場。同一個學校畢業的學生不見得每一個人能力都相同。勞工比雇主更清楚知道自己的能力。若遭遇像金融海嘯般的經濟衝擊，公司決定以減薪來度過難關時，最有能力的員工會率先離職，因為他們能在別的地方找到工作。相反地，公司會支付高於一般市場行情的薪資期望能吸引素質較佳的員工。

普林斯頓大學的畢業生比較會賺錢嗎？《美國商業週刊》(*Bloomberg Businessweek*) 使用 Pay Scale 報告的數據，比較全美名校畢業生進入職場後的薪資水準。結果發現畢業於常春藤名校的學生進入職場後 10 年，仍是薪水較高的族群。在薪水排行中，普林斯頓大學畢業生居冠 (平均薪資 13.7 萬美元)。

這牽涉到一個問題：是因為普林斯頓大學傳授的知識使他們受用無窮？還是普林斯頓大學只提供一塊漂亮的招牌，畢業生得憑自己的才華加上後天辛勤工作？美國財政部助理部長克魯格 (Alan Krueger) 與美隆基金會的戴爾 (Stacy Dale) 在 1990 年代末期針對這個問題進行相當有意思的研究。名校畢業生如耶魯、賓州大學的 1976 年入學生，在 1995 年的平均年薪為 92,000 美元，而賓州州大、杜蘭等比較普通的大學畢業生年薪少了 22,000 美元。似乎花大錢讀名校是值得的。克魯格與戴爾認為，名校挑選有潛質的學生，而有潛質的學生也比較可能申請名校，這是一種選擇偏誤 (selection bias)。所以他們進一步針對同時被名校和普通大學錄取的學生做調查，發現到不管後來決定去哪一所學校，日後的平均年薪差不多。整體來說，你的動機、野心和天賦比畢業證書上的學校名稱，更能決定你能否成功。

隱藏行動：委託人－代理人與道德風險

道德風險 (moral hazard) 是指在交易當時，一方的行為不符合另一方的期待。譬如，一旦公司幫倉庫保火險後，就可能會粗心大意而不嚴加防範火災發生。同樣地，在臺灣的健保制度下，

看病變得相當便宜 (在臺灣，新生兒看診只要新臺幣 100 元，在美國則要 200 美元)。人們只要小感冒或咳嗽就會看醫生；如果沒有健保，只是小病痛就可能不會上醫院。

道德風險的一個經典例子是委託人－代理人問題 (principal-agent problem)。前面提到漢堡王的例子，委託人 (漢堡王) 雇用代理人 (櫃檯店員) 工作，後者的所作所為未必最有利於委託人，漢堡王要求開付發票，即為監督員工的舉措之一。

委託人－代理人的問題在企業高層也相當明顯，這主要是因為經營公司的代理人 (執行長與其它管理階層)，未必是擁有公司的委託人。公司執行長其實與漢堡王的櫃檯店員並無兩樣：他們同樣會在許多誘因下，做出未必符合公司最大利益的事情。這些公司高層可能享有昂貴的私人飛機、鄉村俱樂部會員卡。公司愈大，辦公室愈豪華，薪水也就愈高。2008 年，美國國會對於是否金援三大汽車公司爭論不休，決定找三大汽車公司執行長到華府報告紓困計畫。沒想到這三家瀕臨破產汽車公司的執行長，紛紛搭私人飛機飛往華府，卻未帶來任何企業紓困計畫，肥貓執行長可謂一點羞恥心都沒有。另外，AIG 獲得美國聯準會金援超過 850 億美元，其中竟有超過 10% 作為支付高階主管薪水與紅利，引發美國輿論嚴重反彈。

3C 賣場還有 7 天不滿意退貨，銀行的服務保證在哪裡？

委託人－代理人問題不僅發生在勞動市場，在金融市場也很普遍。2010 年 1 月 8 日華視新聞報導，南投一名婦人投資連動債慘賠，她不滿當初理財專員保證獲利，讓她 2 年賠了 1,000 萬元。為了向銀行討回公道，她每天帶著行李到銀行大廳過夜。摩根大通前交易部門副總何佩玲指出，設計連動債的都是投資銀行裡天才中的天才，它是被創造出來的 (無中生有)，跟人類的需要一點關係都沒有。「臺灣的投資人可以去交易一個債，什麼北海布蘭特原油的一個指數，還能夠預測幾年內不會變，哇！這個比投資銀行分析師還要厲害。」「你怎麼可能種一粒玫瑰花的種子，會長出一顆蓮霧呢？」

國內前三大連動債銷售機構，2007 年共賣出超過 1,800 億元。中信銀近 1,000 億元、北富銀 500 億元、台新銀 300 億元。說穿了，利字當頭，銀行銷售連動債的手續費收入比一般的共同基金要高上 1 倍。對銀行理專來說，連動債的利潤比賣共同基金高。在這個例子裡，一般投資大眾 (委託人) 相信理財專員 (代理人) 介紹一個「比定存利率高，卻極保守的金融商品」連動債而盲目投入，為了賺 6% 卻賠了 50%。

第三個委託人－代理人問題的例子是房屋仲介。房屋仲介的佣金是以實際成交金額計算。以買房子來說，你願意支付的房價愈高，他拿到的佣金愈多，議價的時間也愈短，實際上你當然不會用高於市價的價錢買進房子。就算是你委託仲介賣房子也有問題。假設仲介的佣金是 1%，而你願意以 1,000 萬元出售，若喊價 900 萬元，他可輕鬆在 7 天內成交，不費吹灰之力賺進 9 萬元。要是喊價 1,100 萬元，他固然能賺到 11 萬元，但得花好幾個月的時間辛苦工作。如果你是房屋仲介，你會做何選擇？由此可知，委託人 (你和我) 與代理人 (房屋仲介) 的利益並不一致，他們的最大利益是盡速敲定交易，不管這個價格對你有利還是不利。

道德危機不僅限於市場，還可能發生在國家層次上。1997 年的亞洲金融風暴，印尼、泰國、韓國、馬來西亞，甚至日本都受創甚重，當時印尼盾兌換美元比率每日波動，最多曾貶值到 1 美元換到 14,000 印尼盾。在峇里島購物結帳都要大排長龍，因為光是點鈔就要花上幾十分鐘。為了解決金融危機，國際貨幣基金 (IMF) 金援印尼與韓國，金額分別為 230 億和 550 億美元。2009 年的歐債危機，IMF 也金援冰島 (21 億美元)、烏克蘭 (165 億美元) 與匈牙利 (280 億美元)。一個有趣的問題是，向 IMF 借錢要不要還？理論上，是一定要還的。但截至目前為止，只有韓國歸還借款。

國家破產是指國家償債能力出了問題，但並不意味著一定要償還債務。每個年代都有金融愚行，據 IMF 計算希臘的債務將由 2020 年占 GDP 的 170% 爆炸性成長，即便到 2060 年將達

GDP 的 275% (國際上一般將債務占 GDP 的 60% 作為警戒線)。資料顯示，希臘銀行一直靠買賣債券賺錢。它們以低於 1% 的利率從歐洲央行借錢，再用來買入利率高達 5% 的政府債券賺取差價。為什麼希臘如此有恃無恐？歐元區一些國家對希臘的看法比 IMF 樂觀，歐元區財長會議主席戴松布倫 (Jeroen Dijsselbloem) 表示「許多歐元區國家仍要求 IMF 加入紓困。」

資訊不對稱的解決之道

建立品牌傳遞訊息

市場面對資訊不足也是經濟學家的興趣所在。我們在住家附近超商訂開運年菜時，通常是等到吃了之後，才知道品質的好壞。可是企業與消費者往往會有一套辦法，來解決資訊不足的問題。這種知情一方將私人資訊傳遞給不知情一方的行動叫作**訊息傳遞** (signalling)。我們在前面曾經見過訊息傳遞的例子。譬如，吉列刮鬍刀砸下了 500 萬英鎊 (約新臺幣 3.3 億元)，傳遞高品質的鋒隱刮鬍刀給消費者知道。而在本章，普林斯頓大學畢業生傳遞給未來的老闆一個訊息：他們是一群有才華的人。這兩個訊息傳遞的例子 (廣告和教育) 似乎截然不同，但骨子裡並無差異：知情的一方 (公司與學生) 利用訊息傳遞來知會不知情的一方 (消費者與雇主)，他們提供高品質的東西。

訊息想要有效傳遞必須付出代價。如果每一個人都可免費取得資訊，訊息傳遞就無用武之地。譬如，哈佛與杜蘭大學畢業生的薪水若無差距，很多人不會多花 1 倍的學費擠進常春藤名校。根據相同的邏輯，高品質東西較低品質東西訊息傳遞的代價相對較低，這也是克魯格與戴爾令人振奮的結論——同時錄取名校和普通大學的人，畢業後的薪資表現幾乎相同。在廣告的例子中，擁有較佳產品的公司從廣告可獲取較大的利潤，因為消費者一經試用就會成為忠誠客戶。

全球最大咖啡連鎖店——星巴克這幾年用一種文化姿態席捲全球，之前流行一句話：「我不在辦公室，就在星巴克；我不在星巴克，就在去星巴克的路上。」這話足以道出「星巴克文化」正悄悄地以超越國界的方式滲入現代都會生活中的每一個角落。心理學家百拉瑟斯甚至表示，消費者到星巴克有股安全感，讓大家覺得那裡是一個社交活動安全地點。《消費星巴克》一書的作者說：「星巴克在提升咖啡標準的表現十分出色。」

另一個品牌深植人心的例子是麥當勞。「金色拱門」標誌代表的不只是漢堡，也代表了資訊。不管是在中國北京、埃及開羅、莫斯科還是斯德哥爾摩，每家麥當勞提供的大麥克吃起來都一樣——這也是麥當勞成功的原因。當你到一個陌生的地方時，一看到金色拱門立刻就知道它會是一家乾淨、安全，而且價格也不貴的餐廳。你也知道這家餐廳一個禮拜營業 7 天，甚至大麥克有幾條醃黃瓜都瞭若指掌。

為什麼可口可樂願意花 1 分鐘 500 萬美元 (約合新臺幣 1.6 億元) 的代價在第 50 屆美式足球超級盃打廣告？一個可能的解釋是，公司希望讓消費者了解它們的產品是獨一無二的。在競爭的市場中，售價往往逼近生產成本，如果生產一罐可口可樂的成本是新臺幣 5 元，而售價訂在 20 元，就會有其它廠商緊追其後，將售價訂在 15 元。可口可樂要如何保住獲利空間？它花大錢在超級盃電視轉播時廣告，就是想要說服大眾自己的產品與別家不同，等於是築下了進入障礙。這等同於 NIKE 的球鞋不是巴基斯坦童工縫製的，而是杜蘭特、詹姆斯的球鞋。農民也知道這個道理，所以超市裡有神戶牛排、玉井芒果、燕巢芭樂與星巴克的咖啡豆，而且賣得比較貴。

誘發資訊揭露的篩選機制

知情一方採取行動來揭露他的私人資訊稱為訊息傳遞，而不知情一方誘使知情一方顯露私人資訊則稱為篩選 (screening)。對一個中古車的買家來說，他可以要求將車子送給修車廠的技師檢驗，中古車商拒絕此項要求，即反映車子為爛車的私人資訊。買家可以出更低的價錢或掉頭就走。汽車保險是另一個很好篩選的例子。保險公司並不清楚買車險的人是粗心或細心的駕駛——而公司利用統計資料來決定保費。19 歲的年輕人開一部跑車與 40 歲的熟女開一輛房車的保費截然不同。前者的保費可能是後者的 2 倍，但實際的情況剛好相反：40 歲的熟女其實是一個計程車女王，開車橫衝直撞；而 19 歲的小伙子非常愛護自己的跑車，每次都小心翼翼。統計資料並不是未來風險的完美指標。

面對這種情況，保險公司可以設計兩種不同的保單：一種是全險和高保費；另一種是低保費和 1 萬元的自付額。自付額對肇事率較高的車主是一種沉重負擔。因此，只要自付額夠高，低保費可吸引細心駕駛者，而高保費則吸引粗心駕駛者。這兩種不同的保單設計，誘使兩種不同型態的駕駛人自動透露其私人資訊。

篩選機制也常發生在勞動市場。通常外商公司徵才、求才條件包括數年工作經驗，英文需聽說讀寫流利，可能還需要電腦專長。譬如，Yahoo! 奇摩有 13 個職缺，如果沒有設限，可能吸引上千人應徵。而要從上千人中找到適合的人選，所需花費的時間與耗費的成本一定相當驚人。不同的行業有不同的篩選機制，以環保局招募清潔隊員為例，因清潔環保工作如清疏溝渠、大型廢棄物回收、捕捉流浪犬等勤務甚為耗費體力，體能測試依最低體能設計：背置 15 公斤來回 60 公尺奔跑。女性與男性體能本來就有程度上差異，如果沒有保障名額，女性的錄取率必然偏低。

《商業周刊》在 2009 年 12 月刊登名為「外遇債券，防堵不忠」的報導，內容提到高爾夫球名將老虎伍茲 (Tiger Woods)，從車禍變外遇再到婚姻破裂，整起事件是人們茶餘飯後的話題。為了避免婚姻破裂，丈夫或妻子總想盡辦法隱瞞另一半，因此，

才有另一半總是最後一個知道的說法。經濟學家哈特福 (Tim Hartford) 對此提出一個解決方法。妻子可對親朋好友發行外遇債券：一種是到某期限前，若丈夫外遇曝光，擁有此債券者可領到錢；另一種則是在某期限前，若丈夫沒有被發現有外遇，擁有這種債券的人可領到錢。

當親友都買有外遇的債券時，「有外遇的債券」價格會提高，這顯示親友擁有外遇訊息，妻子可用來判斷丈夫是否有外遇。換句話說，妻子 (不知情一方) 發行外遇債券，利用錢的誘因，讓親友 (知情一方) 說出真相。

贏者的詛咒

贏者的詛咒 (winner's curse) 是指在拍賣的過程中，得標者 (贏者) 高估了商品的價值，最終比未得標者還慘。譬如，在 1967 年有 7 家石油公司競標路易斯安那州沿岸的油田。因為每家公司的資訊與估計方式不同，最高的標價是 3,250 萬美元，而最低的標價只有 330 萬美元，實際的價值大約是 1,160 萬美元，得標價高於實際價值 2 倍有餘。從長期來看，得標者的損失比未得標者更高。

贏者的詛咒是一種資訊不對稱，它可以用來解釋日益升高的離婚率。臺灣的離婚率是亞洲第一。根據內政部的統計資料顯示，每天有 160 對夫妻離婚。離婚率為何如此之高，是一個很複雜的問題，但經濟學提供了一部分的答案。想像男女之間尋找另一半的互動就像是一個婚姻市場，當然婚姻不是商品可以買賣，但就像是其它市場的參與者，婚姻市場中的男女都想要改善自己的生活，且彼此之間相互競爭來追逐最佳的「牽手」。

除非真正結婚，否則我們很難在婚前判斷自己的抉擇是否正確。就像是石油公司猜測地底的石油蘊藏量，男女雙方會利用所有可得資訊去預測將來伴侶的好壞。但是，哪一位是你 (或妳) 最

心儀且最想與其步入禮堂的？答案是，經過仔細評估，你 (或妳) 會從可能人選中找到真命天女 (天子)，極有可能與其共渡一生；但也有很大的可能性在婚後發現你被愛沖昏了頭，原來她 (或他) 不是白首偕老的對象，這就是贏者的詛咒。

以貌取人的資訊問題

富裕國家在過去 50 年的諸多進步中，哪一種成就堪稱非凡？哪一種成就伴隨而來的社會變革又將成為未來 50 年的挑戰？

2010 年 1 月 2 日出刊的《經濟學人》(*The Economist*) 對以上兩個問題的答案是：女性在經濟上的權利。儘管女性在職場上扮演的角色日益重要，但管理階層與更高階的主管仍是男性天下。在美國，董事會成員為女性的比例少於 13%。在美國與英國，一典型全職女性的薪資只是男性的 80% 而已。另一項由行政院提出的數據也指出，2016 年女性受雇員工每月平均薪資只有男性的 83.01%；但在工業領域，女性薪資只占男性 72.7%。《經濟學人》認為，這種現象是工作上的歧視所造成。不過，文章中也提到，在美國沒有小孩的女性其待遇與男性相同，但單親媽媽的待遇就遠遠不如男性。在很多情況下，男女待遇的不平等，是因為公司被迫根據不完整的資訊做決策產生的問題。

考慮一個簡單的例子。內湖科學園區有一家遊戲軟體公司在應徵軟體工程師。求職者分別是一男一女，兩位都剛從臺大資工

所畢業，同樣都很優秀，完全符合公司的要求。如果能為公司賺最多錢的人才能錄取，錄取男性將是合理的抉擇。人事部門對這兩位應徵者的未來計畫並無確切資料，只能根據臺灣目前一般的家庭狀況來判斷：女性依然承擔大部分家事與養育小孩的責任。按照一般人口統計資料推論，兩位應徵者近期都有組織家庭的可能。不過，只有女性才會帶薪休育嬰假 (時間長達 3 個月)，更重要的是，生完小孩後，她可能會離開公司，結果公司要花費額外的成本尋找和訓練新的工程師。

這樣的推論是真的嗎？並不是。這位男性應徵者早就夢想自己在家帶 3 個活潑好動的小孩，反而是女性應徵者多年前就已決定不要有小孩。企業根據一般社會狀況做出決定令女性應徵者嚐到苦果，這公平嗎？當然不，但企業做出這種令人遺憾的歧視決策是理性的，這徹底顛覆了人們以往對歧視的看法。

結　論

　　道德風險問題是一種代理人向委託人隱藏行動。雇主可藉由更好的監督機制，支付更高的工資或股票選擇權來克服道德風險問題。此外，逆向選擇是一種隱藏特性的問題。保險公司可以設計保單 (如自付額) 或透過篩選機制來探取客戶資訊。在金融市場，政府的證券管理委員會要求上市 (櫃) 公司公開所有資訊，而在中古車市場，中古車商提供品質保證來解決逆向選擇問題。

124　經濟學：探索生活經濟的新世界

不可不知

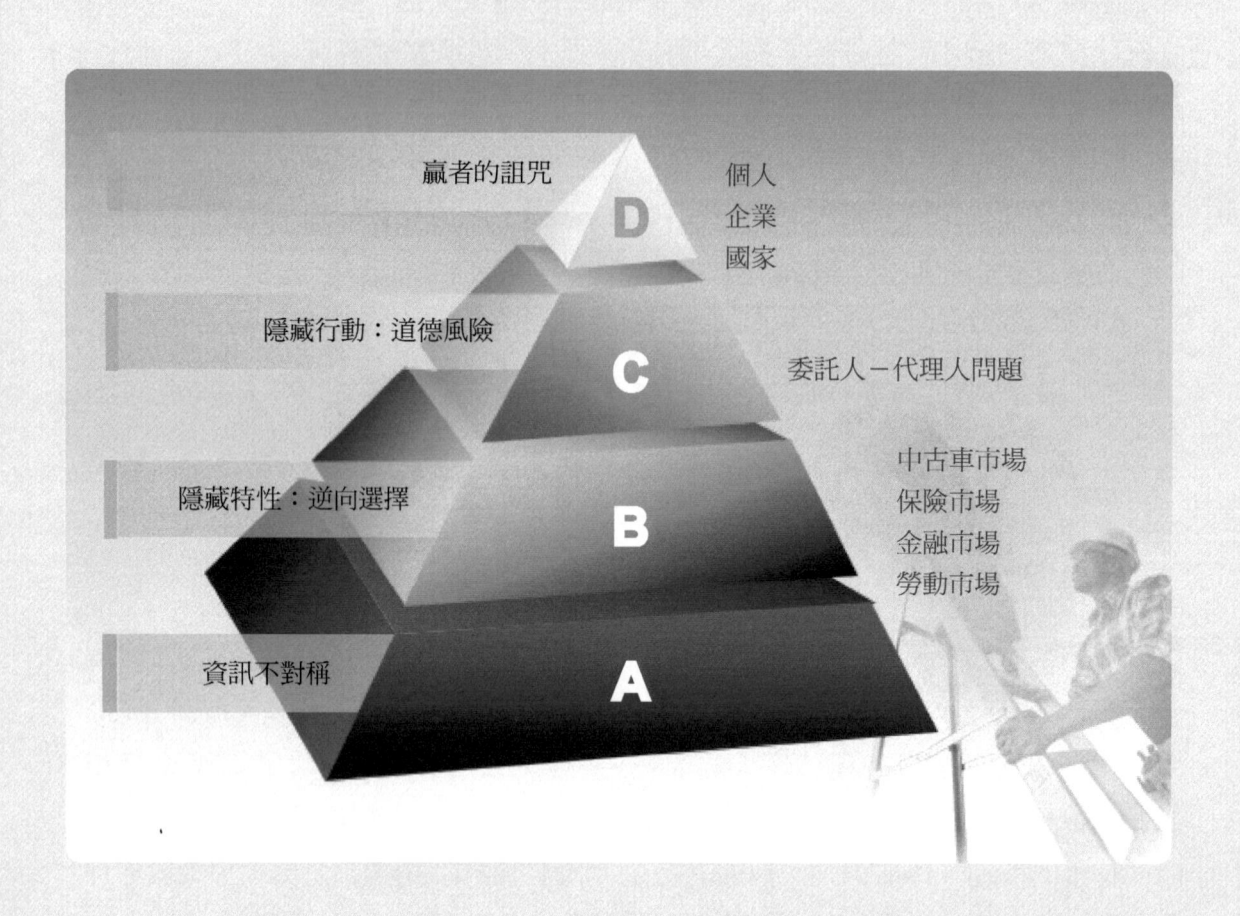

```
                    贏者的詛咒        個人
                          ╱D╲        企業
                         ╱　 ╲       國家
                        ╱     ╲
          隱藏行動：道德風險
                       ╱   C   ╲     委託人－代理人問題
                      ╱         ╲
          隱藏特性：逆向選擇
                     ╱     B     ╲   中古車市場
                    ╱             ╲  保險市場
                                     金融市場
          資訊不對稱              ╲  勞動市場
                   ╱       A       ╲
```

習題

1. 黃大律師事務所懸掛一些物品，下列何者不是傳遞其辯護能力的訊號 (signaling)？
   (a) 被告的感謝狀　　　　　　(b) 法律系畢業證書
   (c) 模範父親表揚狀　　　　　(d) 大企業的法律顧問書

   (105 年關務人員特考)

2. 下列何者引起逆向選擇 (adverse selection) 的可能性最高？
   (a) 地震險　　　　　　　　　(b) 颱風險
   (c) 水災險　　　　　　　　　(d) 汽車險

3. 下列關於解決逆向選擇，哪一項最沒有效果？
   (a) 公司在面試新進員工時會參考學歷 (文憑)
   (b) 保險公司提高保單的收費
   (c) 要求保險人體檢
   (d) 銀行要求債信良好的公務員為借款人做連帶保證人

4. 雇主想要克服員工道德風險的問題，是藉由：
   (a) 經常支付員工薪資
   (b) 支付低於均衡的工資，因為員工可能溜班
   (c) 監督員工努力工作的情形
   (d) 要求員工接受就業前的努力工作測試

5. 下列何者為委託人企圖處理道德風險的例子？
   (a) 嬰兒父母在保姆到家前放置隱藏式錄影機
   (b) 保險公司檢視警方記錄有關要保人的交通違規情形
   (c) 雇主每天檢視員工的產出水準
   (d) 以上皆是

6. 保險公司的汽車保單想要藉由提供不同自付額與不同保費來區分優良駕駛與瘋狂駕駛。這是一個下列何者的例子？
   (a) 篩選　　　　　　　　　(b) 行為經濟學
   (c) 訊息傳遞　　　　　　　(d) 贏者的詛咒

7. 許多報導指出公司高層「肥貓」問題，這個問題和下列哪一個概念接近？
   (a) 道德危機　　　　　　　(b) 逆向選擇
   (c) 分散投資　　　　　　　(d) 限制轉售價格　　(106 年勞工行政)

答案

1. (c)　2. (d)　3. (b)　4. (c)　5. (d)　6. (a)　7. (a)

Chapter 7 一些重要經濟指標

過去 10 年 ＝ 巨大的零

在2009 年聖誕假期期間,《紐約時報》由諾貝爾經濟學獎得主克魯曼撰寫了一篇文章〈過去 10 年＝巨大的零〉。聖誕假期是全家團圓,小孩忙著堆雪人,充滿和樂氣氛的日子。克魯曼從經濟學的角度提出這段歲月中,一切令人足以樂觀的事物不曾出現。

首先,在這 10 年中就業機會基本上零成長,民間企業就業率實則下降。如果你是這 10 年才畢業的大學生,在就業嚴峻的日子一定很難找到好工作,因為工作職缺沒有增加,但畢業生不斷湧入就業市場。就好像台積電需要 10 位工程師,但卻有 1,000 位資訊相關科系的人應徵。

其次,在這 10 年,一般家庭的收入成長是零。即使在 2007 年所謂的「布希繁榮」高峰期,若將通膨因素計入,則中間值家庭收入還是低於 1999 年。10 年前,你還是一個毛頭小伙子,剛剛踏出校門,找到一份月領 4 萬元薪水的工作,每年老闆給你加薪 2%。不幸的是,物價每年也上漲 2%,這代表你的

實質收入並沒有增加。5年後，你與交往10年的女友步入禮堂，生了2個小孩，結果是家庭收入沒有成長，卻多了2張嘴巴吃飯。想想這些花費：奶粉、保姆、幼稚園、玩具……。

第三，在美國，計入通膨因素的當前，房價已回跌相當於千禧年原始的水準。在這10年中買房子的人，我們可以體會他們的痛苦。場景拉回臺灣，10年前，你的年薪百萬，臺北市東區房子1坪要價40萬元；10年後，你的年薪還是百萬，東區房價1坪漲至70萬、80萬元，甚至100萬元。對無殼的人來說，根本就買不起房子；對有殼的人來說，是一個難以承受的負擔(如果你有房貸的話)。

總之，過去10年，經濟並無任何成長或成就，過程有點好笑與悽慘。克魯曼文章中所提到的就業、家庭所得、通貨膨脹、經濟成長，甚至2007年後的金融風暴都屬於總體經濟學的範疇。本章的重點即在介紹一些重要的經濟指標：國內生產毛額、消費者物價指數、失業及另外一些經濟指標。

國內生產毛額

行政院院會在2017年7月11日通過前瞻建設第一期特別預算案，主計總處預估四年特別預算可讓每年GDP平均可增加0.1個百分點。綠能與數位建設帶動公民營投資，將是推升經濟成長率的主要功能。

(資料來源：自由時報電子報，2017年7月11日)

2017年下半年，多家外資理財機構認為中國能達到全年GDP增長6.5%的目標，並建議增持中國股票。

(資料來源：TVBS新聞，2017年7月12日)

法國央行在 2017 年 7 月 10 日公布法國第 2 季的經濟成長 0.5 個百分點，而在本月稍早央行總裁弗朗索瓦・維勒魯瓦・德加勒 (François Villeroy de Galhau) 預測 2017 年整年的經濟成長率是 1.6%。

(資料來源：路透社，2017 年 7 月 10 日)

這些新聞標題都出現在同一個月。為什麼 GDP 經常成為新聞頭條？我們在這一節將探討何謂 GDP、GDP 如何衡量，以及 GDP 的重要性。

循環流程圖

國內生產毛額 (gross domestic product, GDP) 同時衡量兩件事：經濟體系中每一個人的總所得，以及經濟體系中商品與服務的總支出。為什麼總支出等於總所得？理由很簡單，因為每一筆交易都有買方與賣方。買方的支出最終成為賣方的所得。舉一個簡單的例子，靜香以新臺幣 2 萬元向網路商家小布買了一支 iPhone。小布是賣家，而靜香為買家。靜香的支出 (2 萬元) 等於小布的所得 (2 萬元)，這筆交易造成經濟體系的總支出或總所得 (GDP) 增加 2 萬元。

另外，我們也可從圖 7-1 的循環流程圖來了解為何總所得等於總支出。首先，經濟體系包含四個部門：家計單位、廠商、政府與國外部門。華碩電腦可以將筆記型電腦賣給家計單位 (如小威和杰倫)、政府 (如臺北市政府)、國外部門 (如美國消費者，即出口) 或其它廠商 (如台塑)。當然，華碩電腦也可向日本爾必達購買記憶體 (即進口)，這些支出在商品與服務市場中流通。因

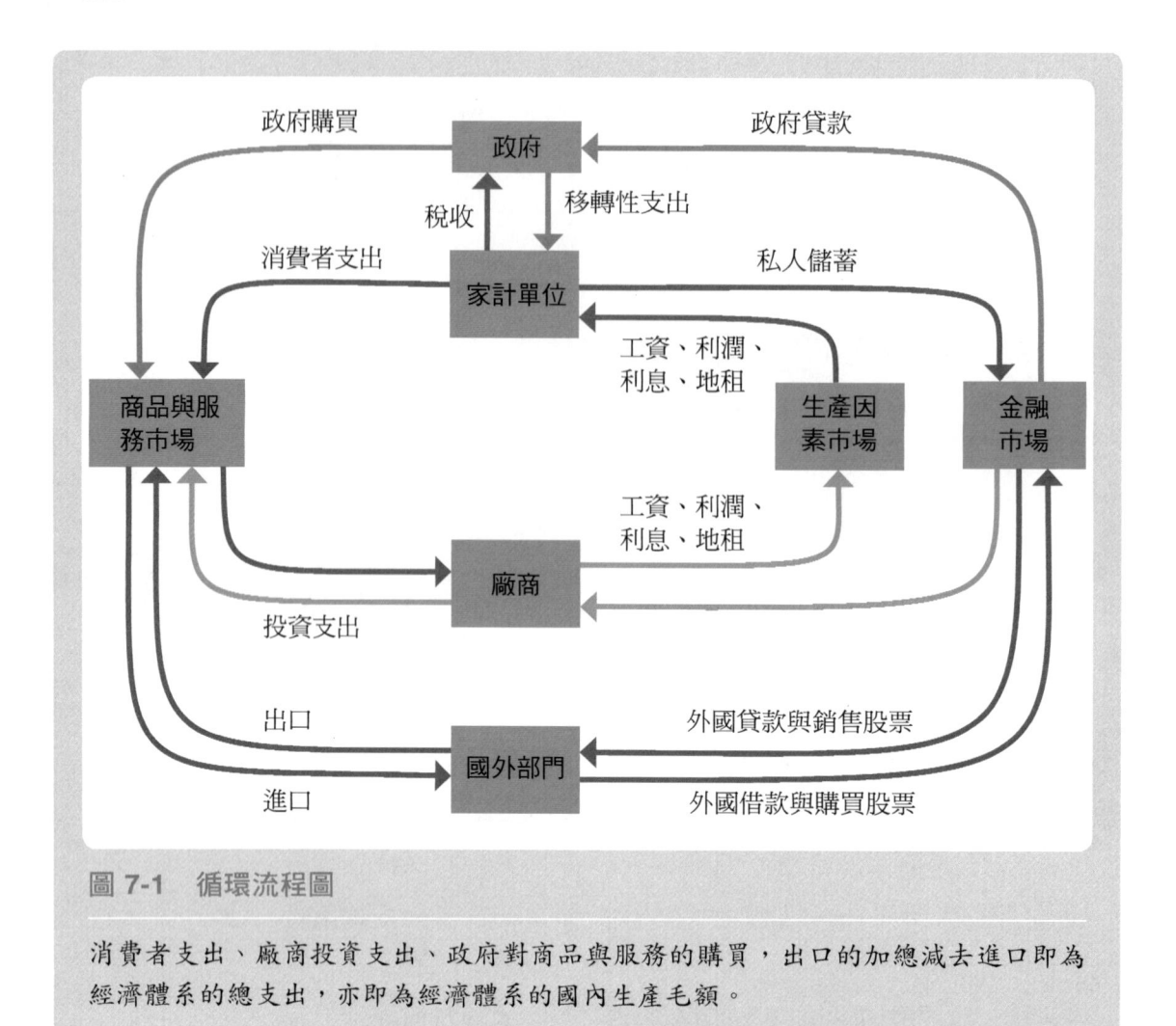

130　經濟學：探索生活經濟的新世界

圖 7-1　循環流程圖

消費者支出、廠商投資支出、政府對商品與服務的購買，出口的加總減去進口即為經濟體系的總支出，亦即為經濟體系的國內生產毛額。

此，經濟體系總支出為家計單位支出 (消費)、廠商支出 (投資)、政府支出 (政府購買)、國外部門支出 (出口減去進口) 的加總。

另一方面，華碩賣筆記型電腦賺到的錢可用來支付員工薪水、股東紅利、廠房租金及貸款利息，這些都算是生產因素的報酬 (所得)，這些所得在生產因素市場中流通。家計單位每月領到薪水後沒有花掉的部分就放在銀行儲蓄，而銀行集合眾人的儲蓄貸放給需要資金的廠商，這些儲蓄與投資於金融市場中流通。

GDP 衡量資金的流動。我們可以用兩種方式來計算經濟體系的 GDP：將所有部門的總支出加總或將廠商支付的總所得加總。由於經濟體系的總支出最終將流向某些人的口袋，不管用哪種方法計算，GDP 都將相同。

GDP 的衡量

GDP 與現代總體經濟學都是因應 1929 年到 1933 年經濟大恐慌而生。當經濟陷入絕境時，執政者因為缺乏正確的統計數據及適當的對策而變成跛鴨官員。當時，美國商務部任命顧志耐 (Simon Kuznets) 發展國民所得會計帳，後來世界各國都採用 GDP 與 GNP 的觀念來計算國民所得。因為這個緣故，GDP 被譽為 20 世紀最偉大的發明之一，顧志耐也因而榮獲 1971 年的諾貝爾經濟學獎。

國內生產毛額 (GDP) 作為衡量總支出的定義為：GDP 是一個國家在一段期間內所生產的最終商品與服務其市場價值的總和。這個定義看似簡單，其實在計算一國 GDP 時仍有一些細微之處值得探討。

GDP 是市場價值

GDP 是將經濟體系中所有商品加總成一個衡量經濟活動價值的數字。這些商品包羅萬象：幾萬張的蕭敬騰 CD、數以萬計的柳丁、幾百萬噸的鋼鐵或幾百輛的電動車，這些數量的加總並沒有意義。相反地，因為市場價格反映人們願意支付的價格，它反映出商品的市場價值。市場價值等於商品單價乘以銷售數量。因此，GDP 是蕭敬騰 CD 的價值、柳丁的價值、鋼鐵的價值、電動車的價值……，所有商品價值的加總。

在現實生活中，有某些商品無法精確地衡量其價值，GDP 並未將其列入計算。譬如，政府很難統計市面上究竟有多少數量的大麻以及大麻的價格，因為大麻是違禁毒品。同樣地，有些在家裡生產和消費的商品從未進入市場，也沒有所謂的市場價值。舉例來說，蔡依林買了一張 5,000 元的門票去聽周杰倫的演唱會，這 5,000 元會列入 GDP 的計算；但如果周杰倫在家裡唱給蔡依林聽，此演唱的價值就無法計入 GDP 中。

在許多國家，地下經濟活動，譬如，毒品、非法賣淫、攤販和賭博等相當盛行。三位學者 Henderson、Storeygard 和 Weil 利

用各國衛星照片上的夜間光點變化來推算 GDP。若一國經濟活動充沛，即使到晚上，消費投資活動亦熱火朝天，這時自然燈火通明。反之，若該國經濟死氣沉沉，入夜後自然一片漆黑。

學者蒐集美國空軍氣象衛星 12 年來 (1992 年到 2003 年) 所拍攝的各國夜間光點照片，用光點密度與數量變化，和該國 GDP 做對照，發覺夜間燈光確實反映一國經濟變化。譬如，匈牙利、波蘭及羅馬尼亞在這段時間燈光密度分別上升 46%、80% 與 112%，其每人所得亦上升 41%、56% 和 23%。世界銀行估計，非洲的剛果從 1992 年到 2003 年每年 GDP 成長負 2.6%，但透過燈光密度，該國 GDP 卻為每年正成長 2.4%，整整差 5 個百分點，這是因為該國有大量的地下經濟活動。

蘇聯解體後，國家秩序全面崩潰，前 KGB 特工與阿富汗退伍軍人被黑幫大量吸收。莫斯科市府估計，上個世紀末黑幫控制四成私人企業及六成國營企業，高達八成銀行直接或間接與黑幫有關。時至今日，俄羅斯仍有十分之一的區域受黑幫控制，25% 的 GDP 來自黑幫經濟。

GDP 為最終商品與服務的加總

當麥當勞將起司、碎牛肉做成大麥克時，起司和碎牛肉稱為中間商品 (intermediate goods)，而大麥克稱為最終商品 (final goods)。GDP 只包括最終商品的價值。理由很簡單，因為中間商品的價值早就反映在大麥克的價格上。如果 GDP 同時將大麥克價值、起司價值與碎牛肉價值一起計算，將有重複計算的問題。

GDP 包括當期生產

GDP 只包含當期生產，而不包括過去發生的交易。譬如，2017 年 5 月 10 日胡夏在新光三越花 350 元買了一張徐佳瑩的 CD，這 350 元是 2017 年臺灣 GDP 的一部分。6 個月後，胡夏在 Yahoo! 奇摩拍賣將徐佳瑩的 CD 以 100 元賣給林宥嘉，這 100 元就不能列入 2017 年臺灣的 GDP。

GDP 是一個國家在一段時間內所生產的商品價值

臺灣 GDP 指的是在臺灣境內所生產的商品價值。周杰倫在中國演唱會的收入不算是臺灣的 GDP，因為周杰倫並未在臺灣境內開唱；相反地，若蘇珊大嬸在臺灣演唱 1 個月，其收入即為臺灣 GDP 的一部分。在臺灣，GDP 的計算是行政院主計總處的工作，通常主計總處是每季或每年公布。有關 GDP 的計算與統計數據，可至行政院主計總處的網站 http://www.dgbas.gov.tw 查詢。

GDP 的組成

根據圖 7-1，經濟體系分成四個部門：家計單位、廠商、政府與國外部門。這四個部門對商品與服務的購買，即構成經濟體系的總支出。所以 GDP (Y) 分成四個部分：消費 (C)、投資 (I)、政府購買 (G)，以及淨出口 (NX)，亦即：

$$Y = C + I + G + NX$$

消費 (consumption) 是指家計單位對商品與服務的購買。譬如，周杰倫花了 4,000 萬元購買賓士 SLR722「蝙蝠車」，或楊丞琳去電影院觀賞《阿凡達》都是消費的範疇，但蔡依林在臨沂街買的新房子則不算消費，因為新屋購買視為投資的一部分。投資 (investment) 是指對機器設備、存貨與廠房的興建，也包括家計單位購買的新房子。譬如，台積電在 2016 年 11 月 14 日花費新臺幣 1.8 億元訂購廠務及工程設備，即為一種投資；郭台銘砸 10 億元購買淡水景觀豪宅「水立方」的 39 樓到 41 樓，也是投資的一種。政府購買 (government purchase) 是指地方與中央政府對商品與服務的支出。臺灣向美國的洛克希德馬丁公司購買近岸戰艦 (LCS)，或是高雄市政府的捷運工程都是政府購買。政府付給國防部長的薪水算是政府支出。但政府支出老人國民年金或失業者的失業給付就不是政府購買：國民年金與失業給付稱為移轉性支出 (transfer payment)，它們僅是將稅收收入的錢從政府手中

移轉到家計單位身上,並沒有貢獻當期的商品或服務的生產,因此,移轉性支出不屬於政府購買的範疇。

淨出口 (net exports) 是指出口減去進口。譬如,納豆花了新臺幣 185 萬元,購買瑞典製造的 Volvo XC60 進口車,這筆交易使消費增加 185 萬元,但同時也使淨出口減少 185 萬元。而宏達電幫 Google 代工 Pixel 手機,表示臺灣的出口會增加,淨出口也隨之上漲,圖 7-2 顯示臺灣 2016 年的 GDP 與 4 個組成份子的總額和百分比,消費占 GDP 的比例最高,達 52.74%;其次為投資占 GDP 比重,為 20.84%。

一國生活水準的另一種衡量方法為**國民生產毛額** (gross national product, GNP),其國內生產毛額的差異反映在 GNP 是以「國籍」為準,而 GDP 是以「地理區域」為準來計算的國民所得。譬如,周杰倫在香港的演唱會酬勞是臺灣 GNP 的一部分,

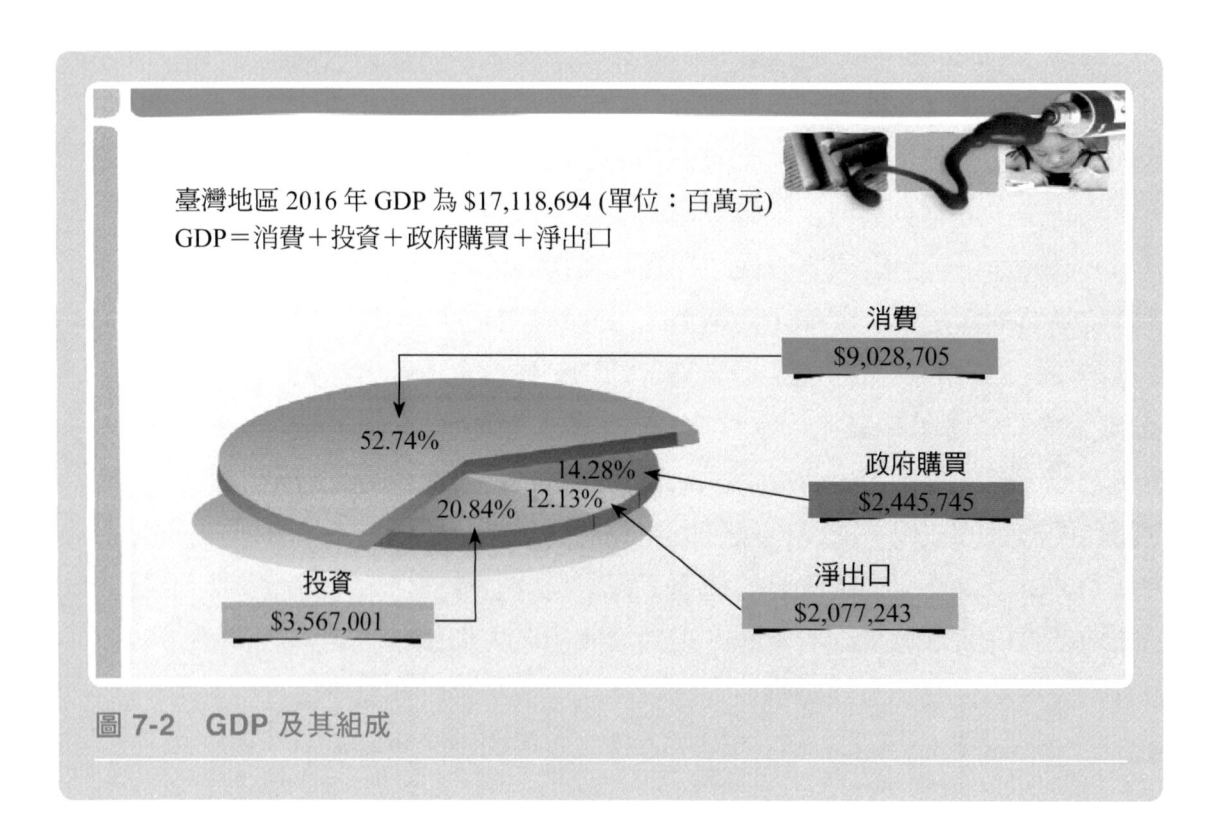

臺灣地區 2016 年 GDP 為 $17,118,694 (單位:百萬元)
GDP＝消費＋投資＋政府購買＋淨出口

消費 $9,028,705 — 52.74%
投資 $3,567,001 — 20.84%
政府購買 $2,445,745 — 14.28%
淨出口 $2,077,243 — 12.13%

圖 7-2　GDP 及其組成

但因為發生地在香港,其酬勞不能計入臺灣的 GDP,但列入香港的 GDP。換句話說:

$$GDP = GNP - 本國要素在國外的生產總值$$
$$+ 外國要素在本國的生產總值$$
$$= GNP - NFI \text{ (國外要素所得淨額)}$$

以 2016 年為例,臺灣的 GNP 為 17,685,791 (百萬元),與 NFI 為 562,277 (百萬元),GDP 則為 17,685,791 減去 562,277,即 17,118,694 (百萬元)。

GNP 減去折舊 (固定資本消耗) 等於國民生產淨額 (NNP)。[1] 而國民生產淨額減掉間接稅,就是國民所得 (NI)。個人 (家庭) 所得 (PI) 最主要來自三方面:受雇人員報酬、財產及企業所得收入淨額,以及移轉收入。而個人所得扣除直接稅 (個人所得稅) 與移轉支出 (如海地賑災捐款) 後,就是個人可支配所得 (DPI)。最後,個人可支配所得不是用在消費 (C) 就是儲蓄 (S)。表 7-1 列出行政院國發會編製的一些國民所得指標。

實質 GDP 與名目 GDP

在最近幾年,南美洲的委內瑞拉是全世界 GDP 成長最快速的國家。從 1997 年到 2007 年,委內瑞拉名目 GDP 每年成長 28%,比金磚四國中的印度和中國成長率更高。委內瑞拉創造了經濟奇蹟嗎?並不是。如果我們扣除掉物價上漲因素,國內生產毛額每年僅成長 2.9%,大約與美國的經濟成長率相當,但遠低於中國 9% 的經濟成長率。

這個故事告訴我們一件事:各國經濟成長率的計算是以實質 GDP——經過通貨膨脹調整後的 GDP 來計算。讓我們考慮一個簡單的例子來說明名目 GDP 與實質 GDP 的概念。表 7-2 顯示一經濟體系會生產兩種商品:披薩與炸雞。2015 年經濟體系的總

---

[1] 在臺灣,國民生產淨額與國民所得被行政院主計總處稱為以市價計算之國民所得與以要素成本計算之國民所得。

表 7-1　臺灣地區的 GNP、NNP、NI、PI 與 DPI：2014 年

	總額 (新臺幣百萬元)
國民生產毛額，GNP	$16,566,844
減：折舊，D	2,565,072
＝國民生產淨額，NNP	14,001,772
減：生產及進口稅淨額，NPIT	876,729
減：統計誤差	100,672
＝國民所得，NI	13,024,371
減：公營事業儲蓄與民營公司儲蓄	1,507,377
加：其它項目*	842,140
＝個人(家庭)所得，PI	12,359,134
減：國外經常移轉支出暨國內經常移轉支出	2,003,431
直接稅	511,448
＝個人(家庭)可支配所得，DPI	9,844,255
減：消費	8,580,927
＝儲蓄	1,263,328

＊ 其它項目是指國內經常移轉收入加國外經常移轉收入，減企業利潤稅、財產暨企業所得淨額、企業罰鍰及來自企業移轉。

支出等於披薩支出與炸雞支出，兩者的加總；換句話說，2015年的 GDP 為 $2,000，這種以當期價格計算商品與服務的價值，稱為**名目 GDP** (nominal GDP)。表 7-2 列出 2015 年到 2017 年的名目 GDP，總支出從 2015 年的 $2,000 到 2016 年的 $6,000，再到 2017 年的 $12,000，這種增加一部分是因為炸雞與披薩產量的增加，而另一部分是因為炸雞與披薩價格上漲所引起的。

想要得到不受物價影響的商品與服務價值，我們利用**實質 GDP** (real GDP)──以基期價格計算的商品與服務價值。假設基期固定在 2015 年，表 7-2 描繪 3 年實質 GDP 的計算。以 2016 年為例，我們用 2015 年炸雞與披薩的價格乘以 2016 年炸雞與披薩的數量。同樣地，2017 年的實質 GDP 為 2015 年的價格乘以 2017 年的數量。當我們看到實質 GDP 從 $2,000 增加到 $3,500，再增加到 $5,000，我們知道這種增加是生產數量的增加，因為價格已經固定在 2015 年。若以數學式子來表示名目 GDP 與實質

表 7-2 名目 GDP 與實質 GDP

表格顯示一經濟體系只有兩種商品：披薩與炸雞，如何利用假想資料來計算名目 GDP 與實質 GDP。

年	披薩價格	披薩數量	炸雞價格	炸雞數量
2015	$100	10	$200	5
2016	$200	15	$300	10
2017	$300	20	$400	15

計算名目 GDP

2015	$100×10＋$200×5＝$2,000
2016	$200×15＋$300×10＝$6,000
2017	$300×20＋$400×15＝$12,000

計算實質 GDP　(基期＝2015 年)

2015	$100×10＋$200×5＝$2,000
2016	$100×15＋$200×10＝$3,500
2017	$100×20＋$200×15＝$5,000

計算 GDP 平減指數

2015	($2,000/$2,000)×100＝100
2016	($6,000/$3,500)×100＝171
2017	($12,000/$5,000)×100＝240

GDP 則可寫成：

名目 GDP＝商品的當年價格乘以當年數量之加總

實質 GDP＝商品的基期價格乘以當年數量之加總

表 7-2 最後一個部分是計算 **GDP 平減指數** (GDP deflator)。GDP 平減指數定義成：

$$\text{GDP 平減指數} = \frac{\text{名目 GDP}}{\text{實質 GDP}} \times 100$$

因為基期的名目 GDP 與實質 GDP 相同，基期的 GDP 平減指數一定等於 100。在表 7-2，2016 年的 GDP 平減指數是 171。換句話說，如果在 2015 年你用 100 元買了一份麥當勞超值午餐，到

了 2016 年，必須用 171 元才能買到一份相同的超值午餐。GDP 平減指數可用來計算通貨膨脹率。**通貨膨脹率** (inflation rate) 是本期與上期物價的變動百分比，譬如：

$$2016\text{ 年的通貨膨脹率} = \frac{\text{GDP 平減指數}_{2016} - \text{GDP 平減指數}_{2015}}{\text{GDP 平減指數}_{2015}} \times 100$$

或

$$2016\text{ 年的通貨膨脹率} = \frac{171 - 100}{100} \times 100 = 71\ (\%)$$

GDP 到底告訴我們什麼？

GDP 的最重要用途是反映經濟體系的規模。譬如，在 2015 年，美國的 GDP 是 18 兆 366 億美元，中國是 10 兆 8,660 億美元，而歐盟是 16 兆 2,290 億美元。這些數字告訴我們，中國雖然是全球第二大經濟體，但其影響力不及美國的一半。

規模數據愈大的 GDP，愈能夠讓我們過一個更好的生活。GDP 並不能告訴我們兒童的健康狀況，但 GDP 較高的國家有能力提供更好的兒童醫療照護；GDP 並無法衡量教育品質，但較高的 GDP 能夠供得起較好的教育品質。聯合國的「人類發展報告」(Human Development Report) 比較各國每人平均實質 GDP、平均壽命、識字率與網際網路使用率，在每人平均 GDP 較高的國家，如日本、瑞士、加拿大、挪威，人民的平均壽命都超過 80 歲，而網際網路使用率都超過 50%；相反地，在每人平均 GDP 較低的國家，如奈及利亞、孟加拉、巴基斯坦，人們通常少活 20 年，有接近一半的人口是文盲，而網際網路的使用率低到 7% 以下。

一般來說，每人平均 GDP 較低的國家，嬰兒體重不足、營養不夠，沒有足

夠的乾淨飲用水，而嬰兒的死亡率也較高。因為國民所得水準低落，小孩上學比率偏低。人們比較沒有錢買電視、電話，遑論電腦，加上電力並不普及，網際網路的普及率自然偏低。

《商業周刊》在 2009 年 11 月 23 日第 1148 期刊登一篇名為〈從 GDP 報告中，抓出多空轉折訊號〉的文章，提到《Smart 智富》專欄作家 Izaax 從美國國內生產毛額報告中解密。譬如，美國公布 2006 年前三季的 GDP 報告中，在房地產民間投資這一塊，從第二季開始，年增率出現負值，這是一大警訊。這也是當初美國債券天王葛洛斯 (Bill Gross) 全面看空美國經濟的理由。此外，民間消費年增率從 2007 年第二季起連續兩季衰退。當主角 (房地產投資) 不行，配角 (民間消費) 又無力支撐，全球經濟將出現大修正，果然美股在 2007 年第四季開始往下重挫。

同樣地，2009 年第一季 GDP 報告公布時，房地產投資衰退幅度比整體民間投資衰退幅度小時，景氣落底訊號因而明朗。Izaax 在 2007 年第四季開始看空全球股市，買進債券基金，不僅安然度過金融海嘯，還賺進 15% 的基金報酬率。2009 年 2 月，他建議買進股票，到了 10 月，手中的臺股、美股和公司債，總報酬率高達五成。

2015 年 9 月 9 日《財訊雙週刊》第 485 期，介紹巴菲特指標——上市公司股票總市值除以國內生產毛額。作者劉志明指出，臺灣巴菲特指標長線在 130% 是合理區，到了 160% 以上是過熱區。對照臺灣 GDP 與市值的變化，指數突破 1 萬點時，巴菲特指標突破 170% (178.88)。在美國總統大選前，巴菲特指標曾到 163.27 (2016 年 10 月 28 日)。臺股指數在 2016 年 1 月 22 日曾修正至低點 (7756.18)，巴菲特指標降到 136.17 的合理區。

GDP 沒有告訴我們什麼？

砍一片森林，GDP 是增加還是減少？養豬戶在水源地養豬，對水源造成嚴重污染，GDP 增加還是減少？一個人出了車禍，被救護車緊急送醫，急救無效死亡，家屬傷心欲絕，GDP

增加還是減少？三題的答案都是增加。儘管 GDP 的增加可改善人類生活，但 GDP 卻不是衡量人類福祉的完美指標。

有一些事物可以讓生活過得更美好，卻不包括在 GDP 內，其中一個是休閒。經濟合作暨發展組織 (OECD) 公布 2015 年工時調查，臺灣勞工全年總工時為 2,134.8 小時，遠高於 OECD 公布的平均工時 1,766 小時。日本工時為 1,719 小時，比 2014 年少 10 小時；韓國為 2,113 小時，也比 2014 年減少 11 小時。《西班牙國家報》報導指出，先進國家的工時都很低，如德國 (1,371 小時)、荷蘭 (1,419 小時)、挪威 (1,424 小時)。希臘是歐洲工時最高的國家 (2,042 小時)，但失業率也是歐洲最高。工時愈長代表可供休閒的時間愈短，自然也就快樂不起來。英國萊斯特大學社會心理學家懷特 (Champion White) 參考多個國際機構的調查及數據，彙編出全世界第一張「世界快樂地圖」，其中丹麥是全球最快樂的國家，美國排名 28，臺灣則排名 63。至於 OECD 在 2016 年公布的美好生活指數，排名第一的是挪威，丹麥排名第三，臺灣則排名第 16，高於日本 (第 24 名) 與南韓 (第 29 名)。

第二個 GDP 忽略的事項是家務生產。家務生產包括在家裡準備餐點、帶小孩、照顧年長者及洗衣服等，因為沒有經過市場，所以對 GDP 沒有貢獻。譬如，王菲婚後退出演藝圈，專職家庭主婦，她對 GDP 沒有貢獻。後來，她決定在 2010 年復出，為電影《孔子》演唱主題曲，因而雇用保姆做家事和帶小孩，等於貢獻了兩份 GDP。同樣地，在醫院當義工可以增進社會福祉，卻對 GDP 絲毫無貢獻。

第三個 GDP 未考慮的是環境品質與外部性，譬如，在水源地養豬，水被污染對 GDP 沒有影響，但賣豬可增加 GDP。同樣地，砍伐森林改種牧草飼養牛隻可增加一國的國民收入，但造成的全球暖化後果卻由別的國家人民承擔。

最後一個 GDP 未反映的是貧富差距問題。曾任世界銀行副執行長暨首席經濟學家林毅夫在 2010 年 1 月 7 日表示，中國的「收入差距」問題比人民幣匯率更加不平衡，是必須首先糾正的問題。2009 年 11 月底，一位貧困的上海女研究生楊元元半蹲著

自縊。死前她喃喃自語：「都說知識改變命運，我學了那麼多知識，也沒見有什麼改變。」自殺的原因據說是因為她想幫無依無靠的母親在學校宿舍申請一個床位，卻遭拒絕。在這個繁榮的大上海，女研究生以死對中國貧富問題提出嚴重的控訴。中國在改革開放之後，在鄧小平「讓一部分人先富起來」的主張下，吉尼係數[2]從1980年代以前的0.23一路攀升到2007年的0.473。

2007年臺灣最有錢的五分之一家庭收入是最窮家庭的5.98倍，但2011年就增加到6.17倍。登記有案的低收入戶在2001年起增加了近3萬戶。經濟成長時，低所得者財富增加幅度比高所得者慢；但一遇到不景氣，低所得者財富減少最多。《天下雜誌》公布2010年「國情調查」，民眾擔心貧富差距擴大的比例高達九成三，創歷年新高。而民眾擔憂貧富差距的主要原因是：政府拚命對富人減稅，房價卻不斷飆高，高所得者不斷傳出逃漏稅。貧富差距成了政府不得不面對的嚴重警訊。

GDP 之外的世界

1992年，聯合國提出人類發展指數 (Human Development Index, HDI)，便同時衡量一個國家人民的健康、教育和經濟的表現，各指標重要性均等。在這項統計中，美國GDP世界第一，但在健康和教育兩項指標，卻連前20名都排不上。整體排名也是第15名，突顯發展失衡的嚴重性。

金融海嘯後，OECD從2009年開始依據居住條件、就業與收入、教育與收入、健康狀況、環境品質、工作與生活平衡等11個類別，針對39個國家編製美好生活指數 (Your Better Life Index)。在2016年8月31日，OECD比較各國生活條件與生活品質後，公布挪威為全世界最幸福的國家，澳洲和丹麥緊追在後。

比起其它國家，美國民眾掙錢最多 (家庭所得是84,547美元)、細懸浮微粒 (PM 2.5) 值低於OECD的平均值 [10.7 微克／

---

[2] 吉尼係數值介於0與1，接近0，其所得分配較平均；接近1，其貧富差距較大。

立方公尺 (μg/m³) vs. 14.05 μg/m³]、平均壽命稍短 (約 79 歲)，儘管挪威家庭所得不高 (33,393 美元)，但是平均壽命 (82 歲) 高於 OECD 成員國的平均壽命 (80 歲) 且生活滿意度、環境品質 (PM 2.5 值為 6 μg/m³) 及工作生活平衡均名列前茅。

令人驚訝地是，日本在 2016 年的美好生活指數的排名比 2015 年下跌 3 名，排名第 24 名。日本人在工作 / 生活平衡方面極差，主要是工作過量以女性生產後難再找到正式工作。此外，日本人每週工作 50 小時占全體勞工的三成，且空氣污染較嚴重，高於 OECD 平均值 (16 μg/m³ vs. 14.05 μg/m³)，是整體名次下滑的主因。

消費者物價指數

惠倫 (Charles Wheelan) 在《聰明學經濟的 12 堂課》(*Naked Economics: Undressing the Dismal Science*) 一書中，曾提到一個笑話：

> 布希總統在緬因州度假時不小心被馬踢到後腦，頓時昏了過去。9 個月後他終於醒來，(代) 總統奎爾站在床邊。
>
> 「國內局勢還好嗎？」布希問。
>
> 「是的，天下太平。」奎爾回答。
>
> 「失業率多少？」布希問。
>
> 「大概 4%。」奎爾回答說。
>
> 「通貨膨脹呢？」布希繼續問。
>
> 「在控制之中。」奎爾回答。
>
> 「太好了。」布希說道：「現在一條麵包值多少錢？」
>
> 奎爾搔了搔後腦勺，緊張地說：「大概 240 日圓。」

這個笑話不只嘲笑代總統奎爾的窘境，更有絕大部分出於對日本很可能主宰世界經濟的焦慮感。當然，我們現在知道，日本近 20 年來深陷不景氣的泥沼，美國則經歷金融海嘯的衝擊，失業率已到 10%，通膨怪獸正蠢蠢欲動，中國是新興崛起的經濟強權。

為什麼布希總統醒來的第一個問題是通貨膨脹的數字。通貨膨脹是指物價水準的上漲，而物價水準的上漲影響到一般人民的購買力。2017 年 2 月 25 日《聯合報》報導，行政院主計總處調查，2016 年實質經常性薪資 39,238 元，實質平均薪資 46,422 元，分別較去年同期減少 0.08% 及 1.86%，而且均不如 2000 年水準，實質薪資倒退 16 年。臺灣青貧族好苦，難怪有碩士生寧願去澳洲農場打工，1 年存個上百萬再回來。

消費者物價指數 (consumer price index, CPI) 是一典型家庭購買商品與服務的平均價格。CPI 可用來衡量隨著時間經過生活成本的變化。當消費者物價指數上升時，一典型家庭必須花更多的錢來維持相同的生活水準。在臺灣，消費者物價指數是由行政院主計總處第三局第三科負責編製。查價項目依照 2011 年臺灣地區家庭消費型態，在 17 個縣市各選查 370 個項目群，包括食物類 (水果、肉類等)、衣著類 (衣服、鞋襪)、居住類 (房租、家庭用品等)、交通類 (油料費、運輸費等)、醫藥保健類 (掛號費、藥品等)、教養娛樂類 (書報期刊、安親課輔費) 及雜項類 (香菸、剪髮)。主計總處每月 5 日發布上月物價變動新聞稿。

舉一個簡單的例子幫助我們了解消費者物價指數如何計算。表 7-3 顯示一典型消費者只消費兩種商品：4 片披薩與 2 塊炸雞。首先，找出披薩與炸雞在不同年份的價格。然後利用價格與數量的資料，我們可以計

算各個年份一籃商品與服務的總成本。譬如，2016 年買 4 片披薩與 2 塊炸雞的代價是 $80，而在 2017 年要花 $140 才能買到相同份量的商品。第三個步驟是選定 1 年為基期 (2016 年) 並計算消費者物價指數。

由於基期為 2016 年，那一年披薩與炸雞的支出為 $80，因此，2016 年的 CPI 為 ($80/$80)×100＝100；2017 年的 CPI 為 ($140/$80)×100＝175；2018 年的 CPI 為 250。表 7-3 的最後一部分是利用消費者物價指數計算通貨膨脹率，譬如，2017 年的通貨膨脹率可計算如下：

$$通貨膨脹率_{2017} = \frac{CPI_{2017} - CPI_{2016}}{CPI_{2016}} = 75\%$$

表 7-3　計算消費者物價指數與通貨膨脹率

表格顯示一典型消費者只消費兩種商品：披薩和炸雞。基期為 2016 年。

一籃商品 ＝ 4 片披薩，2 塊炸雞

每年的價格

年	披薩價格	炸雞價格
2016	$10	$20
2017	20	30
2018	30	40

每年一籃商品的成本

年	
2016	($10×4＋$20×2)＝$80
2017	($20×4＋$30×2)＝$140
2018	($30×4＋$40×2)＝$200

計算消費者物價指數

年	
2016	($80/$80)×100＝100
2017	($140/$80)×100＝175
2018	($200/$80)×100＝250

計算通貨膨脹率

年	
2017	(175－100)/100×100＝75%
2018	(250－175)/175×100＝43%

利用 CPI 來調整通貨膨脹率

你或許在報章雜誌聽過下面的說法：1971 年，民生東路 40 坪的房子，只要新臺幣 100 萬元就買得到。現在，同樣的房子可能要 2,000 萬元。我們知道在 1971 年，新臺幣 100 元能夠買到的東西遠比現在能夠買到的東西多。換句話說，100 元的購買力在 1971 年要比 2015 年來得高。我們可藉由 CPI 來調整通貨膨脹的影響，並比較不同時期的購買力。將 1971 年的價錢轉換成 2015 年價錢的公式為：

$$2015 \text{ 年的金額} = 1971 \text{ 年的金額} \times \frac{CPI_{2015}}{CPI_{1971}}$$

行政院主計總處網站上可找到 1971 年與 2015 年的消費者物價指數，分別為 19.67 和 103.65。將這些數字代入上面的公式，可得：

$$2015 \text{ 年的金額} = \frac{103.65}{19.67} \times 100 = 526.94$$

我們發現民生東路 40 坪的房子在 1971 年價值 100 萬元，而到了 2015 年相當於 526.94 萬元。如果現在這個房子值 2,000 萬元，這表示當時買民生東路的房子是一個很好的投資。消費者物價指數最主要的用途有三：衡量通貨膨脹、測度實質所得或購買力；調整薪資及合約價款之參考；調整稅負 (所得稅、贈與稅、土地增值稅、遺產稅) 之依據。

實質收入是指扣除物價上漲因素後的薪水收入。如果老闆調薪的幅度遠遠超過物價上漲的幅度，表示你能夠買到比以前更多和更好的東西。瑞士銀行 (UBS) 在 2015 年 9 月發布每 3 年調查一次的「價格與收入報告」，調查全球 71 個城市的居民收入與物價水準。瑞士蘇黎世蟬聯全球物價最高的城市，其後依序為日內瓦、紐約和奧斯陸，臺北物價排名全球第 26 名。特別的是，上海排名 34，北京排名也迅速上升 6 位到 40 名。北京服裝的平

均價格高於全球平均，上海飲食和服裝價格也高於臺北。過去臺灣民眾以為中國物價水準低的觀念，可能要大大改變。

儘管中國所得提高，但離全球主要城市還有差距，以購買一個大麥克所需工作時間為例，上海人要工作 35 分鐘，北京人要工作 42 分鐘，臺北人只要工作 13 分鐘，比先前調查少了 2 分鐘。香港所花時間最少，只要 9 分鐘。

如果想買一支蘋果 iPhone 7，臺北人得工作 3 天 (69.2 小時)，優於北京、上海，但遜於香港的 51.9 小時，第一名則是蘇黎世的 20.6 小時。

CPI 並不是生活成本的完美衡量指標

消費者物價指數是最常被用來衡量通貨膨脹的指標。如果 CPI 無法真正反映生活成本，我們的加薪幅度、政府的賦稅收入，甚至贍養費的金額調整都受影響。譬如，根據 CPI 計算的通貨膨脹率是 2%，老闆幫我們調薪 2%，可讓實質收入不墜。但若真正的通貨膨脹率是 5%，我們實質收入可要縮水了。CPI 不是生活成本完美衡量指標的問題有四：

- 替代偏誤 (substitution bias)。當某些商品價格上升時，消費者會改買比較便宜的東西替代。譬如，佛羅里達州寒害造成橘子價格上漲，一般家庭會買比較便宜的蘋果來替代比較貴的橘子。因此，消費者實際購買的一籃商品價格上升的幅度遠低於主計總處用來計算 CPI 的一籃商品價格。

- 新商品的偏誤 (new product bias)。主計總處調查的商品項目並不是每年更動，有些新商品會成為遺珠之憾。譬如，蘋果的平板電腦在 2010 年推出，但主計總處在 2006 年 (基期) 決定的商品項目中當然不會包括平板電腦。此外，許多 3C 產品的價格下滑異常迅速，除非主計總處經常更動商品項目，否則價格下跌並不會反映在 CPI 上。

- 未衡量品質的改變 (unmeasured quality change)。隨著時間經過，很多商品——譬如，汽車加裝安全氣囊，電腦速度愈來愈

快，冰箱愈來愈省電——品質改善。有些商品價格上調反映品質的改善，但有些商品價格下跌與品質改善同時發生。CPI 很難反映商品品質的改進。

- **暢貨商品偏誤** (outlet bias)。從 1990 年代中期開始，消費者開始到好市多等量販店購物，或是到各地的暢貨中心購買商品。而在 1990 年代末期，網購商品成為一種時尚。由於主計總處仍然是到傳統零售商店查價，CPI 無法反映某些消費者的真正成本。

多數的經濟學家相信，這些偏誤高估通貨膨脹約 0.5 到 1 個百分點。

失　業

　　1992 年美國總統大選，民主黨候選人柯林頓以一句「笨蛋，問題在經濟」(It's the economy, stupid.) 贏得壓倒性的勝利，打敗老布希，以 46 歲之姿成為最年輕的美國總統之一。柯林頓的競選訴求是將美國人民對現狀的不滿——1992 年 7 月的失業率高達 7.8%，相較於 2 年前的 5.2%——轉換成拉抬自己進入白宮的助力。當然，結局是美好的。

　　30 年之後，美國的失業率在 2009 年 12 月高達 10%，當時的歐巴馬總統形容這麼高的失業率是人間悲劇。另外，據歐盟統計局公布的資料，2013 年 4 月份的失業人數逾 1,904.2 萬人，超過奧地利與愛爾蘭兩國的總人口，且失業率高達 12.1%，是歐元區自 1999 年成立以來失業率最高的 1 個月。失業率的上升使消費者支出前景黯淡，這也意味著需時更久才能讓歐盟脫離衰退。

　　失業究竟是什麼？我的媽媽沒有工作，我和妹妹也都沒有工作，但家裡只有一位失業人口。這是因為失業率是計算有工作意願，卻找不到工作者所占的比率 (我媽媽沒有意願工作，我妹妹在念大學)。在臺灣，衡量失業是行政院主計總處第四局的工

作。主計總處每月調查樣本 2 萬戶 (近 6 萬個樣本)，年滿 15 歲自由從事經濟活動之人口，但不包括現役軍人及坐牢的人。

圖 7-3 列出臺灣地區勞動力的分類及 2017 年 5 月人力資源調查統計資料。至於就業、失業是勞動力是依照國際勞工組織 (ILO) 的標準定義。

勞動力 (labor force) 指在資料標準週內，年滿 15 歲以上可以工作的民間人口，包括就業者與失業者。

就業者 (employed) 指在資料標準週內，年滿 15 歲從事有酬工作者，或從事 15 小時以上之無酬家屬工作者。

失業者 (unemployed) 指在資料標準週內，年滿 15 歲同時具有下列條件者：

1. 無工作。

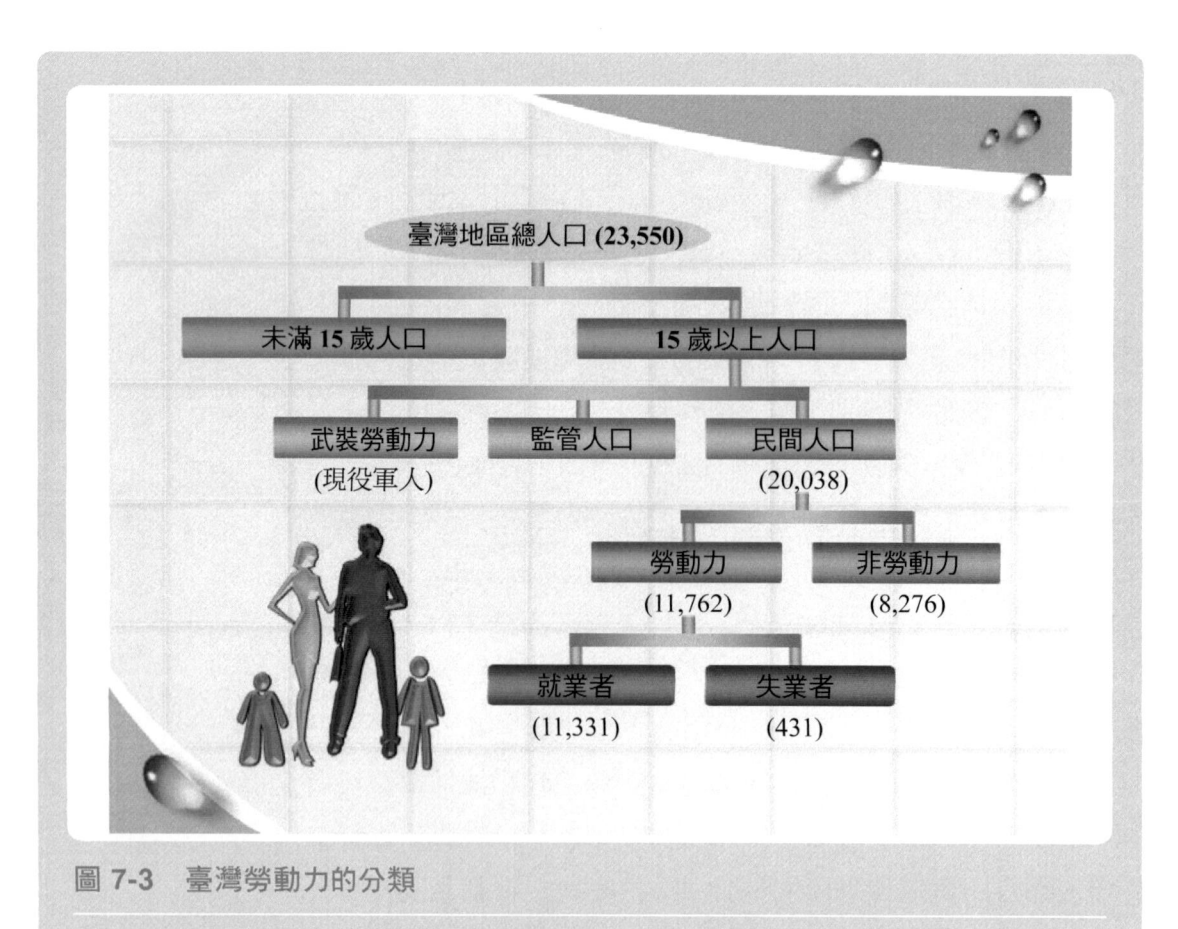

臺灣地區總人口 (23,550)
├── 未滿 15 歲人口
└── 15 歲以上人口
    ├── 武裝勞動力 (現役軍人)
    ├── 監管人口
    └── 民間人口 (20,038)
        ├── 勞動力 (11,762)
        │   ├── 就業者 (11,331)
        │   └── 失業者 (431)
        └── 非勞動力 (8,276)

圖 7-3　臺灣勞動力的分類

括弧內為 2017 年 5 月人力資源調查統計資料 (單位：千人)。

2. 隨時可以工作。

3. 正在尋找工作或找工作在等待結果。

此外，尚包括等待恢復工作及找到職業而未開始工作亦無報酬者。

非勞動力 (not in the labor force) 指在資料標準週內，年滿 15 歲不屬於勞動力之民間人口，包括因就學、料理家務、高齡、身心障礙，想工作而未找工作及其它原因等未工作亦未找工作者。

至於失業率與勞動力參與率的公式分別如下所示：

$$失業率 = \frac{失業者}{勞動力} \times 100$$

$$勞動力參與率 = \frac{勞動力}{15 歲以上的民間人口} \times 100$$

想要知道如何計算失業率與勞動力參與率，**讓我們考慮圖 7-3 的資料**。2017 年 5 月臺灣地區就業人口為 11,331 (千人)，而失業人口為 431 (千人)，勞動力則為：

$$勞動力 = 11,331 + 431 = 11,762$$

臺灣地區 2017 年 5 月的失業率是：

$$失業率 = \frac{431}{11,762} \times 100 = 3.66\%$$

因為 15 歲以上的民間人口是 20,038 (千人)，勞動力參與率為：

$$勞動力參與率 = \frac{11,762}{20,038} \times 100 = 58.70\%$$

失業的型態

失業有三種不同的類型：摩擦性失業、結構性失業，以及循環性失業。

摩擦性失業 (frictional unemployment) 是指勞工與工作撮合過程中所產生的短期失業。勞工有不同的技能、興趣與能力，而工

作有不同的技能要求、工作環境與薪資水準。通常剛踏出校門的社會新鮮人找到的第一份工作不見得持續很久。譬如，企管系畢業的學生找到一份企劃工作，可能因為工作時間過長或企劃案不受上司賞識而興起不如歸去的念頭。如果勞工真的離職，而進行**工作搜尋** (job search)——尋求適合自己興趣和技能的工作，即為摩擦性失業。

人力資源公司、報紙、親友介紹及求職網路均可協助散布職缺與求才訊息。在一片裁員聲中，美國各家求職網站莫不使出渾身解數，諸如 CarrerBuilder.com 利用運算技術，搜尋求職廣告文字，再與符合職缺技能的會員相配對，提高成功機率。

有些失業是季節性因素所引起，譬如，位於加拿大洛磯山脈的旅館在冬天關閉，根本不需要工作人員。年貨大街通常在農曆年前 1 個月開跑，商家雇用大量人力來應付川流不息的採買人潮。過了除夕，年貨大街結束，人力需求隨之下跌。這種季節性失業導致某一段時間的失業率特別高，因此，主計總處每月發布兩種失業率——季節調整與未經季節調整。經濟學家與執政者認為，經季節調整的失業率較能反映實際經濟狀況。

結構性失業 (structural unemployment) 是指在某些勞動市場中，工作職缺不足以滿足每一個人的需求。以經濟學的術語來說，就是在現行工資下，勞動供給大於勞動需求所造成的失業。舉一個簡單的例子，電腦 3D 動畫大量運用在電影，如《阿凡達》、《蟻人》(*Ant-man*) 的製作上，使得傳統的平面手繪動畫的需求大減。許多精通於平面動畫的人無法在夢工場、皮克斯或其它電影工作室找到工作，這就是一種結構性失業。

一般來說，摩擦性失業的失業期間較短，而結構性失業的失業期間較長，因為勞工需要更多的時間學習新技能。有些跨國性的公司，譬如，趨勢科技和路透社內部組織重整，而將整個部門集中在菲律賓和中國。這些調整過程中都會造成某些人的失業。當

失業者無法找到相同性質的工作而需學習新技能時,結構性失業人數就會上升。

循環性失業 (cyclical unemployment) 是指因景氣衰退所引起的失業。當經濟步入不景氣時,很多廠商發現銷售量下滑而減少生產。廠商減少生產,就不需要這麼多勞工,勞工因為不景氣丟掉飯碗,即為循環性失業。譬如,金融海嘯帶來景氣寒冬,新竹科學園區無薪休假的人數史無前例地到達 10 萬人。根據勞動部統計,2009 年 3 月無薪假人數達到 23.8 萬人的最高峰。而後隨著景氣衰退減緩,廠商訂單回籠,台積電宣布從 6 月 1 日起召回資遣員工,勞動部在 9 月初的統計,無薪休假人數整整減少 16 萬人,減幅達三分之二。

不景氣的陰影一直籠罩著日本國內。創立 59 年,一直受國家保護的日本航空公司,2010 年 1 月 19 日與其它兩家子公司一起宣告破產,負債高達 2.3 兆日圓 (約新臺幣 8,000 億元)。日航將由「企業再生支援機構」接管,並以 3 年時間重整,將解雇三成的日航員工 15,600 人。日航股價並從 300 到 400 日圓間,跌到只剩 5 日圓。

充分就業

當景氣開始復甦並逐漸走上繁榮之際,循環性失業最終會消失不見。但是,失業率不會是零,因為社會上依然存在摩擦性失業與結構性失業。經濟學家通常將摩擦性失業與結構性失業視為經濟體系內正常的失業。這種正常的失業,是摩擦性失業與結構性失業的加總,稱為**自然失業率** (natural rate of unemployment)。

當一經濟體系的失業率等於自然失業率時,我們稱此經濟體系已達充分就業。主計總處並不負責調查自然失業率,事實上它也無法調查。大多數的經濟學家估計美國現在的自然失業率是 5%,為什麼自然失業率無法避免?除了工作搜尋所引起的失業外,還有三個原因會引起失業:最低工資法、工會與效率工資。**最低工資法** (minimum wage laws) 規定雇主給付的時薪不得低於某個金額 (如新臺幣 133 元)。本來麥當勞雇用一個工讀生只要時

薪 80 元，現在得支付 133 元。人事成本提高，迫使麥當勞減少工讀生的雇用，失業率自然上升。工會 (union) 代表勞方與資方協商薪資福利和工作條件，協商後的工資一定高於外面的工資，否則大家都不會參加工會。過高的工資迫使資方減少人員雇用，失業率自然上升。效率工資 (efficiency wage) 是指公司給付員工高於市場行情的薪水，希望員工能投桃報李，努力工作提高自己的生產力。譬如，同樣的資工系畢業學生，去鴻海與去微軟的待遇不盡相同。微軟給付較高的工資不是因為比爾‧蓋茲是世界首富，而是因為較高的待遇可阻止員工蹺班與跳槽，並盡心盡力為公司打拚。員工心裡清楚，離開微軟投入別家懷抱就只能領到一般的薪水。

另類經濟指標

　　2009 年 3 月 19 日，當時的金管會主委陳冲談到景氣問題時，用了一個相當有趣的參考指數——倫敦國際葡萄酒交易所 (Liv-ex) 的紅酒指數。紅酒指數是選擇 100 支 (或 500 支) 具代表性酒莊出產的紅酒作為成分股。由於使用者多為金字塔頂端的有錢人，因此紅酒指數可說是專屬有錢人的指數。

　　紅酒指數在 2016 年 9 月飆新高，並創下連續 10 個月的成長紀錄，表示有錢人已經嗅出景氣不尋常，決定進場。大潤發的紅酒銷售也呼應此指數，千元以上的高價酒款漲幅明顯，帶動客單價成長五成。

　　陳冲從紅酒指數看出臺灣景氣復甦腳步，事實上，生活中充滿了各種「另類」經濟判斷指標，讓我們列舉幾個較具知名度的指標。

玻璃天花板指數

　　韓劇《太陽的後裔》女主角宋慧喬飾演幹練的醫生，擁有「每個生命都同等重要」的價值觀，然而在 OECD 評比中，韓國

職業婦女的發展卻是敬陪末座。

這個結果來自《經濟學人》在 2013 年創造的玻璃天花板指數 (glass-ceiling index)，評比項目包括出任高階職務比例、育兒成本、職場母權、兩性薪資差距、給薪育嬰假長度等 10 個指標。2016 年評比冠軍為冰島，而最後一名則是南韓。南韓的薪資差距嚴重，養兒育女成本高昂，且女性高階主管比例偏低 (儘管曾有總統為女性)。

星巴克指數與大閘蟹指數

川普當選美國總統與人民幣納入 IMF 特別提款權，都突顯中國正在成為影響力僅次於美國的國家。這兩個國家內需市場的疲弱，將不可避免地讓全球景氣走向衰退。象徵美國內需的「星巴克指數」與象徵中國內需的「大閘蟹指數」經常被市場人士引用。由於星巴克總是喜歡以都會區辦公室的角落作為營業據點，譬如，光是紐約曼哈頓地區，星巴克就多達 200 家。在金融風暴衝擊下，金融界大裁員，當然也讓星巴克營運受到衝擊。另外，「大閘蟹指數」代表中國內地民間實際消費狀況，而受到金融海嘯波及，香港大閘蟹銷售量下跌五成，即使在產地的蘇州，成交量也比前一年下跌 10%。

男用內衣指數

此為前美國聯準會主席葛林斯班 (Alan Greenspan) 最信賴的指標之一。當金融風暴橫掃全球，市井大眾荷包普遍縮水，男性同胞認為內衣能穿就穿，延遲購買新內衣的時間，好比試著讓自己的老爺車再多跑 1 萬英里，導致男用內衣銷售下跌。相反地，內衣銷售額爬升，則代表景氣開始回春。

口紅指數

口紅指數由雅詩蘭黛集團前總裁勞德提出。在 1930 年代的經濟大恐慌、2008 年的金融海嘯時期，女性不敢購買名牌和衣服，頂多買口紅裝扮自己，口紅銷售逆勢上揚。

肌肉型男指數

這項另類指標是由英國安格利亞大學的哈金博士 (Dr. Jamie Hakim) 提出。在景氣衰退、財政緊縮時,年輕男性無法靠收入來展現自我價值,因而勤上健身房,並上社交媒體網站大秀肌肉照以尋求成就感的比例大幅增加。哈金博士調查 2006 年到 2013 年期間、英國 16 到 25 歲的年輕男性,結果顯示,自 2008 年後,勤上健身房並上網分享肌肉照的人數大幅攀升。2008 年正是金融海嘯發生的時間點。

結　論

茶、咖啡、糖雖是不少人日常生活不可或缺之物,但不喝亦無傷大雅。然而研究發現,茶、咖啡、糖對人類幸福的貢獻遠比網路、手機等現代科技產品還大。

經濟學家沃斯 (Hans-Joachim Voth) 與另一位研究者赫許 (Jonathan Hersh) 發現,在 1850 年,糖、茶、咖啡提升人類福祉分別是 8%、7.9% 及 1.5%。和現代科技產品相較,個人電腦帶給美國人福祉提升不過 3.5% 到 4%,手機不到 1%,網路也只有 2% 到 3%。

茶、咖啡、糖對提升人類福祉如此顯著,是因為當時有嚴重的水污染,人們改喝未被污染的酒,甚至整天把酒當水喝,連早餐也喝酒。歐洲人以麵包、酒為主食,這些食物缺乏變化。因此只要來一點糖、茶、咖啡就可讓食物更美味,生活更「甜蜜」。其實還不只這些產品,研究還認為,菸草、巧克力、胡椒帶給人們的福祉遠比現代科技產品還大。

不可不知

國內生產毛額
- GDP 的定義
- GDP 的組成
- 名目 GDP 與實質 GDP

消費者物價指數
- CPI 的計算
- CPI 的缺點
- 實質購買力

失業率
- 失業的定義
- 失業的型態
- 充分就業

另類經濟指標
- 玻璃天花板指數
- 紅酒指數
- 星巴克指數與大閘蟹指數
- 男用內衣指數
- 口紅指數
- 肌肉型男指數

習題

1. 下列哪一項家計單位的支出不被計算在 GDP 的民間消費項之下？
   (a) 購買新衣服 (b) 購買新汽車
   (c) 購買新房屋 (d) 購買電影票 (105 年經建行政特考)

2. 下列何者不屬於國內生產毛額中的民間消費支出？
   (a) 購買名貴跑車 (b) 醫療診所的費用
   (c) 購買新建的大樓 (d) 每月的房租費用 (101 年普考)

3. 下列何者不計入國民所得會計帳之「投資」？
   (a) 某公司建立新廠房 (b) 糖果店買進一部新電腦
   (c) 大雄買進一棟新蓋好的房子 (d) 小美購新上市公司股票 10 張
   (105 年關務人員特考)

4. 若從所得面計算 GDP，不包括下列哪一項？
   (a) 外勞薪資 (b) 受雇人員報酬
   (c) 營業餘額 (d) 政府的移轉性支出
   (105 年經建行政特考)

5. 農夫以 100 元自國外購入種子肥料生產稻米，稻米收穫後以 1,000 元賣給餐廳。餐廳購入後做成便當，以 2,000 元賣給阿基師，請問此生產流程對 GDP 貢獻為何？
   (a) 1,900 元 (b) 2,000 元
   (c) 3,000 元 (d) 3,100 元 (101 年普考)

6. 下列交易，何者應計入 GDP 之中？
   (a) 從中古車行買中古車
   (b) 裕隆汽車向零件商買進零件裝配新車
   (c) 從集中市場買進股票
   (d) 自用汽車損壞，花費 3,000 元的維修費用
   (e) 向地下錢莊兌換人民幣，付出手續費

7. 下列何種商品價格應列入 CPI 中？
   (a) 戰鬥機
   (b) IBM 股票
   (c) 網球鞋
   (d) 消防隊的救火服務

8. 颱風天蔬菜價格通常會大漲，則該月的 CPI 也會大幅上升，下列敘述何者正確？
   (a) CPI 會低估生活成本
   (b) CPI 的計算方式假設人們消費同樣數量蔬菜
   (c) 這時政府會改變基期，以正確反映人們的生活成本
   (d) 人們通常會減少蔬菜消費，但 CPI 仍可正確反映生活成本的變化

   (105 年經建行政高考)

9. 假設其它條件不變，當法定退休年齡延後時：
   (a) 勞動參與率會上升
   (b) 勞動參與率會下降
   (c) 勞動參與率不受影響
   (d) 資料不足，無法判斷

   (105 年經建人員初等考試)

10. 氣餒的工人 (discouraged worker) 屬於
    (a) 就業人口
    (b) 失業人口
    (c) 勞動力
    (d) 非勞動力

    (105 年外交領事人員特考)

11. 若從所得面計算 GDP，不包括下列哪一項？
    (a) 外勞薪資
    (b) 租金
    (c) 利潤
    (d) 出口淨額   (106 年初等考試)

12. 在下列哪一年，臺灣的經濟成長率為負值？
    (a) 2008
    (b) 2009
    (c) 2010
    (d) 2012   (106 年初等考試)

13. 假設一籃商品只包括 10 斤西瓜和 5 斤芒果。根據下表，如果基期為 2009 年，則：

年	西瓜單價	芒果單價
2009	$1	2
2010	2	4
2011	4	4

(a) 2009 年 CPI 為 100，2010 年 CPI 為 150，2011 年 CPI 為 200
(b) 2009 年 CPI 為 100，2010 年 CPI 為 150，2011 年 CPI 為 300
(c) 2009 年 CPI 為 100，2010 年 CPI 為 200，2011 年 CPI 為 300
(d) 2009 年 CPI 為 20，2010 年 CPI 為 50，2011 年 CPI 為 60

(106 年初等考試)

14. 承上題，以 CPI 計算的物價膨脹率，下列何者正確？
(a) 2010 年為 50%，2011 年為 50%
(b) 2010 年為 50%，2011 年為 100%
(c) 2010 年為 100%，2011 年為 50%
(d) 2010 年為 100%，2011 年為 100%

(106 年初等考試)

15. 假設其它條件不變，當平均在學年數增加時，
(a) 勞動參與率上升
(b) 勞動參與率下降
(c) 勞動參與率不變
(d) 資料不足，無法判斷

(106 年初等考試)

答案

1. (c)　2. (c)　3. (d)　4. (d)　5. (a)　6. (d)
7. (c)　8. (b)　9. (a)　10. (d)　11. (d)　12. (b)
13. (c)　14. (c)　15. (b)

Chapter 8

經濟成長與景氣循環

悲情城市

九份位於臺灣北部靠海,整個地區位於斜坡上。自從 1893 年在九份地區發現砂金,開始了當地的淘金人潮。日據時代,金價上漲締造「亞洲金都」繁榮絢麗的輝煌盛況。當時從海上遙望九份聚落,燈光燦爛,時人稱之為「小上海」。光復之後,金礦開採殆盡,終於在 1971 年走入歷史。

曾幾何時,隨著電影《悲情城市》在九份取景,昔日繁華的老街、廢棄的礦坑、層層疊疊的漆黑屋頂與冬暖夏涼的石頭屋,形成一座座灰黑色的迷人山城聚落景觀。經由媒體的一再報導,吸引了尋找靈感的藝術家及緬懷思古的國內外遊客。如今九份轉向觀光,創造出屬於自己的特產,如九份芋圓、芋粿、草仔粿與紅糟肉圓。九份從原先的沒落到現在不一樣的繁榮,當地的居民感受最深。

九份起起伏伏的歷史正是臺灣經濟的翻版。兩個關鍵的總體經濟事實:在長期,臺灣經濟享受經濟成長;在短期,臺灣經濟經歷一連串的景氣循環。臺灣的生活水準大

幅提升，因為在長期，商品與服務產量的增加超過人口的成長，但生活水準的提升有時會被不景氣所中斷。現在的九份居民收入比起他們的祖父母高，平均壽命也比較長，透過網路與外面世界的聯繫毫無障礙。不過，九份也有一段人口外移、繁華褪去的時期。

本章開始探討兩個重要的總體經濟範疇：經濟成長與景氣循環。經濟成長的來源為何？經濟衰退為什麼如此可怕，以及政府有什麼法寶可以避免，都將是我們要討論的議題。

經濟成長

經濟成長 (economic growth) 是指實質 GDP 隨著時間經過向上成長的過程。圖 8-1 描繪 1951 年到 2015 年臺灣按 2011 年價

臺灣平均每人實質 GDP

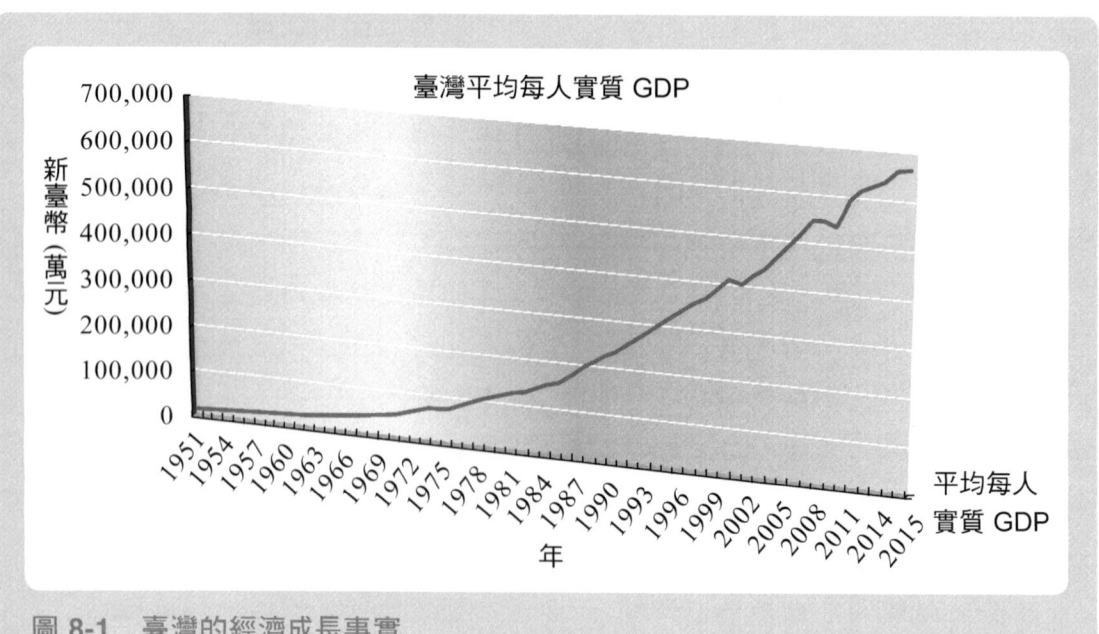

圖 8-1　臺灣的經濟成長事實

本圖描繪 1951 年到 2015 年臺灣按 2011 年價格計算的人均實質 GDP。

表 8-1　各國不同的經濟成長率

國家	期間	期初人均實質 GDP	期末人均實質 GDP	每年成長率
日本	1890-2008	$1,504	$35,220	2.71%
巴西	1900-2008	779	10,070	2.40
中國	1900-2008	716	6,020	1.99
德國	1870-2008	2,184	35,940	2.05
美國	1870-2008	4,007	46,970	1.80
印度	1900-2008	675	2,960	1.38
印尼	1900-2008	891	3,830	1.36
孟加拉	1900-2008	623	1,440	0.78

資料來源：Gregory Mankiw, *Principles of Economics*, 6th ed., 2011, South-Western Cengage Learning.

格計算的人均實質 GDP。在 1951 年，平均每人實質 GDP 是新臺幣 18,759 元，經過一甲子，於 2015 年上升至新臺幣 665,523 元。這代表平均來說，臺灣人在 2015 年能夠買到的商品與服務數量比 1951 年多 35 倍。譬如，60 年前你的所得可能無法買到腳踏車，經過 60 年後，你的所得可以買一輛摩托車。

表 8-1 列出不同國家由高至低的成長率。日本最高，每年經濟成長率是 2.71%。100 年前日本的平均所得比德國低，而比印尼高出一些，但因為驚人的經濟成長，其平均所得與德國相當，而為印尼的 9 倍。孟加拉在過去 100 年來，每年的成長率低於 1%，這些國家仍生活在貧窮的狀態中。

為何日本的人均實質 GDP 增加如此迅速？

我們利用「70 法則」來說明日本平均所得的迅速成長。70 法則的公式如下：

$$所得倍數成長的年數 = \frac{70}{成長率}$$

日本的每年成長率是 2.71%，這代表日本每 25.8 年所得成長 1 倍；孟加拉的每年成長率僅 0.78%，這代表孟加拉要 89.7 年

所得才能成長 1 倍。表 8-1 的數據顯示，美國在 100 多前已經是世界上最富有的國家之一。但在 1900 年，美國只有 3% 的家庭有電力，且只有 15% 的家中有沖水馬桶。當然，當時並沒有電視、電腦、空調或冰箱。家裡沒有現代的設備，所以大多數的美國婦女每週必須在家工作至少 80 個小時。

經濟成長的來源

究竟是什麼樣的原因可以解釋這些國家截然不同的生活水準？答案其實很簡單：**生產力** (productivity)——每位勞工每小時所生產的商品與服務數量。譬如，臺北人工作 20 分鐘可以買到 1 個 69 元的大麥克、上海人需要 30 分鐘，而東京的勞工只要 12 分鐘就可以吃到大麥克。換句話說，臺北勞工的生產力是 3 個大麥克、上海勞工是 2 個，而東京勞工是 5 個。

臺北勞工比上海勞工的生產力高，有什麼代表意義？讓我們用一部電影《浩劫重生》(Cast Away) 來說明生產力的重要性。查克‧諾倫 (湯姆‧漢克斯飾演) 是聯邦快遞的系統工程師，在一次出差途中，查克搭乘的小飛機失事，他被困在一座資源貧瘠的無人荒島。當他失去現代生活的便利時，生活唯一的目的是求生。因為一人獨居，查克自己捕魚、種菜與縫製衣服。如果查克是捕魚和種菜達人且很會縫衣服，他可以過得很好；如果他什麼都不會，每天就必須挨餓受凍。以經濟學的術語來說，查克的生產力愈高，生活水準也就水漲船高。

生產力對查克‧諾倫的重要性與對整個國家的重要性是一樣的。一個國家的生產力愈高，人民的生活水準也就愈高。美國工人比孟加拉工人生活得更好，是因為美國工人生產力較高；日本國民比印尼國民享有更快速的生活水準，是因為日本勞工的生產力成長較為迅速。因此，一國的生活水準決定於商品與服務的生產能力。

生產力的決定因素

如果以下事件屬實：查克‧諾倫有很多釣竿，他居住的無人荒島魚群資源豐富，他擁有高超的釣魚技巧或是他發明一種百吃不厭的魚餌，那麼查克每天都有吃不完的魚。唯一要煩惱的是，魚要怎麼烹調才能滿足自己的口腹之慾？每一個決定查克生產力的因素——物質資本、天然資源、人力資本及科技知識——正是決定經濟體系生產力的關鍵因素。讓我們逐一討論。

每位勞工物質資本

一位使用電鋸、電鑽和磨砂機的木匠比純手工的木匠能夠生產更多家具和書桌。能夠用來生產商品與服務的機器設備及建築廠房稱為物質資本 (physical capital)。想像有 13 億人口的中國，如果完全以人力栽種糧食、縫製衣服，從廣東運送食物到東北不靠鐵路而是用馬車，13 億人口肯定吃不飽，這正是 1978 年中國開放前的寫照。相反地，農民運用現代化農耕設備就可以在同樣的土地面積下生產更多的糧食。紡織工廠用機器生產，人民就有衣服可保暖；玩具工廠用機器大量生產，全世界的小孩在聖誕節才有玩具可以玩。當然，中國賣更多的東西給外國人，自己變得更富有，生活水準就能大幅改善。

因此，每位勞工擁有的物質資本愈多，勞工生產力愈高，生活水準也就愈高。

每位勞工天然資源

天然資源 (natural resource) 並不只侷限於人們熟知的石油、黃金等。事實上，它涵蓋的概念相當廣泛，從燃料資源，譬如，

石油、天然氣、煤炭到礦物資源 (如鐵、銀、銅)、稀有金屬 (如鎳、稀土)，甚至森林和生產大量農作物的土地，都可用來生產人類所需的商品與服務。

擁有豐富天然資源，經濟成長也相當出色的國家，近年來最具代表性的就是「Ａ」及「Ｉ」——澳洲與印尼。澳洲不僅是全球最大黃金、鐵的生產國，它的鉛、鎳的確定蘊藏量為全球第一。2007 年金融海嘯以來，澳洲沒有任何一季衰退。它在 2008 年的出口金額比前一年成長 32.2%，創下歷史新高，出口中有一半 (55%) 是礦產燃料。

印尼是全球第十六大經濟體，也是全世界人口第四多的國家。自 1999 年起，印尼 GDP 從未出現負成長，即使受到金融海嘯衝擊，仍交出年成長率超過 6% 的亮眼成績單。高盛研究報告稱印尼為「第五金磚國」，重點之一是該國擁有極豐富的林木、煤礦與天然氣。很多人不知道，臺灣有十分之六的天然氣來自印尼。如果東加里曼丹的天然氣減產，大家煮飯、洗衣的瓦斯通通要漲價。

儘管天然資源非常重要，但資源也有枯竭的一天。以金磚四國的俄羅斯為例，俄羅斯的天然氣蘊藏量及產量世界第一。除中東地區的沙烏地阿拉伯，其石油產量高居世界第二，更是全球第二大的白金及鑽石國。拜高油價之賜，俄羅斯累積龐大外匯存底，位居全球第三大。連接紅場的特維爾大街，這裡的商店在 2008 年，每平方公尺的年租金達 16,300 美元。租金之高，位列全球第三，僅次於紐約第五大道及巴黎香榭大道。在 2012 年 8 月 22 日，俄羅斯正式成為 WTO 第 156 個會員國。自 2014 年中以來，原油價格崩跌加上盧布兌美元狂貶，推升了通貨膨脹，更製造了數百萬窮人。俄羅斯經濟在 2015 年緊縮 3.7%，淪為全球十大表現最糟的新興市場之一。

每位勞工人力資本

第三個決定生產力的因素是人力資本。人力資本 (human capital) 是勞工透過教育訓練和工作經驗所獲得的知識與技能。

經濟學家相信，豐富的天然資源可能反而有害於經濟發展。已退休的高盛證券全球首席經濟學家吉姆・歐尼爾 (Jim O'Neill) 說了一個玩笑話：「這次金融危機暴露出俄羅斯的缺點，他們過度依賴能源。」成也蕭何，敗也蕭何，金融危機讓好光景背後的多年問題現形。由於俄羅斯高度仰賴石油出口，當外部資本市場瓦解後，俄羅斯經濟毫無招架之力。

俄羅斯最大的挑戰是學會不只靠上帝，把雞蛋放在不同的籃子。相較於其它三個金磚國家，俄羅斯的教育水準最高，識字率超過九成五，理工科技人才更是勝過中國、巴西和印度。當臺灣還在談論誰是第一家 WiMax 的開臺業者時，莫斯科已經有了真正的 WiMax 無線通訊服務。為了鼓勵更多的人投入創業，普欽在 2006 年 9 月設立斯科爾科沃莫斯科管理學院，目標是培養出創業家與企業領袖，因此每位學生除了教授之外，都有一位企業家當個人講師。

塔塔諮詢顧問服務公司 (TSC) 是印度產值 500 億美元的軟體服務業龍頭。《財星》雜誌前一百大企業就有 49 家是 TSC 的客戶。如果你搭乘新加坡航空、刷美國運通卡，或到國泰世華銀行存款，你可能不知不覺用了印度人所寫的軟體程式。根據印度軟體協會報告，印度每年新增 350 萬名電腦資工系畢業生，比臺北市人口還多。充沛的人力讓印度軟體業者享有比西方國家成本低六到七成的優勢。

曾擔任美國財政部長的桑默斯 (Larry Summers) 應《遠見》雜誌邀請在 2012 年 5 月 30 日訪臺。在正式演講中，他提到亞洲每年成長 7%，過去 10 年就有倍數成長。造成的改變不是少數人，而是大規模的變化。其中一個挑戰是普遍不平等的現象。他覺得教育很重要，是創造均富的首要條件。現在講究知識、經濟、腦力經濟，美國創意教育的成立，訓練出像賈伯斯、祖克柏等有創意的天才能夠改變世界。

科技知識

最後一個決定生產力的重要因素是科技知識 (technological

knowledge)──社會了解商品與服務生產的最佳方法。從臺北搭自強號到高雄要 4 小時,而搭高鐵只要 1.5 小時,對上班族來說,省下的時間可用來生產更多的商品或服務。技術進步促使勞工生產力增加,生活水準得以提升。請注意,技術進步不會產生報酬遞減,因此,在長期,只有科技知識的進步才能夠不斷地改善人民生活水準。

2010 年 1 月中旬,《世界又熱又平又擠》的作者湯馬斯‧佛里曼 (Thomas L. Friedman) 應邀在總統府演講時指出,臺灣是小小島嶼,完全沒有天然資源,2,300 萬人幾乎是住在不毛之地。但臺灣擁有全世界最重要的再生資源,就是人們的腦力。在開發腦力的過程中,就會開啟知識、創新、才能和企業精神。同年 1 月底,他在《紐約時報》向歐巴馬提出建言,目前美國政府需要的是培育更多的賈伯斯,如果沒有創造更多新商品與服務,讓民眾更具生產力、健康或擁有更多的娛樂,並讓美國商品能夠出售到全世界,將無法提供民眾所需健保,更遑論償付債務。

經濟成長與公共政策

政府在經濟成長的途徑上有何著力之處?換句話說,政府有什麼樣的公共政策來提高生產力與生活水準?

研究與發展

政府可藉由補貼來增加研究發展的質量。譬如,2009 年底美國《R&D 雜誌》舉辦的第 47 屆「全球百大科技研發展」,臺灣的工業技術研究院以「高安全性 STOBA 鋰電池」贏得殊榮。STOBA 是奈米級高分子材料,添加在鋰電池後形成保護膜,好像是奈米級保險絲,當鋰電池遇高熱或外力撞擊時,即產生閉鎖作用,避免電池短路。

STOBA 技術已申請 9 件 29 項專利,機會讓臺灣鋰電池業站上國際舞臺。工研院估計,目前全球電池市場高達 1,000 億美

元，未來將有 10% 市占率，最少有 100 億美元的市場產值。為激勵產業升級，工研院與業者成立高安全鋰電池聯盟，國內包括新普、能元等電池廠都有高度興趣，並已將產品導入認證。

你可能看過電子紙，但應該沒看過薄如紙片的喇叭。工研院研發的「超薄音響喇叭」成為家中裝潢的一部分，未來你家牆壁就可傳出音樂。這項發明已獲得《華爾街日報》全球科技創新獎，這是臺灣首度獲《華爾街日報》科技創新的桂冠，也是亞洲唯一獲獎技術。

「超薄音響喇叭」的研發是自 2006 年由工研院電光所所長帶領的團隊開始進行，目前已申請 17 件 45 項全球專利。材料可以是紙張、塑膠，厚度小於 0.1 公分而可摺疊的喇叭，未來可以應用到登山背包、電動汽車、遊樂及醫療等領域，更可以發展成類似隨手貼，貼附在人的身上或衣服上。

政府也可以透過科技部提供公私立大學研究補助。譬如，位於雲林鄉間的祥豪國際，把業者稱為「下腳料」（即臺語的垃圾）的魚鱗收集起來，和成功大學研究發展基金會的學術團隊合作開發膠原蛋白萃取技術，並與日本 Fmoko 株式會社合作。2007 年魚鱗膠原蛋白成功量產上市，如今 1 年貢獻 Fmoko 株式會社 30 億日圓的營收，也為祥豪國際帶來超過 1 億元的營收，比賣魚肉好賺。

教 育

教育是一種人力資本投資。在美國，每一年的學校學習可增加個人工資 10%；而在未開發國家，受教育與未受教育員工的薪資差距更大。前面也提到，俄羅斯為鼓勵創投，成立國家級管理學院，由當時的俄羅斯總統梅德韋傑夫擔任斯科爾科沃莫斯科管理學院董事長，親自為這所學校背書。2009 年 9 月 1 日，企

管碩士班正式開課。每位學生在畢業前夕，都要提出一項創業計畫，並向學院申請創業資金，目標就是希望俄羅斯經濟結構多元化。

專利、版權與智慧財產權

政府藉由給予公司唯一生產商品權利的誘因來鼓勵更多的研究發展。很多時候，我們都視智慧財產權為理所當然。買一台新的筆電，一定也會向微軟購買 Windows 10 作業系統。可是在某些國家，法律規章並不健全，契約難以執行，無法將盜版繩之以法。想要在這些國家做生意，公司預期支出一筆回扣賄賂官員，這種腐敗的官僚體系阻礙市場機制的運作。想像「超薄音響喇叭」和「高安全性 STOBA 鋰電池」的專利不受保護，工研院當然沒有興趣研發，所謂百億元的營收與產業升級都是黃粱一夢罷了。

外來投資

國外的資金來臺灣設廠，如生產多芬的聯合利華在桃園設廠，稱為外國直接投資 (foreign direct investment)；或者是外資購買台積電的債券或股票，而台積電可用這筆錢改善資本設備，稱為外國金融投資 (foreign portfolio investment)。兩者都可以增加臺灣的資本存量，提高生產力與薪資水準。此外，外來投資也是窮國學習富國生產技術的一種方法。因為這些理由，許多經濟學家都建議窮國解除資本管制和鼓勵外來投資。

被喻為「印度經濟改革之父」的總理辛格，面對當時外匯存底危急到只剩 1 天，打破束縛經濟成長的政令和限制，移除千百道產業、外資及貿易的枷鎖。據統計，外資在 2004 年買超孟買股市金額達到 85 億美元。印度三大軟體公司陸續在印度和美國掛牌上市。根據美林資產管理集團的財富報告指出，經濟鬆綁，1 年就製造出 11,000 名以美元計價的百萬富翁。《富比士》雜誌則報導，印度最有錢五個人的資產加總，已經打敗英國五大首富的資產加總，與日本的前五大首富幾乎平起平坐。

儲蓄與投資

如果今天經濟體系生產大量的資本設備，明天廠商就有很多物質資本可以使用，並有能力生產更多的商品與服務。因此，一個提高未來生產力的方法是現在投入更多的資源生產資本設備。第 1 章的原理——曾經提到資源是稀少的，人們面臨取捨。今天為了要生產更多的機器設備，就代表消費商品的資源投入必須縮減。換句話說，經濟社會想要投資，就必須少消費和多儲蓄。

《天下雜誌》在 2009 年 8 月 12 日一篇名為〈印度草根創新逆襲全世界〉的文章中，提到微型貸款使賣醃脆瓜的瑞瓦緹從農婦翻身成為小創業家，也和丈夫共同存下 35,000 盧比，當作 3 歲女兒的未來教育費。被譽為「農民的銀行家」的摩爾，突破傳統商業銀行進入鄉村成本過高，涵蓋範圍過廣，社會歧視的經營障礙，4 年內將 ICICI 銀行微型貸款業務從零拉拔到 1,400 萬美元的營業額，為銀行新增 350 萬名農村婦女客戶，完美詮釋印度裔管理大師普哈拉「金字塔底端財富的理論」。

Nokia 也開始利用微型貸款組織，作為低成本通路。在手機滲透率為零的印度農村，搭配巴提電信 (Bharti Airtel) 門號，綁約 2 年的低階手機。這支為印度窮人量身打造的手機，不能下載音樂，但有 FM 收音機，每支售價 85 盧比 (約新臺幣 58 元)。數個月內，村莊手機滲透率上看三成。

景氣循環

根據《臺北縣誌》記載，清朝初年，地方的村落住了 9 戶人家，每次外出購物都是每樣要「九份」，到了後來「九份」就成了這個村落的地名。現代的九份居民不必像先祖般生活，到澳底吃海鮮，開車只要 40 分鐘；想要買液晶電視，只要動動手指網購即可，這些都是經濟成長的果實。但是本章前言也提到，金礦挖掘殆盡後，九份從此沒落。整個九份的歷史正是經濟社會的縮

影,人們的實質所得不會每一年都成長。譬如,1929 年的經濟大恐慌造成人均實質 GDP 下跌好多年,2008 年全球景氣衰退使得日本總資產在該年為 8,016 兆日圓 (約新臺幣 2,850 兆元),和前一年相比,下跌 5.1%,創下最大跌幅。

臺灣的景氣循環

景氣循環 (business cycle) 是指經濟活動,如就業與生產的波動 (如圖 8-2)。一個循環是許多經濟同時發生擴張,隨後發生收縮、衰退,然後又開始復甦的情形。一個景氣循環週期包含一個擴張 (expansion) 及一個衰退 (recession)。實務上,擴張期與衰退期個別應持續至少 5 個月,全循環至少需 15 個月。儘管許多報章雜誌定義衰退為連續兩季實質 GDP 的下跌,但是行政院國發會利用實質 GDP、工業生產、非農業部門就業人數、實質製造業銷售值、批發零售及餐飲業營業額指數五項指標合為基準循

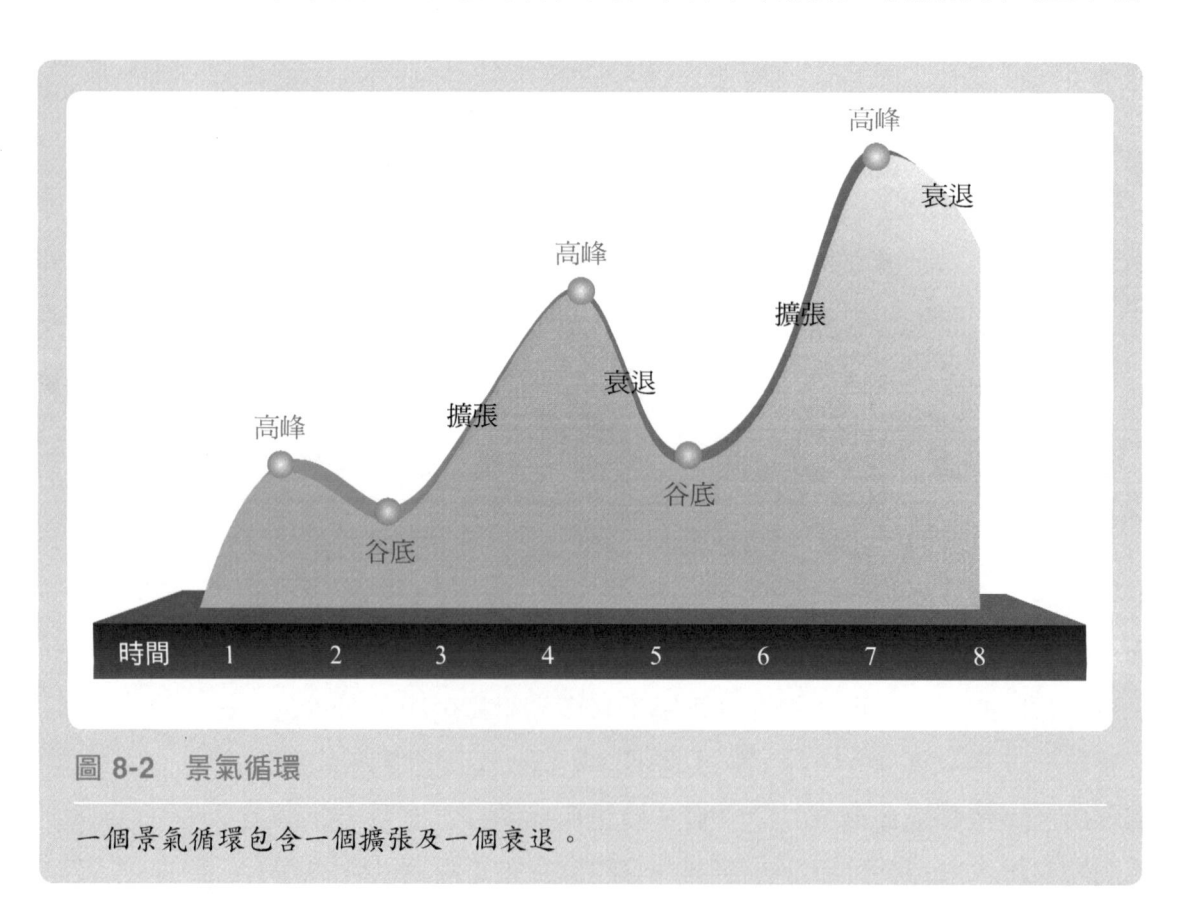

圖 8-2　景氣循環

一個景氣循環包含一個擴張及一個衰退。

表 8-2　臺灣景氣循環基準日期

循環次序	谷底	高峰	谷底	擴張期	收縮期	全循環
第 1 循環	1954.11	1955.11	1956.09	12	10	22
第 2 循環	1956.09	1964.09	1966.01	96	16	112
第 3 循環	1966.01	1968.08	1969.10	31	14	45
第 4 循環	1969.10	1974.02	1975.02	52	12	64
第 5 循環	1975.02	1980.01	1983.02	59	37	96
第 6 循環	1983.02	1984.05	1985.08	15	15	30
第 7 循環	1985.08	1989.05	1990.08	45	15	60
第 8 循環	1990.08	1995.02	1996.03	54	13	67
第 9 循環	1996.03	1997.12	1998.12	21	12	33
第 10 循環	1998.12	2000.09	2001.09	21	12	33
第 11 循環	2001.09	2004.03	2005.02	30	11	41
第 12 循環	2005.02	2008.03	2009.02	37	11	48
第 13 循環	2009.02	2011.02	2012.01	24	11	35
第 14 循環	2012.01	2014.10	—	33	—	—
平均				38	15	53

持續期間 (月數)

資料來源：行政院國家發展委員會。

環數列，再進行轉折點之認定。臺灣已認定景氣循環總共有 14 次，如表 8-2 所示。在表 8-2，國發會的資料顯示最長的一次循環發生在 1956 年 9 月到 1966 年 1 月的第 2 循環，總共持續 112 個月；而最長的一次衰退期間發生在第 5 循環，有 37 個月。

景氣指標與對策信號

　　為衡量總體經濟活動，國發會將一些代表經濟活動且對景氣變動敏感的變數，以適當統計方法處理，製作成景氣指標與景氣對策信號。景氣指標包含「領先」及「同時」兩項指標。景氣對策信號亦稱「景氣燈號」，以類似交通號誌方式的五種燈號代表景氣狀況的一種指標，其中「綠燈」代表景氣穩定、「紅燈」代表景氣熱絡、「藍燈」表示景氣低迷，「黃紅燈」與「黃藍燈」

皆為注意性燈號，告訴我們要注意觀察景氣是否轉向。至於景氣對策信號各構成項目與編製說明，可以到行政院國發會網站查詢。

景氣循環會發生什麼事？

每一次的景氣循環都不相同。繁榮與衰退的時間長短以及哪一個產業受影響最深，幾乎都不相同。但多數的景氣循環都有一些共通點，譬如，在景氣好的時候，速食店能提供員工比較好的福利，企業也能用幾百萬的股票選擇權吸引優秀人才，投資人可輕易地在股市賺到 2 位數的報酬率。消費者變得比較有錢，如果他們對裕隆汽車的需求比去年增加 5%，裕隆擴產 5%，這意味著該公司會有更多的員工，購買更多的鋼鐵、玻璃、汽車零件等。逐漸地，裕隆必然會發現原料及勞工愈來愈難取得 (因為別家汽車也賣得很好)，原物料價格上漲，同時裕隆發現無法生產足夠的汽車滿足市場需求，便開始調高售價。不只這樣，整個經濟都出現類似效應，一般商品與服務的價格開始上升，通貨膨脹也就發生。

在繁榮持續一段時間之後，投資人眼見股市變得愈來愈好賺，開始借錢買股票。消費者財富迅速累積，開始追逐名牌服飾、昂貴跑車、精緻美饌和競相購買豪宅。在經濟擴張的末期，利率上升，工資上漲也比物價快，企業獲利下滑，資產泡沫化現象開始形成，公司和個人背負鉅額債務。因此，經濟繁榮時期的共同特徵為：實質 GDP 上升，失業率下跌，消費與投資增加，利率上漲，通貨膨脹高漲。

相反地，當企業開始降低購買機器設備、新的辦公大樓和停止興建新工廠，或是消費者不再買新房子或停止追逐奢侈品與耐久財時，榮景就會結束。如果大家都不買裕隆汽車，汽車銷售量會像溜滑梯般下滑，裕隆汽車開始裁員，減少購買鋼鐵、玻璃和汽車零件，失業與利潤下降進一步地導致支出減少。

公司利潤下跌意味著股價下挫，消費者支出變得謹慎，利率逐漸下跌，消費者與企業的債務跟著減少。因此，經濟不景氣的共通現象為：實質 GDP 下跌、失業率高漲、消費與投資減少、通貨膨脹減緩甚至通貨緊縮。特別需要注意的是，經濟開始復甦之際，失業率依然居高不下。譬如，美國經濟在 2009 年第四季由負轉正，但失業率仍持續攀升，10 月份升至 10.1%，11 月、12 月及 2010 年 1 月則維持 10%。其背後的原因有二：一是即使景氣好轉，廠商生產增加，工廠仍然有大批閒置產能，因此一開始廠商不會填補所有職缺且有可能裁撤員工；二是不景氣使得有些人乾脆退出勞動市場，主計總處計算的失業率會上升。但當景氣開始好轉，這些人開始出外找工作，就會使失業率下跌。

英國出現「醃魚族」的封號，這與中國所謂的「啃老族」有異曲同工之妙，都是指那些待在家裡花用父母退休儲蓄的孩子。醃魚族劇增的原因是失業率實在太高，沒有工作使得這些人根本無法負擔獨立生活的種種開銷，只好回家讓父母養。

第二種因為不景氣所產生的新面孔是「窮忙族」。這群人愈做愈窮，處在貧窮線邊緣或以下的族群。臺灣有沒有窮忙世代？根據師大社會工作研究所王永慈教授的調查研究顯示，臺灣在貧窮線以下與近貧家戶比率占總家戶數約 6%，人數推估約 145 萬人。失業率高漲導致非正式與短期雇用比率攀升，窮忙族愈陷愈深。舉一個例子，《聯合報》在 2010 年 2 月 3 日的新聞報導，臺北市勞工局在虎年農曆年前，提供 503 個 6 個月的短期工作機會，月薪僅 17,600 元，略高於基本工資。但是一開辦就擠進千人，人人臉上充滿焦慮，期盼搶得工作機會，應急過年。

第三種值得關注的現象是，這一次的經濟衰退對男人的打擊超過女人。2007 年美國的全職家庭主夫已有近 16 萬人。根據美國勞工統計局的報告，從金融危機發生至 2009 年 3 月為止，已經有 84 萬多名女性和 65 萬多名男性停止找工作。因此，這波「家庭主夫」的增加，不是因為男性愈來愈喜歡待在家裡，幫小孩換尿布或幫家人做晚餐，讓妻子出外打拚，而是因為他們別無選擇。

經濟衰退不見得全是令人難過的事。《紐約時報》報導，日本經濟遲遲不見復甦，消費者看緊荷包，就連平價的牛丼飯也降價求售。從 2009 年 12 月開始，規模排名第三的松屋率先將牛丼飯價格由 380 日圓調降為 350 日圓；龍頭業者 Sukiya 立即跟進，從原本定價 330 日圓再砍 50 日圓，一碗只要 280 日圓；同一個月吉野家也加入戰局，由 380 日圓一舉降為 300 日圓。

在美國，麥當勞受高失業率的衝擊，進行搶救早餐大作戰，自 2010 年 1 月起，推出 1 美元超值早餐，包括香腸小漢堡、墨西哥玉米煎餅、小杯咖啡，通通只要 1 美元。第二大漢堡連鎖業者漢堡王也不甘示弱，主打雙層吉士堡，號稱「市場上 1 美元所能買到最超值的產品」。臺灣的麥當勞也因為失業率沒有突破低迷，選在 2012 年 6 月 15 日起推出 10 款「超值晚餐」，其中雙層牛肉吉士堡原價 109 元，超值優惠價只要 79 元，搭配一加一天天 50 元起，讓全家人在麥當勞外食更超值。

如何避免經濟衰退？

按照上面的說明，國家生產的商品與服務數量是愈來愈多，如果我們可以生產消費價值新臺幣 10 兆元的東西，讓大多數臺灣人都有工作，安排假期出國旅遊。接下來的一年，我們何必讓一大堆人失業，把就業服務站擠得水洩不通，並讓產值減少 5%？

問題是：經濟衰退就像感冒一樣，如果能避免，我們當然會盡力避免。可是它每次出現的狀況都不一樣，令人很難預防 (即使打了 A 型流感疫苗，也可能得到 B 型流感)。一般來說，經濟衰退可能是資產泡沫化或股票崩盤 (譬如，2007 年的美國次貸風暴和 1989 年日本的房地產過熱)，也可能是央行特意為過熱經濟踩剎車 (譬如，2010 年中國的宏觀調控或 1990 年代的美國)。

最慘的是，經濟衰退還會擴張。不管你是住在臺北還是高雄，別人承受的經濟壓力很快就會變成你眼前的問題。雷曼兄弟倒閉所引發的國內連動債求償無門事件正充分說明這個道理。事件之後，國內經濟遭受重創，臺灣人大舉緊縮旅遊支出，臺北人

不再搭高鐵去高雄玩。高鐵宣布減班裁員、旗津的海產店食客人數大減，漁民捕獲的魚也賣不出去。很多失業員工和擔心工作不保的人開始勒緊褲帶。股價跌跌不休，每個人開始為未來感到憂心。如果大家都認為景氣愈來愈差，而暫緩旅遊計畫或刪掉農曆春節的廣告預算，景氣便真的會愈來愈差。

經濟衰退的影響力可以迅速擴散到其它國家。冰島政府破產衝擊英國人的財富，聽起來似乎不可思議，國家變成投資銀行，以高利息接受世界存款，再轉向投資高槓桿的標的。2008 年 9 月的金融海嘯讓冰島嚐到苦果，過去有國家財富當後盾的三大銀行先後被政府收歸國有，數十萬個海外存款帳戶全遭到凍結。據估計，英國人在冰島被凍結的錢超過 200 億英鎊 (約新臺幣 1 兆 200 億元)。如果英國人民的財富縮水，向外國購買的商品就會減少。宏達電的智慧型手機再也不能賣到別的國家，不景氣的冷鋒便會吹到以出口為導向的臺灣、中國、韓國等。更糟糕的是，次貸風暴與主權債務危機不只會影響冰島、英國和希臘，很多經濟強國都陷入不景氣的泥沼中。想像歐盟與美國的失業率都高達 10%，這種景況如何讓臺灣經濟起飛？

總之，疲弱不振的經濟是不恰當的支出所引起。這個重要的結論是凱因斯觀察經濟大恐慌後的心得。他發覺古典學派的結論──經濟體系會回到原來的狀態──並不能解決當時高達 25% 的失業率和所得縮水三分之一的事實。記得在上一章的循環流程圖 (如圖 7-1) 中提到，整個國家的總收入與總支出的概念相同。總支出由四個部分組成：消費、投資、政府購買及淨出口。消費者減少出外用餐次數，造成總支出減少，也就是說，國內生產毛額也會下跌。

凱因斯認為政府可透過兩個工具──財政政策和貨幣政策來提振總支出。兩者的目標一致，都是要鼓勵消費者多花錢和企業多投資，好讓經濟再度活絡。

財政政策 (fiscal policy) 是政府利用政府購買和稅收來改變總支出。如果消費者有對未來感到憂心忡忡而撙節開支時，政府可以透過公共投資來增加總支出。譬如，營建工人重新找到工

作；另一方面，生產軌道與交通號誌的廠商也召回被暫時解雇的員工。原先失業的勞工有收入後也比較放心花錢，餐廳的人潮湧現，機場旅客回流，景氣開始回春。

政府的公共投資創造良性循環

馬英九政府也是凱因斯學派的信徒。2009 年底，國發會所提的「愛臺十二建設」正式由當時的行政院長吳敦義拍板定案，預定從 2009 年起到 2016 年共 8 年時間，政府與民間投資的項目包括寬頻管道建置、行動應用、數位內容、設計生產 RFID (電子標籤) 建置等。臺大經濟系教授許振明引述民間將投資 3 兆 9,950 億元的資金，民間參與公共投資的比率為 30.06%。國發會指出，這 8 年期間，每年平均比未推動前多提供 24 萬 7,000 個工作機會，平均每年可提高 GDP 2.95 個百分點，同樣地，繼任的行政院長陳冲在 2012 年 9 月 18 日拍板桃園航空城計畫。政府與民間計畫投入 4,630 億元，預估可創造 26 萬個工作機會、2.3 兆元經濟效益，並帶來 840 億元的稅收。

行政院於 2017 年 7 月 11 日提出前瞻基礎建設第一期特別預算，預估每年平均可以增加實質 GDP 達 0.1 個百分點。

不過，行政院主計總處的數字表示，從 1980 年到 2001 年，政府每支出 1 元，即可為 GDP 貢獻 5.5 元的價值；也就是說，財政支出的乘數約 5.5 倍。但從 1997 年後乘數持續遞減，至 2001 年已降到 1.26 倍。這代表並不是每 1 元的投資效益都如預期般樂觀。

日本安倍內閣也是凱因斯學派的忠實信徒。日本政府最高顧問小組經濟財政委員會在 2016 年 4 月 25 日通過發行消費券，並舉辦全國性的打折促銷活動，以促進消費支出，達成名目國內生產毛額在 2020 年達到 600 兆日圓的目標。

另一個財政政策工具是稅收。減稅之後，消費者可以支配的所得增加。譬如，2010 年所得稅率減少一個百分點且淨所得 50

萬元以下的家庭按 5% 課稅 (以前是淨所得 41 萬元按 6% 課稅)。如果你 1 年淨賺 42 萬元，2009 年要繳稅 50,400 元，2010 年只要繳稅 21,000 元。換句話說，你的銀行存款多了 29,400 元。消費者荷包比較滿後，消費意願跟著增加，於是也能形成景氣復甦的良好循環。

中國為讓居民消費能成為國家經濟成長重要推力，國家稅務部門於 2016 年 5 月 1 日起，全面推營業稅改徵增值稅試點，預計 2016 年將減輕企業稅負 5,000 多億人民幣。營業稅是按照銷售額課稅，增值稅是按照附加價值課稅。譬如，建築業營業稅稅率是 3%，增值稅是 11%，但建築材料、施工機器可扣抵稅款，因此稅率上升，但稅基縮小，稅負隨之下跌。至於在個人所得稅的減稅措施，自 2011 年開始，個稅起徵點從每月 800 人民幣提高至每月 3,500 人民幣。這些措施有助於刺激消費、提高內需，帶動內需市場的成長。瑞士信貸亞太首席分析師陶冬說：「如果 5 年前，形容中國的字眼是：房地產、基礎建設、加入 WTO；那麼現在則是內需消費提升，資金流動。」

基於相同的邏輯，美國國會在 2015 年 12 月 18 日通過 10 年逾 6,000 億美元的減稅計畫，包括提高撫養子女扣除額、地方稅的扣減，以及延長 2 年的暫時減稅方案。2016 年美國總統川普的競選政見之一就是，10 年減稅 4.4 兆美元與減少政府管制，來達成 4% 的經濟成長率及每年創造 2,500 萬個工作機會。

諾貝爾經濟學獎得主克魯曼在 2016 年 11 月 14 日於《紐約時報》撰文指出，讓川普入主白宮將鑄成大錯。川普提議為富人及企業減稅勢必推升預算赤字。儘管未來 10 年可為美國經濟挹注 4.5 兆美元，但不是提振經濟的「好」方法，也不是讓資金發揮最大

效益的方式。克魯曼的結論是，短期內可能發生「好事降臨壞人身上」的情況。

減稅意味著稅收的減少，根據華頓商學院的預算模型估計，川普減稅能讓美國 2018 年 GDP 提高 1.12%，但是到了 2027 年將減少 0.43%。川普的大規模減稅計畫將進一步推升國債，10 年內將損失上兆美元的財政收入。

政府可以運用的第二種政策工具是貨幣政策，中央銀行總裁只要打一通電話就能調升或調降短期利率，無須跟國會打交道，也無須為了減稅等候多年。很多經濟學家都相信貨幣政策只要 6 個月就可扭轉乾坤，它是管理景氣循環的最佳武器。**貨幣政策 (monetary policy)** 是調整貨幣數量來改變利率，進而影響經濟社會的總支出水準。降息 (利率降低) 可以讓消費者用更便宜的價格買到房子、車子和其它耐久性商品，企業能夠以更低廉的資金成本來興建新廠和添購機器設備。央行釋出的銀根 (貨幣供給量)，讓大家不用再勒緊褲帶，掏錢消費的結果就是良性的景氣循環。

中國在金融海嘯後再創經濟奇蹟。日本《經濟學人》更明白指出，2010 年中國的 GDP 會超越日本；高盛證券全球首席經濟學家預測中國在 2027 年以前就會取代美國成為世界第一大經濟體。究竟是什麼樣令人咋舌的奇蹟？第一是成長很猛：2009 年中國 GDP 成長 8.7%。當美國還是負成長的時候，中國還多創造出 2 兆 6,840 億人民幣，這接近臺灣 1 年的 GDP。第二是反應很快：中國人民銀行從 2008 年 9 月起 4 度下調存貸款基準利率和存款準備金率。寬鬆的貨幣政策使中國銀行業在 2009 年前 11 個月新增貸款達 9.21 兆人民幣，如果把 1 塊錢、1 塊錢接起來，可以繞地球到太陽 8.2 圈。第三是國力變強：5,850 億美元是中國取代日本成為美國最大債主下擁有的美國國債總值。然而，央行不可能雇用直升機一直撒錢，政府也不可能無止境地興建鐵路，投資必須由民間實質消費接棒，整個經濟體系才能正常運轉，這背後的理論基礎，正是凱因斯大力主張的乘數效果。

場景拉到日本。2016 年 1 月 29 日，日本央行在實施 20 多年寬鬆貨幣政策後，眼見沉痾難起，在毫無預兆下，宣布實施負

利率,對銀行新增轉存央行的資金,不但不給利息,還開始向銀行收取 0.1% 的利息,存款如燙手山芋,希望銀行將資金貸放給民間企業。其實,日本央行並非第一個實施負利率的國家,歐洲央行早在 2014 年 6 月已將利率降至負值。被視為歐元區安全資產的德國公債殖利率,在 2016 年 7 月 8 日更下探到 −0.19%。克魯曼認為這是一種資本大投降 (Great Capitulation)。針對日本尚未成功逃離通縮,且負利率政策效果有限,克魯曼呼籲日本政府延後調高銷售稅,並擴大財政刺激措施。

為什麼經濟體系比以前穩定?

觀察表 8-2,我們發覺較短的衰退比起較長的繁榮和實質 GDP 波動較不那麼劇烈,是現代經濟的寫照,這也使得臺灣人民的經濟福祉大幅提升。經濟學家提供三個為什麼經濟體系比較穩定的理由:

第一,服務業的重要性日增,製造業的影響力遞減:在不景氣時,很多人會停止買新車、房子和其它耐久財。另一方面,看電影的次數會減少,國外旅遊可能改成國內旅遊。換句話說,服務業波動幅度不若製造業大。而當服務業占 GDP 比重愈來愈大時,較小的服務業的變動就隱含較穩定的景氣循環。

第二,失業保險可提供失業者部分所得。在 2003 年以前,臺灣並沒有《就業保險法》。失業期間勞工沒有任何補助。失業給付讓不景氣時,失業勞工有喘息的機會,如果他們的荷包比較飽,也會比較有能力可以消費。這些額外的支出可以協助縮短經濟衰退的時間。

第三,積極的公共政策可穩定經濟:凱因斯最主要的思想突破就是顛覆經濟學之父亞當・斯密主張「一隻看不見的手」──排除任何人為干預市場的可能。但是凱因斯主張政府干預經濟,美國總統羅斯福參考凱因斯的思想,推出「新政」,幫助美國度過危機。這次的金融危機讓被冷凍了 30 年的凱因斯手法──政府用財政政策救經濟「重新回來了」。

結　論

　　拿印尼的小島跟你換紐約市，你願意嗎？400 年前，荷蘭人寧可為了一個印尼小島，把紐約交換給英國人。今天，世界上最重要的資源是石油。那麼 400 年前，最重要的資源恐怕就算是香料了，而印尼則是當時世上最重要的香料產地。掌握印尼香料利益的荷蘭東印度公司，每運一船的丁香或肉蔻回到歐洲，其價格比黃金還要珍貴。

　　經過好長一段時間，印尼的影響力沒落了，反倒是紐約成為全世界最重要的城市。幸好，印尼又逐步崛起，說不定哪一天雅加達的光彩會蓋過紐約呢？

不可不知

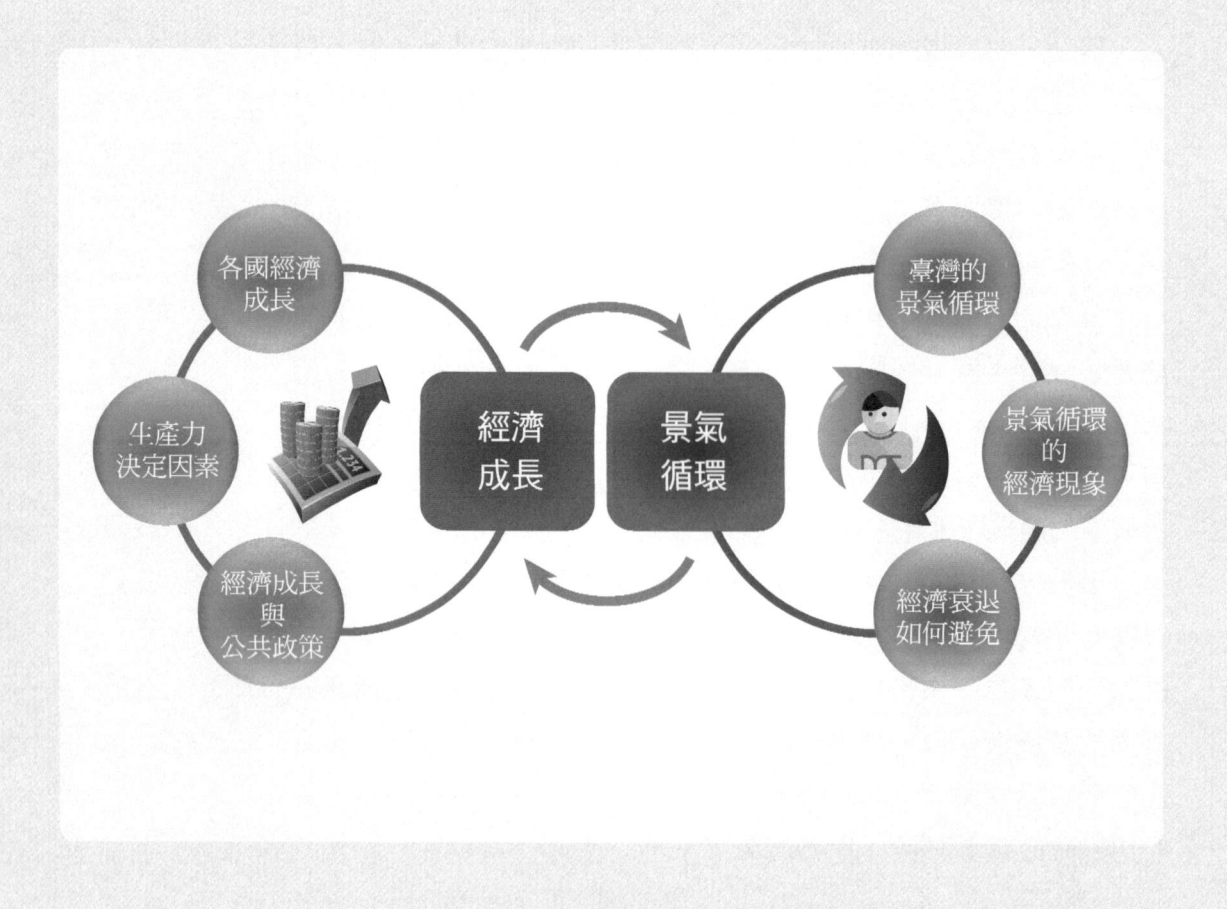

習　題

1. 依照每人實質 GDP＝平均勞動生產力×(工作人口數／總人口數)。在其它條件不變下，下列何者會提高每人實質 GDP？
   (a) 女性外出工作人口數的減少
   (b) 受雇人員強制退休年齡往下調降
   (c) 資本—勞動比率下降
   (d) 出生率下降　　　　　　　　　　　　　　　(106 年關務人員特考)

2. 日本泡沫經濟開始發生在：
   (a) 1970 年代末期　　　　　　(b) 1980 年代末期
   (c) 1990 年代末期　　　　　　(d) 2000 年代末期　　(101 年普考)

3. 下列因素中，對長期經濟成長最小的是：
   (a) 勞動力成長　　　　　　　(b) 技術進步
   (c) 政府降低工資稅率　　　　(d) 政府提高奢侈品消費稅
   　　　　　　　　　　　　　　　　　　　　　　　(105 年高考)

4. 下列何者有助於一國長期每人實質 GDP 的提升？
   (a) 生育率提高　　　　　　　(b) 長期寬鬆貨幣政策
   (c) 技術進步　　　　　　　　(d) 以上皆是

5. 下列何者對提升勞動生產力最有幫助？
   (a) 幫助廠商赴外國投資設廠　(b) 提高生育率
   (c) 提高每人每日工時　　　　(d) 鼓勵外人直接投資
   　　　　　　　　　　　　　　　　　　　　　　　(106 年關務人員特考)

6. 下列顯示是生產香蕉與鳳梨的某國價格與數量。根據該表，如果基期是 2020 年，則該國 2020 年的經濟成長率為：

年	香蕉價格	香蕉數量	鳳梨價格	鳳梨數量
2019	$3	100	$2	150
2020	3	200	4	300

(a) 25%   (b) 50%
(c) 75%   (d) 100%   (106 年關務人員特考)

7. 2007 年至 2009 年全球金融海嘯之後所造成的景氣衰退，被稱之為：
   (a) 大蕭條 (Great Depression)   (b) 大衰退 (Great Recession)
   (c) 大失業 (Great Unemployment)   (d) 停滯性膨脹 (Stayflation)

   (106 年初等考試)

8. 有關景氣蕭條階段的特徵，下列何者正確？
   (a) 名目利率上升   (b) 廠商破產率上升
   (c) 實質產出比潛在產出高   (d) 失業率比自然失業率低

   (105 年外交領事人員特考)

9. 經濟不景氣時，則
   (a) 產出通常會增加   (b) 利率通常會下跌
   (c) 失業通常會減少   (d) 所得通常會增加

10. 下列哪一項通常不是造成景氣下滑的原因？
    (a) 金融危機   (b) 能源價格大幅上升
    (c) 失業率上升   (d) 消費者信心不足

    (106 年初等考試)

答案

1. (d)   2. (b)   3. (d)   4. (c)   5. (d)
6. (d)   7. (b)   8. (b)   9. (b)   10. (c)

Chapter 9

中央銀行與貨幣政策

央行總裁與電影巨星

前美國聯準會主席班・柏南奇 (Ben Bernanke),身穿西裝,坐在滿是肥皂泡沫的浴缸,連眼睛都掛了一個大泡泡──這是插畫家 Daniel Adel 在 2009 年 11 月 19 日的《新聞週刊》消遣柏南奇的漫畫。該篇文章的標題是「聯準會正在製造新泡沫?」

《時代》雜誌曾以拯救世界經濟為由,評選柏南奇為 2010 年風雲人物。早在 1970、1980 年代,根本沒有人知道央行在做什麼,但在 1990 年代中期後,前聯準會主席葛林斯班開始出現在八卦專欄,並和電影巨星李奧納多・狄卡皮歐及卡麥蓉・狄亞一同登上《時人》雜誌。為什麼央行總裁成為鎂光燈的焦點?關鍵在於金融體系規模益趨龐大,央行政策變得愈來愈重要。

金融海嘯以來,全球主要央行一直扮演救火隊的角色,長達 8 年的非傳統貨幣政策實驗,量化寬鬆、降息,甚至負利率都輪番上陣,鈔票也愈印愈多,經濟始終不見起色。

根據美銀美林 (Bank of America

Merrill Lynch)統計,全球央行自 2008 年到 2016 年 3 月為止,共調降 63% 利率,透過量化寬鬆,累計收購 12.3 兆美元資產,近 5 億人生活在負利率國度裡。面對全球低成長、低通膨的現象,兩名知名經濟學家——前美國財長桑默斯與諾貝爾經濟學獎得主克魯曼,雙雙昭告全世界「經濟大停擺」時代來臨:利率和通膨非零即負,經濟成長近乎停滯,全球經濟失去昂頭向上動力。央行總裁也呼應桑默斯的說法,指出臺灣經濟呈現最疲弱的「L」型,落在 L 的平滑底部。

本章最主要探討中央銀行與貨幣政策。先介紹中央銀行的由來及其任務,再討論貨幣的本質和貨幣的衡量,最後論及貨幣的創造與通貨膨脹。

中央銀行

你知道全球最古老的中央銀行在哪裡?答案是瑞典。1668 年,瑞典中央銀行成立,當時只是為政府籌措財源才成立的。直到 19 世紀,全球第二古老的央行——蘇格蘭銀行才開始以提高或降低重貼現率來控制英鎊價值。此外,它也設計出公開市場操作等政策工具,慢慢發展出現代央行的雛型。

央行的任務

「葛林斯班打噴嚏,全球金融市場重感冒。」1987 年 8 月,葛林斯班從素有通膨鬥士的沃爾克手中接任聯準會主席。2 個月後的 10 月 19 日,即碰到「黑色星期一」,道瓊工業指數大挫 22.6%,創下自 1940 年代經濟大恐慌以來的最大股市單日跌幅。聯準會旋即宣布降息,黑色星期一所引起的恐慌很快成為過眼雲煙,1987 年整年股市還以上漲作收。

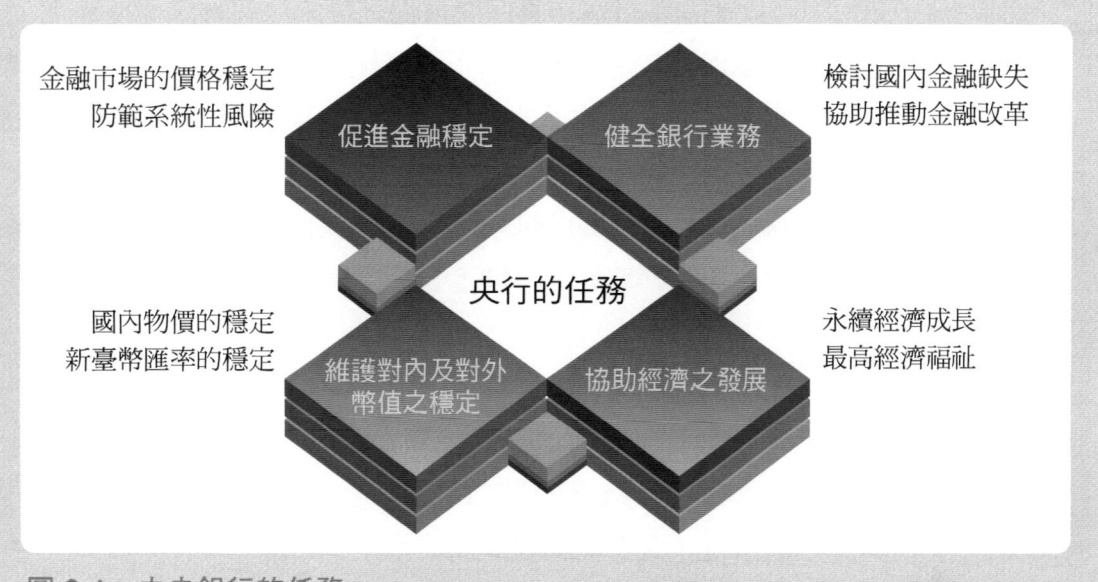

圖 9-1　中央銀行的任務

- 促進金融穩定：金融市場的價格穩定、防範系統性風險
- 健全銀行業務：檢討國內金融缺失、協助推動金融改革
- 維護對內及對外幣值之穩定：國內物價的穩定、新臺幣匯率的穩定
- 協助經濟之發展：永續經濟成長、最高經濟福祉

根據我國《中央銀行法》第 2 條，央行的任務有四個：促進金融穩定、健全銀行業務、維護對內及對外幣值之穩定，以及協助經濟之發展。

　　為什麼央行要降息拯救股市？為什麼葛林斯班像湯姆‧克魯斯一樣的家喻戶曉？其實這都和央行的任務有關。根據我國《中央銀行法》，央行的任務有四個：促進金融穩定、健全銀行業務、維護對內及對外幣值之穩定，以及在上述目標範圍內，協助經濟之發展，如圖 9-1 所示。

　　聯準會的四個任務可由 2009 年諾貝爾經濟學獎得主克魯曼的見解得窺一二。克魯曼曾經說過：「如果你想為美國未來幾年的失業率建立一套簡單的預測模型，這裡就有一個：葛林斯班想要失業率維持在什麼水準，加上或減去一個亂數就成了。」在《紐約時報》的專欄裡，克魯曼大聲疾呼：「如果我們想要看到真正的好消息，一定要有人負責創造出許多工作，此時非聯準會莫屬。」在美國，每 6 個找工作的人只有 1 個工作機會，1 個月至少得有 10 萬個就業機會，才能趕上失業人口增加速度。這表示想要見到經濟恢復充分就業的樣子，需要大幅增加工作機會，而且月復一月都得如此。繼任的聯準會主席柏南奇從善如流，在

2012 年 12 月 13 日宣布第四次量化寬鬆，每個月以 400 億美元收購抵押擔保證券。背後的真正用意是任由經濟奔馳，鼓勵民間消費，企業因未來銷售可能增加而願意多雇用勞工，難怪克魯曼要大家為柏南奇拍拍手。

美國於 2016 年 5 月的失業率 4.7%，創下 2007 年 8 月以來的最低水準，同一期間，增加了 500 萬個工作機會。

央行的運作機制

全球最知名的央行——美國的聯準會，奠基於 1913 年。剛開始不是一家中央銀行，而是將全美劃分成 12 區，每區設一家聯邦準備銀行，各自照顧區域內的銀行，如圖 9-2 所示。至於在華盛頓的聯邦準備理事會 (簡稱聯準會)，當時的權力不大，直到 1933 年「聯邦公開市場操作委員會」(FOMC) 成立，成為美國貨幣政策最重要的決策單位，也是「美國最有權力的老百姓」。

FOMC 的成員包括理事會、聯邦準備銀行紐約分行總裁，以及四家聯邦準備銀行的總裁。聯準會主席也是 FOMC 主席，所

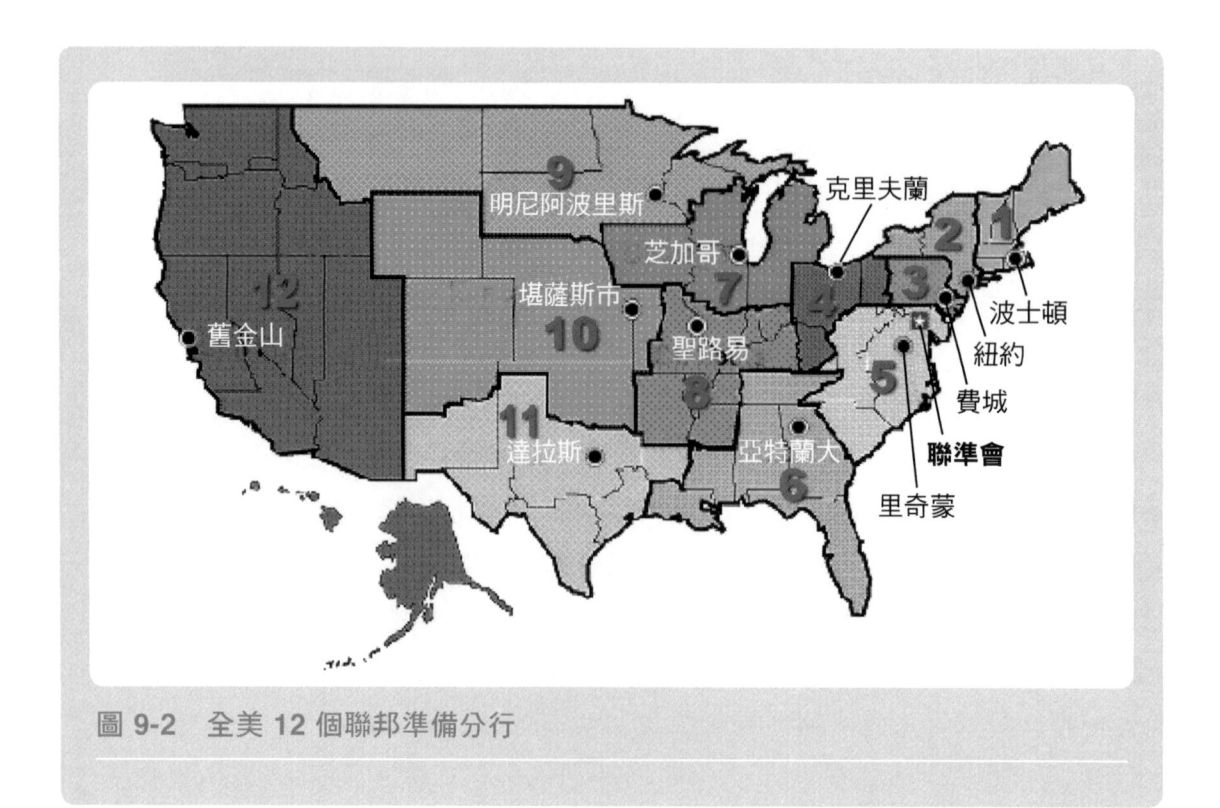

圖 9-2　全美 12 個聯邦準備分行

其權力才會這麼大。在美國，貨幣政策 (調高、持平或壓低利率) 是 FOMC 的工作，那麼在臺灣呢？

在臺灣，貨幣政策的決定採合議制，理事會設置理事 11 到 15 人，其中 5 到 7 人組織常務理事會，中央銀行總裁、財政部長及經濟部長為當然理事。理事任期 5 年，至於監事會置監事 5 到 7 人，任期 3 年，其中行政院主計總處主計長為當然監事，無任期限制。常任理事會主席為總裁，任期 5 年，期滿得續派連任。有關臺灣中央銀行的架構，請見圖 9-3。[1]

中央銀行每年按季定期召開理監事會議，會議主要內容包括調節金融、外匯操作等業務報告，並就貨幣政策進行討論。理監事會議後立即發布新聞稿，對貨幣政策做充分說明，會議決議內容公布於央行網站。以 2016 年 9 月 29 日中央銀行理監事聯席會

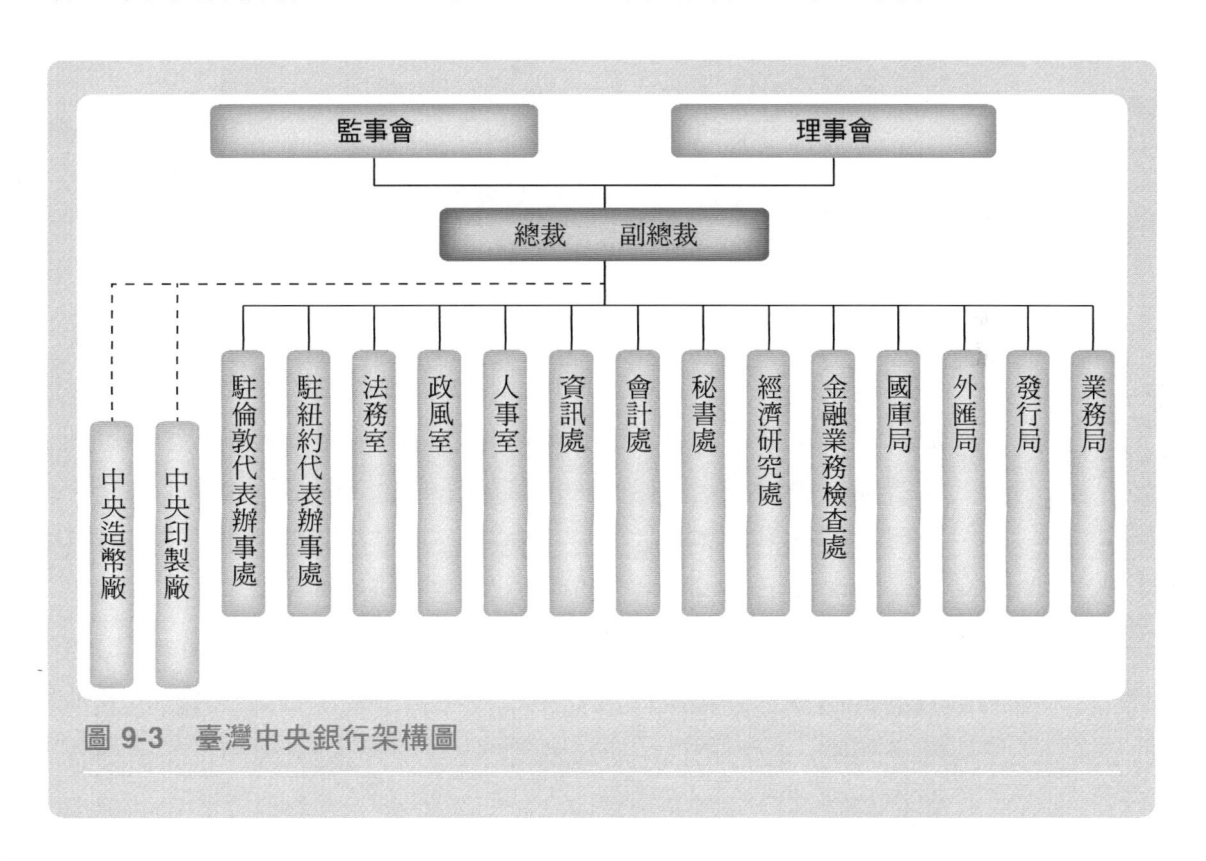

圖 9-3　臺灣中央銀行架構圖

---

[1] 有關央行其它各局處的職掌與功能，請上中央銀行網站 (http://www.cbc.gov.tw) 查詢。

議決議的新聞稿為例：

三、本日本行理事會一致決議

鑑於國際經濟成長和緩，國內景氣回穩，加上明年通膨展望溫和，本行理事會認為維持政策利率不變，有助物價與金融穩定，且維持貨幣寬鬆，可協助經濟成長。

本行重貼現率、擔保放款融通利率及短期融通利率分別維持年息 1.375%、1.75% 及 3.625%。

本行將持續密切關注國內外經濟金融情勢變化，採行妥適貨幣政策，以達成本行法定職責。

四、主要先進經濟體續採寬鬆貨幣政策，加以美國升息預期等不確定性因素，導致國際資金大量頻繁移動，影響新臺幣匯率之波動。新臺幣匯率原則上由外匯市場供需決定，如遇不規則因素 (如短期資金大量進出) 及季節因素，導致匯率過度波動與失序變動，而有不利於經濟與金融穩定之虞時，本行將本於職責維持外匯市場秩序。

話說回來，彰化銀行為民間企業，央行怎麼能夠決定儲蓄存款的利率？央行當然不能強迫彰化銀行調降房貸利率，卻可以間接控制。央行控制供給面──調整提供給商業銀行的資金總量，來達到控制利率的目的。一般來說，央行想調降利率以刺激景氣，有三種主要的政策工具：

第一種工具是重貼現率，即商業銀行急需資金周轉時，可將持有的商業本票和銀行承兌匯票向央行融資的成本。[2] 當重貼現率下降時，銀行可以用更低的成本向央行借錢，因此也能更便宜地借錢給客戶，市場的資金水位自然提高。臺灣目前的重貼現率為 2011 年 7 月 1 日所決定的 1.875%。

---

[2] 除了重貼現率外，商業銀行向中央銀行申請融通，還包括短期融通及擔保放款之再融通，貼放利率由央行制訂，有人也稱之為中央銀行利率。

第二種工具為存款準備率，是中央銀行要求金融機構依其存款 (支票存款、儲蓄存款、定期存款、外匯存款等)，提存一定比率的準備金，以應付支付的需求。若央行調降存款準備率，代表銀行針對存款所提存的準備金降低。銀行貸放出去的金額變多，買車子和買房子的民眾比較容易借到錢，透過信用創造過程，營造出寬鬆資金的環境。

　　第三種工具是公開市場操作，即央行在金融市場買賣政府債券，來增加或減少銀行的準備金。這裡的政府債券包括公債、央行可轉讓定期存單、金融債券及銀行承兌匯票等。當央行向第一銀行買進 1 億元的公債後，第一銀行頓時多出很多可以放款的現金。銀行依法保留一部分作為準備金後，剩下的才能貸放出去。貸款者會將錢花在某些地方，譬如，百貨公司或建設公司，而這些錢還是會回流到銀行體系。只要銀行的錢多過客戶想要貸款的錢，利率就會下跌。這種央行購買公債，引導利率下滑的行動，叫做公開市場買進；相反地，央行賣出債券，引導利率走升的行動，叫作公開市場銷售。

貨幣政策的擬定與執行

　　談完央行的任務與貨幣政策，接著來了解貨幣政策的擬定與執行。圖 9-4 描繪貨幣政策的基本架構：政策擬定與政策執行。

政策擬定

　　由於貨幣政策從執行到實現最終目標，會產生一段時間落差。譬如，央行降息一碼 (0.25%) 會讓高雄的消費者買車子嗎？什麼時候買？下個禮拜或 3 個月以後？此外，降息之後，是否造成熱錢流出？據估計，全球進行套利的資金約為 1 兆美元。少了 0.25 個百分點，代表套利資金少賺 25 億美元，也就是新臺幣 750 億元。另外，就是熱錢流進、流出所造成的匯率變動。外

```
貨幣政策
  政策執行
    ・操作工具
    ・操作目標
  政策擬定
    ・中間目標
    ・最終目標
```

操作工具	操作目標	中間目標	最終目標
存款準備率 重貼現率 公開市場操作	準備貨幣	M2	物價穩定 經濟成長

圖 9-4　貨幣政策的基本架構

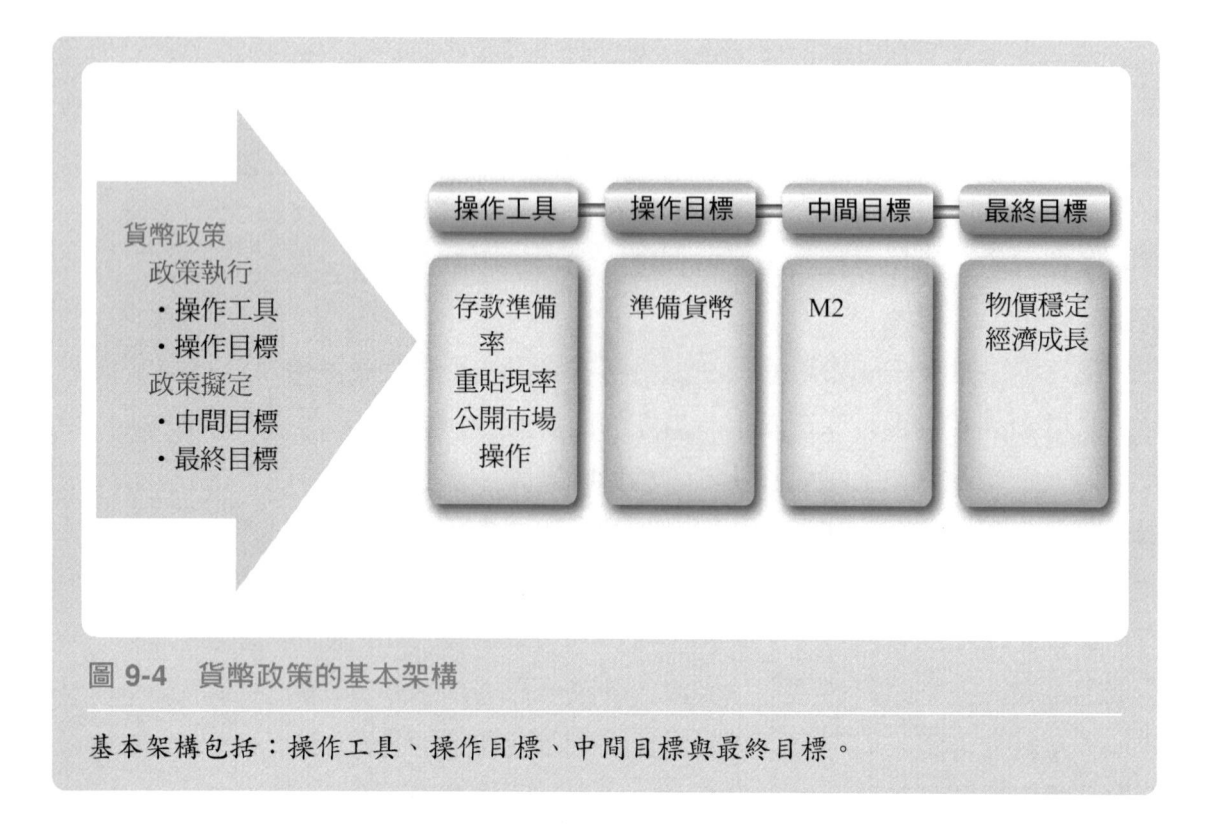

基本架構包括：操作工具、操作目標、中間目標與最終目標。

資將美元匯入臺灣，臺幣升值，臺灣的出口將會縮水，這些都會影響到貨幣政策的成效。因此，央行才會選取金融變數 (M2) 作為中間目標變數，來預估貨幣政策效果。央行按照經濟成長率和通貨膨脹率來制訂貨幣成長目標區間 (如新聞稿提到的 2.5% 到 6.5%)。所以，如果沒有經驗，可能會在倒入大量的錢後還狐疑怎麼都沒有反應，而在 9 個月後才發現景氣快速地往前衝。這也就是為什麼《全球金融》(Global Finance) 雜誌年度評比全球央行總裁，彭淮南連續 12 年 (2005 年到 2016 年) 拿下 A 的原因。彭淮南從 1998 年上任到 2015 年，臺灣通膨率在這 18 年間平均只有 0.98%，在亞洲四小龍中是最低的。

場景拉到美國，美國《新聞週刊》雜誌以前聯準會主席葛林斯班為封面人物，標題是「都怪他吧！」，直接挑明這場「網路世代首樁大災難」的金融海嘯，都是以葛林斯班為首的決策者，過度相信網路能降低金融市場解禁後的風險所導致，而諾貝爾經濟學獎得主克魯曼宣稱，葛林斯班是世界最糟的前央行官員。

政策執行

從央行執行貨幣政策工具到貨幣供給的變動，也會存在時間落差。譬如，央行拿 1 億元向國泰世華銀行買進國庫券，國泰世華銀行扣除準備金後，金庫多了新臺幣 9,000 萬元可供放款。這些新的資金可以資助各種經濟活動。阿基師可以拿去買平板電腦、侯佩岑可以貸款買永康街的豪宅，或南僑集團貸款開「東方版 85°C」的連鎖餐廳。這些錢會回到其它銀行，留存一部分準備金後，其餘款項又可貸放出去。最後，貨幣數量的增加會多過原來的 1 億元，中間的資金流動可能花上 6 個月或 1 年之久。

因此，央行需要一個能夠直接控制的準備貨幣作為操作目標。準備貨幣是指銀行與郵局的準備金及社會大眾持有的通貨，又稱為強力貨幣或貨幣基數。央行每個月月初召開貨幣估測會議決定該月的準備貨幣目標值，並想辦法達成。

說到這裡，大家應該不難想像央行的任務有多艱難。如果經濟未發揮潛能，明明可以成長 5%，卻以 1% 速度前進，這是一種浪費。因此，央行必須投入更多的錢，來創造就業與促進繁榮，但又不能過火，否則會造成通貨膨脹，而一發不可收拾。美國聯準會任期最久 (1951 年 4 月 2 日到 1970 年 1 月 30 日) 的主席威廉‧麥切斯尼‧馬丁 (William McChesney Martin) 曾形容央行的工作就是：「我們的任務是要在晚宴氣氛正趨熱絡之際收走雞尾酒缸。」如果派對開得過火，央行還得負責善後。

貨　幣

經濟學之父亞當‧斯密在《國富論》一書所寫的一段話：「沒有人見過一隻狗跟另一隻狗就骨頭進行公平且深思熟慮的交易，沒有人見過一隻動物以牠的動作和自然叫聲向另一隻動物打訊號示意：這個是我的，那個是你的，我願意拿這個與你交

換。」換句話說，只有人類會使用貨幣交易。[3]

電影《穿越時空愛上你》(Kate & Leopold) 是一部描述穿越時空阻隔的浪漫喜劇，故事敘述 19 世紀紐約的西班牙公爵李奧 (休‧傑克曼飾演) 穿越時光隧道，並闖入凱特 (梅格‧萊恩飾演) 的世界中。李奧與凱特去酒吧小酌，在吧檯點了兩瓶海尼根啤酒。這時，只見李奧從口袋裡掏出 2 枚金幣買單，酒保欣然接受並遞上 2 瓶啤酒嗎？當然不是，酒保一定一臉狐疑，然後禮貌地對李奧說：「我們只接受美金。」從上面的故事我們知道貨幣 (money) 是指，人們可以用來向其他人買商品與服務的資產。

貨幣的功能

一般來說，具有下列三種功能的資產才能稱為貨幣：

交易媒介 交易媒介 (medium of exchange) 是指買方購買商品與服務，所交給賣方的東西。當你去星巴克點一杯拿鐵時，星巴克給你一杯咖啡，然後你給星巴克等值的新臺幣。可是當你在新加坡轉機時，在樟宜機場買一份大麥克超值全餐，付給櫃檯新臺幣 109 元，店員大概不會接受，因為新臺幣並不是新加坡人可以接受的交易媒介。

計價單位 計價單位 (unit of account) 是指人們用來記錄價格與債務的標準。想像一個物物交換的社會，在埔心牧場，1 隻牛要價 10 箱柳丁，同樣的 1 箱柳丁在家樂福則可買到多條牛仔褲。當然，你可以精確地換算出 1 隻牛相當於 30 條牛仔褲。如果你只是想在晚餐吃 1 份牛排時，到底需要用幾條牛仔褲交換？貨幣作為衡量商品的價值，可以解決晚餐的困境。即使衣櫥沒有牛仔褲，只要從皮夾掏出 200 元，香噴噴的牛排就會端到你的面前。

價值儲存 價值儲存 (store of value) 是指人們可將購買力從現在移轉到未來的物品。這些物品包括貨幣、珠寶、債券、股票和

---

[3] 摘錄自李維特 (Steven Levitt) 與杜伯納 (Stephen Dubner) 所著的《超爆蘋果橘子經濟學》(Super Freakonomics) 的後記。

黃金等。過年的時候，長輩會給你壓歲錢，大年初一若沒有和同學去電影院看《阿凡達》，過了一個禮拜，你還是可以用壓歲錢去看電影。紅包袋裡的錢過了一段時間仍然可以買到想要的東西，這就是購買力的概念。不過，現在你用 95 元買一份麥香魚超值全餐，並不保證同樣的 95 元在明年依舊買得到麥香魚全餐，原因是通貨膨脹，麥當勞極有可能順勢調升產品的售價。也就是說，等值的貨幣在今天及明年的今天，能夠交換同一種的商品數量不一定會相同。

按照上面的說法，信用卡是一種貨幣嗎？信用卡是一種交易媒介，因為刷卡就能夠加油或坐高鐵。但信用卡並不是計價的單位，我們不會說臺北到倫敦的來回機票等於半張台新玫瑰卡或 1 張玉山銀行的悠遊聯名卡，因此號稱「塑膠貨幣」的信用卡並不是貨幣。

貨幣的種類

按照前面的說法，一物品只要同時具備貨幣的三種功能，就可叫作貨幣。譬如，13 世紀阿茲特克人使用可可豆做現金、斐濟群島用鯨魚的牙齒、蒙古人用茶磚、中國商朝時代使用貝殼、第二次世界大戰的集中營內使用香菸當作貨幣，這些貨幣都是商品貨幣的例子。**商品貨幣** (commodity money) 是指商品除了作為貨幣，還有實質價值，譬如，黃金鑄成金幣，可用來交換衣服、牛奶或馬匹。除此之外，黃金也可打造成金項鍊或金戒指作為裝飾或財富的象徵。

既然黃金曾被廣泛地當作貨幣使用，為什麼李奧不能夠用來買海尼根請凱特喝呢？最主要的原因是，攜帶幾百兩黃金在身上是一件愚蠢的事：不但重而且被搶的機率高。想想你計畫在 Yahoo! 奇摩網購一件衣服，光是將金幣送到賣家手上就是一

件不可能的任務。現代的經濟習慣用紙鈔作為支付的工具。如果你攤開手上的 100 元紙鈔,上面除了國父肖像外,還印有中央銀行的字樣。這代表你拿著這 100 元,可以到銀行換 2 個 50 元的硬幣;或是到麥當勞買 95 元的新超值全餐,店員還會找 5 元給你。紙幣是法定貨幣的例子。**法定貨幣** (fiat money) 是指,本身並無實質價值,純粹因為政府背書,才稱為貨幣。換句話說,如果你拿出一張衛生紙上面寫中央銀行並自己畫國父肖像,然後拿去麥當勞買漢堡,後果應不難想像。

我們如何衡量貨幣?

現金是一種交易的媒介,如果你口袋裡有 300 元,就可以去看電影《怪獸與牠們的產地》(*Fantastic Beasts and Where to Find Them*)。假設你將 300 元存到銀行,儲蓄存款是不是貨幣的一種?假如你把 300 元拿去買中鋼的零股,股票是貨幣嗎?經濟學家根據資產的流動性來定義貨幣。**流動性** (liquidity) 是指資產轉換成交易媒介的難易程度。譬如,現金是最具流動性的資產,而定存的流動性比活存差,因為定存解約會被扣利息。

圖 9-5 描繪臺灣中央銀行的貨幣衡量標準 (貨幣供給量),最嚴謹的貨幣定義為 M1A。包括:

M1A＝通貨淨額＋企業及個人 (含非營利團體) 在貨幣
　　　機構之支票存款及活期存款

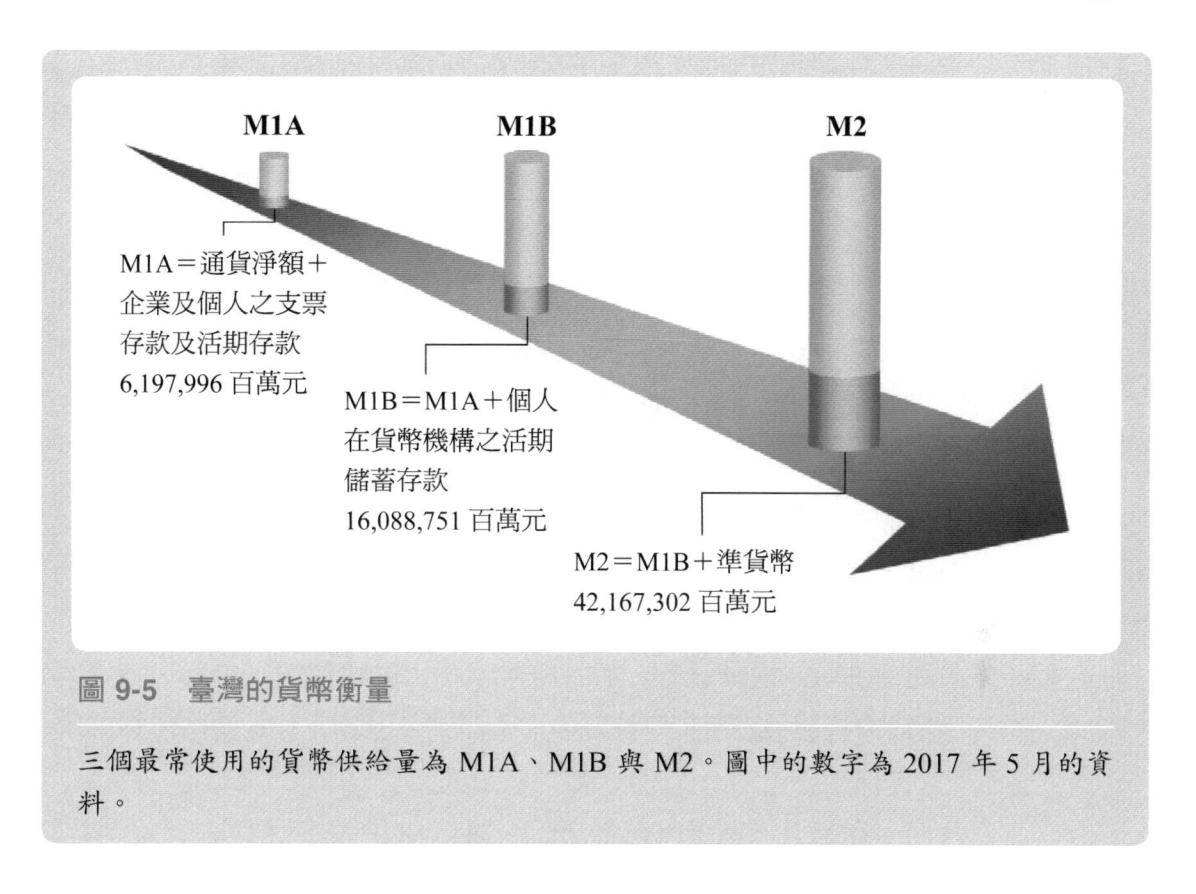

圖 9-5　臺灣的貨幣衡量

M1A＝通貨淨額＋企業及個人之支票存款及活期存款
6,197,996 百萬元

M1B＝M1A＋個人在貨幣機構之活期儲蓄存款
16,088,751 百萬元

M2＝M1B＋準貨幣
42,167,302 百萬元

三個最常使用的貨幣供給量為 M1A、M1B 與 M2。圖中的數字為 2017 年 5 月的資料。

上式中的通貨淨額是指全體貨幣機構 (銀行、農漁會、信用合作社) 與郵局以外各部門持有的通貨。通貨是紙鈔和硬幣的加總。

通貨淨額＝央行通貨發行額－全體貨幣機構庫存現金
　　　　　－郵局庫存現金

上式可簡寫成：

$$M1A = C + D$$

其中 C 為**通貨** (currency)，而 D 為**活期存款** (demand deposit)。

在 2017 年 5 月，臺灣的 M1A 為新臺幣 6,197,996 百萬元，活期存款與支票存款占 M1A 的比例約為 71.82%。比 M1A 略為寬鬆的貨幣定義是 M1B，包括：

M1B＝M1A＋個人 (含非營利團體) 在貨幣機構之活期儲蓄存款
　　＝通貨淨額＋存款貨幣

存款貨幣 (或活期性存款) 是指企業及個人在貨幣機構之支票存款、活期存款及活期儲蓄存款。2017 年 5 月，臺灣的存款貨幣占 M1B 的比率約為 89.14%。至於最寬廣的貨幣定義是 M2，包括：

$$M2 = M1B + 準貨幣$$

準貨幣 (或準貨幣性存款) 是指企業及個人在貨幣機構之定期存款 (包括一般定存與可轉定期存單)、定期儲蓄存款、外匯存款，以及郵局的郵政儲金總數。自 1994 年 1 月起，還包括企業及個人持有上列機構之附買回交易餘額與外國人持有之新臺幣存款。自 2004 年 3 月起，也包括貨幣市場共同基金。**貨幣市場共同基金** (money market mutual fund) 係指信託公司發行股份 (通常是 1 萬元) 給投資者，並將所得款項用於購買銀行存款、短期票券及附買回交易，總金額達基金淨值 70% 以上就算是貨幣市場共同基金。

通常央行與經濟學家都比較關心 M2，它比 M1A 與 M1B 更適合作為中間目標；也就是說，如果 M2 的年增率控制在目標區間內 (譬如，2.5% 到 6.5% 間)，物價穩定是經濟成長目標大致可以達成。

銀行如何創造貨幣？

前聯準會主席柏南奇的綽號叫「直升機」，這個外號的由來，乃是他曾主張美國要解決通貨緊縮等問題，只要啟動印鈔機大量印美元，然後用直升機在空中撒錢，人們撿到這筆上天送的禮物就會大方地掏錢消費，所有問題將不藥而癒。[4]

央行真的用直升機把新的鈔票送到各家銀行的手中嗎？當然

---

[4] 其實「直升機撒錢」(helicopter money) 的創始人是已故之諾貝爾經濟學得主傅利德曼 (Milton Friedman)。

不是,央行並非直接把鈔票給銀行,而是用新鈔交換銀行手中的公債。打個比方來說,玉山銀行的經理在頂樓與直升機碰頭,把直升機上的 1 億元紙鈔裝進銀行金庫,並從保險庫中抽出價值 1 億元的公債交由直升機帶回央行。記得,這種操作叫作公開市場買進。玉山銀行並不會從交易中獲利,它不過是用 1 億元的資產 (公債) 換取另一種價值 1 億元的資產 (現金)。

玉山銀行用公債換取現金後,依法必須保留一部分作為準備金 (假設準備率是 10%),剩下的錢 (9,000 萬元) 才能貸放出去。玉山銀行的 T 字帳如下所示:

玉山銀行

資產	負債
準備 $1,000 萬	存款 $1 億
放款　9,000 萬	

玉山銀行的存款多了 1 億元,而資產有兩個部分:準備金 1,000 萬元和貸款 9,000 萬元。假設 85°C 想要在大高雄與大臺南擴點,而向玉山銀行貸款 9,000 萬元購買原料、設備、桌椅等。為了簡化分析,假設這些賣原料和設備廠商將 9,000 萬元存入高雄銀行。高雄銀行的 T 字帳為:

高雄銀行

資產	負債
準備 $　900 萬	存款 $9,000 萬
放款　8,100 萬	

高雄銀行的負債多了存款 9,000 萬元 (高雄銀行欠存款人的錢),如果高雄銀行依法提存 10% 的準備,準備金是 900 萬元,而剩下的 8,100 萬元可供貸款。用這種方式,央行創造額外的貨幣:新臺幣 8,100 萬元。如果眼見景氣轉佳,京城建設決定在墾丁投資上萬坪的飯店,而向高雄銀行貸款 8,100 萬元來興建觀光飯店。假設這些購買鋼筋水泥的錢最後回到聯邦銀行,而其準備率亦為 10%,則聯邦銀行的 T 字帳為:

聯邦銀行

資產	負債
準備 $ 810 萬	存款 $8,100 萬
放款　7,290 萬	

這種存放款過程會一直持續下去。每一次的存款和放款，就有更多的貨幣被創造。最終，經濟社會究竟創造了多少錢？

```
原始存款         $10,000 萬
玉山銀行放款＋$ 9,000 萬 (＝0.9×$1 億)
高雄銀行放款＋$ 8,100 萬 (＝0.9×$9,000 萬)
聯邦銀行放款＋$ 7,290 萬 (＝0.9×$8,100 萬)
      ⋮              ⋮
────────────────────────────
總貨幣供給　＝$10 億
```

記得 M1A＝C＋D，每一次的存放款 (D) 增加，貨幣供給 (M1A) 也會隨之增加。

$$\begin{aligned}總貨幣供給 &= \$10,000 + 0.9 \times \$10,000 + 0.9 \times \$9,000 + 0.9 \times \$8,100 + \cdots \\ &= \$10,000 \times (1 + 0.9 + 0.9^2 + 0.9^3 + \cdots) \\ &= \$10,000 \times \frac{1}{1-0.9} \\ &= \$100,000\end{aligned}$$

央行釋出 1 億元的資產到銀行，最終會增加 10 倍之多的貨幣供給。銀行體系每一塊錢準備所能創造的貨幣數量，叫作**貨幣乘數** (money multiplier)。簡單地說，貨幣乘數就是準備率的倒數 $1/rr$ (rr 為準備率)。在這個例子裡，準備率是 10%，貨幣乘數就是 10 倍。從上面的討論，我們知道，央行公開市場買進公債，貨幣供給增加；相反地，央行公開市場賣出公債，收回市場多餘資金，貨幣供給將會減少。

通貨膨脹

德國在第一次世界大戰戰敗後，同盟國要求德國賠償侵略鄰國所造成的損失。德國政府決定以發行公債方式 (賣給德國央行) 來籌措財源。於是，貨幣供給從 1923 年 1 月的 13 億馬克，暴增至 1923 年 12 月的 497,000,000,000,000,000,000 馬克。[5] 同一期間，物價指數也從 1 月份的 1,440 飆升至 12 月份的 126,160,000,000,000。一份德國報紙在 1921 年的售價是三分之一馬克，2 年後卻要價 7,000 萬馬克。馬克的購買力一落千丈，簡直和廢紙無異。那時候一般家庭乾脆把馬克紙鈔拿來當柴燒，因為還比木柴便宜許多。

通貨膨脹的代價

1923 年的德國是惡性通貨膨脹的例子。[6] 聽起來，好像只有戰爭才有可能發生惡性通膨。事實不是如此，現代經濟社會中，惡性通膨好像是跟警察捉迷藏的攤販，隨處可見。譬如，1990 年代末期，白俄羅斯的盧布素有「兔子」之稱，這不光是因為紙幣上印製的圖案，同時也是因為盧布「繁衍」的速度實在驚人，1999 年最高面額紙幣為 100,000 盧布。南美洲的阿根廷也為惡性通膨所苦，從 1981 年到 1990 年，平均每年通膨超過 750%。阿根廷在 1992 年的貨幣改革，新的 1 披索等於 1983 年的 100,000,000,000 (即 1,000 億披索)。臺灣在 1945 年曾發行「臺灣銀行券」，後改

---

5 這種用新的鈔票融通財政赤字的作法，經濟學家稱為鑄幣稅 (seigniorage)。

6 惡性通膨是學者菲力普‧凱根 (Philip Cagan) 提出，每個月通膨率超過 50% 以上即為惡性通膨。

為「臺幣」，可用來購買民間的米、糖及礦物等資源。大量地印製新鈔加上上海金融危機，導致臺灣嚐到惡性通膨的苦果。後來，政府在 1949 年發行新臺幣取代舊臺幣，兌換比率為 1 比 40,000。

惡性通膨嚴重扭曲社會資源。近代最令人怵目驚心的例子是辛巴威。根據辛巴威央行公布的數字，2007 年 7 月份通膨寫下百分之 2.31 億的天文數字。由於現金不足，政府嚴格限制民眾每天提領的上限。即使如此，民眾每天凌晨 2 點就必須摸黑到銀行領號碼牌，排隊領錢。然而這麼辛苦，就為了每天領到相當於 1 美元或 2 美元的現金。通膨飆升的結果是民眾一領到錢就馬上換成物資，物資也因此嚴重缺乏：買 1 塊肥皂要排 1 天、買 1 袋麥片則需要 4 天。

惡性通膨使得辛巴威的基本公共服務體系崩潰。教師、護士，甚至清潔隊員都不去上班，因為薪水連搭公車上班的車錢都不夠，辛巴威有八成人口失業，全是億萬窮光蛋。在 2009 年 1 月中，辛巴威為了跟上惡性通膨的腳步，更發行 100 兆的辛幣紙鈔，經過短短 3 個月，100 兆的面額根本不敷使用，辛巴威政府不得已只好宣布廢除國幣，改以美元和南非幣為流通貨幣。

通貨膨脹的成本

為什麼通貨膨脹這麼不令人喜歡？首先，通貨膨脹會產生財富重分配的情事。假設趙右廷向阮今天借 1 萬元，並承諾明年還本金和 1,000 元的利息。聽起來好像阮今天賺到了，因為現在的利率不到 1%。不過，如果央行突然發失心瘋，放任物價 1 年飆升 100%。那麼，趙右廷還給阮今天的 11,000 元，其實只值 5,500 元，購買力只剩一半。

第二，即使物價只上漲 10%，公司和個人為了避免購買力下降，會

選擇盡量把錢放在銀行。如果每個人都這麼精明，銀行和提款機前就會出現長長的人龍。每次提款必須浪費許多時間和資源的成本，稱為**皮鞋成本** (shoeleather cost)。皮鞋成本在溫和通貨膨脹的環境中可能微不足道。不過，在惡性通膨的國家，變成眾所矚目的大事。每個人一領到錢，會以迅雷不及掩耳的速度換成食物和日常用品，其餘的拿去黑市換成較穩定的貨幣，如美元。

第三，廠商眼見物價上升，開始調整產品售價。大潤發的店員忙著為奶粉、麵包、水果、泡麵……打上新的價格；全聯印製新的傳單給街坊鄰居；宏碁客服部門忙著處理客戶抱怨筆電的漲價。這種因為通膨導致廠商必須改變售價所產生的成本，稱為**菜單成本** (menu cost)。

第四，通貨膨脹也會扭曲稅負，以資本利得稅為例。假設你買了一張債券，並在 1 年後出售，賺到了 10% 的收益。如果這段時間通膨也漲了 10%，實際上你並沒有賺到錢。10% 的收益正好彌補 10% 購買力的損失，但政府顯然不清楚這個事實，認定這 10% 的「利得」應該課稅。投資沒賺到錢已經夠氣人了，還要繳稅更令人捶心肝。

第五，物價如果以固定或可預期的比率成長，大家或許能夠接受。譬如，若通膨每年都是 10%，只要老闆幫我們調薪 10%；存款可以在實質利率加 10%；政府標案金額加 10% 的費用調整，便可輕易解決它所帶來的問題。

不過問題沒那麼簡單。通膨率每年不會以固定速度成長，有時也無法預期。個人或企業在做未來決策時，都必須猜測未來的物價。當你辛苦了好多年，計畫在信義區買一間 30 坪公寓時，你大概會向銀行貸款 20 年，甚至 30 年。如果雙方約定的房貸利率是 5%，而未來的通貨膨脹率每年都超過 10%，銀行的實際利息收入將會減少，而你的房貸實質負擔也會減輕；相反地，如果央行很認真地對付通膨，而將它控制在 1% 之內，銀行的實質收入上升，而你的負擔將會加重。這種未預期的財富重分配正是大家不喜歡通貨膨脹的重要原因。

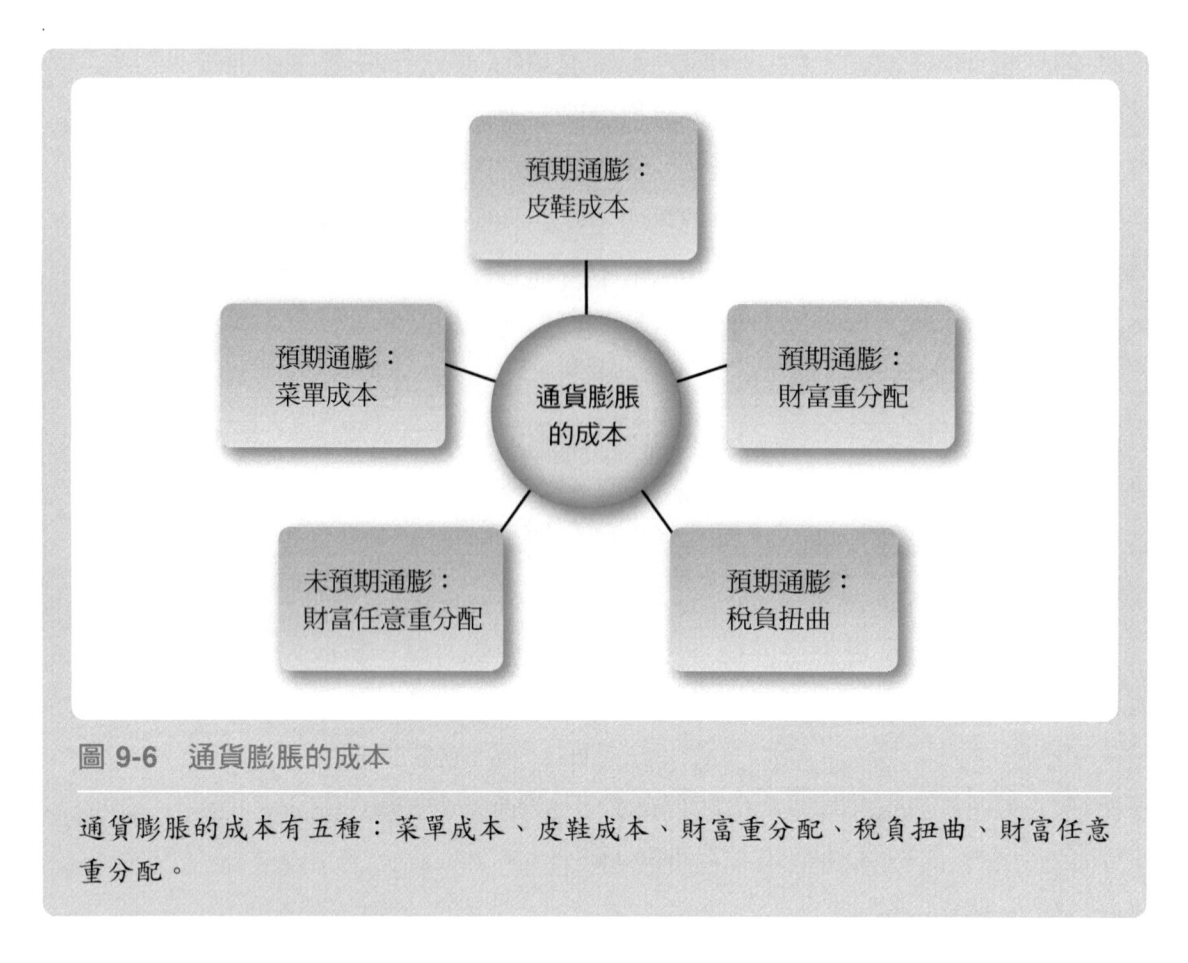

```
                    ┌─────────────┐
                    │ 預期通膨：   │
                    │ 皮鞋成本     │
                    └─────────────┘
     ┌─────────────┐                ┌─────────────┐
     │ 預期通膨：   │   通貨膨脹     │ 預期通膨：   │
     │ 菜單成本     │   的成本       │ 財富重分配   │
     └─────────────┘                └─────────────┘
     ┌─────────────┐                ┌─────────────┐
     │ 未預期通膨： │                │ 預期通膨：   │
     │ 財富任意重分配│               │ 稅負扭曲     │
     └─────────────┘                └─────────────┘
```

圖 9-6　通貨膨脹的成本

通貨膨脹的成本有五種：菜單成本、皮鞋成本、財富重分配、稅負扭曲、財富任意重分配。

圖 9-6 整理出五種通貨膨脹所引發的成本。

另一頭怪獸：通貨緊縮

通貨緊縮 (deflation) 是指物價水準的下跌。東西變便宜了，心情卻沉重了，這是什麼道理？乍聽之下，好像不合常理，但它卻會產生惡性循環。廠商生產愈多，虧損愈多。今年可以賣 1,000 元的東西，到 1 年後只能賣 900 元。但公司向銀行貸款，買原料加工生產需要時間，加上利息及 1 年後跌價 10%，其實際製造成本超過 1,100 元，就會產生「生產愈多，虧損愈多」的局面。通常通貨緊縮都會伴隨下列的經濟現象：

1. **廠商獲利縮水，失業率上升**：如果通貨緊縮造成廠商虧損增加，他們的投資意願自然低落，關廠裁員就會隨之而來。

2. 延後消費現象：2007 年的次貸危機、房市崩跌，以及全球股市嚴重失血，促使消費者看緊自己的荷包。既然下個禮拜的手機價格比這個禮拜便宜，何必今天去買？另一方面，股市崩跌，消費者覺得自己變窮了，因此更不願消費。

貨幣政策在此可能幫不上忙。以日本為例，1980 年代末期，資產泡沫破滅，讓日本經濟陷入長期的經濟停滯，日本央行為了對抗不景氣，不斷地調降利率，最後金融機構留存央行的超額準備金利率降至負值，但日本經濟依然復甦無望，央行顯得無計可施。很多經濟學家稱這段期間的日本是「失落的年代」。比較奇特的景象是，日本出現搶購保險箱的熱潮。因為民眾擔心銀行倒閉，放在銀行的錢收不回來，加上銀行為了分擔營運成本，開始巧立名目向客戶收取費用。既然銀行的利息已經接近零 (年息 0.001%)，乾脆把錢提出來；但又怕小偷光顧，於是紛紛去買保險箱。

在 2016 年，日本「渡邊太太」愛去香港存錢，理由很簡單：在日本銀行存 1 億日圓，平均每個月能拿到 5,000 日圓，可以去一次居酒屋；若存到中國，大約每月可拿到 41 萬日圓，1 年居酒屋的錢都有著落了。難怪前聯準會主席葛林斯班在一次的演說中強調：「有些理由顯示，通貨緊縮危害經濟更甚於通貨膨脹。」克魯曼更進一步在全球經濟論壇中疾呼，日本負利率政策效果有限，且尚未成功逃離通貨緊縮陷阱，應該擴大財政支出。

結　論

　　隨著經濟進入療傷止痛期，金融改革議題浮上檯面。白宮經濟復甦諮詢顧問委員會主席、前聯準會主席葛林斯班摧毀「大到不能倒」的事實。他說，金融公司可以創新、可以交易、可以投機、可以經營私募資本，但是也要像其它企業一樣可以倒閉。

　　諾貝爾經濟學獎得主克魯曼在《紐約時報》專欄，也力促金融改革要學學無聊的加拿大。他說：「要讓銀行業安全，最好的就是保持金融業的無趣；也就是說，限制銀行的涉險範圍。具體來說，加拿大嚴格限制銀行的金融槓桿，也限縮了證券化市場，讓銀行無法順利地將貸款包裹分裝出售。」毫無疑問，加拿大的保守最終證明是好事。

不可不知

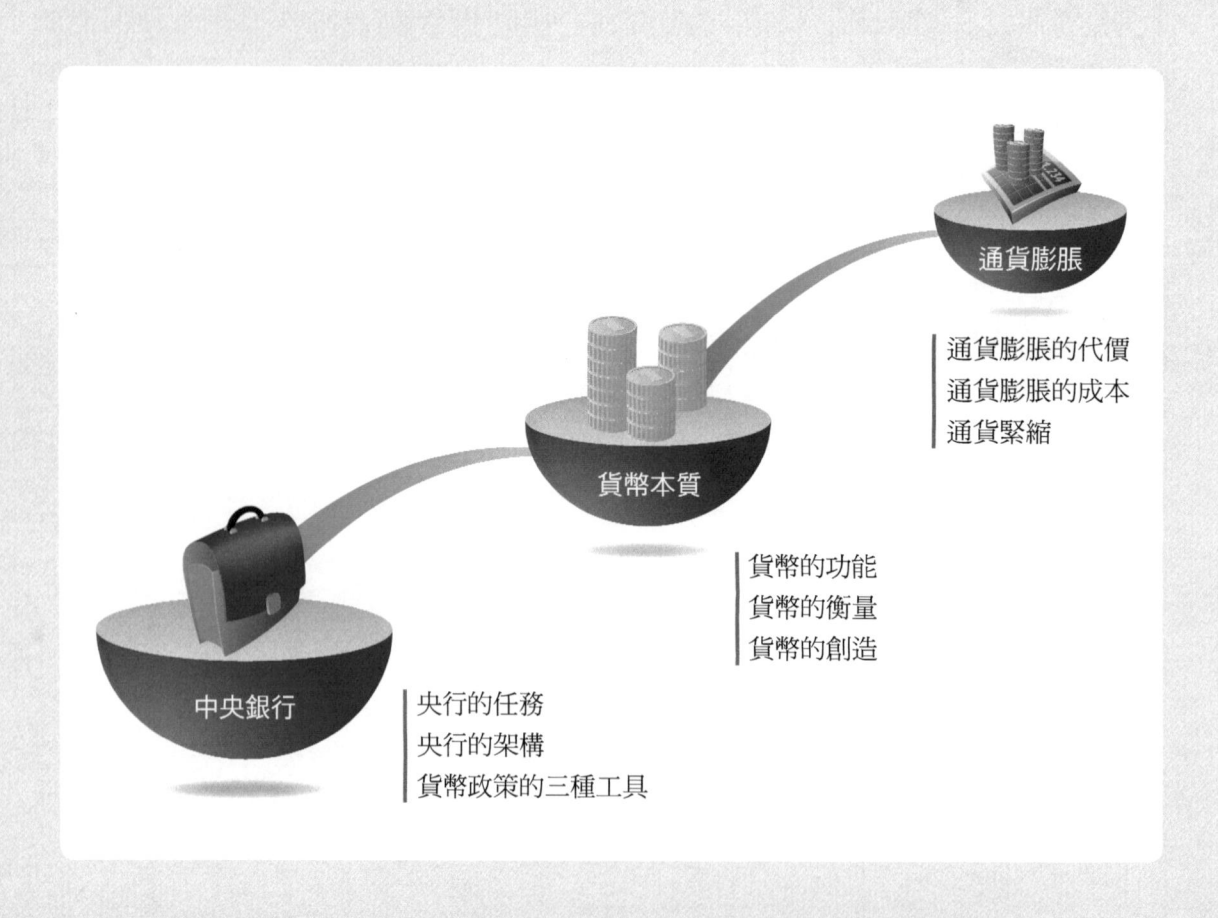

通貨膨脹
- 通貨膨脹的代價
- 通貨膨脹的成本
- 通貨緊縮

貨幣本質
- 貨幣的功能
- 貨幣的衡量
- 貨幣的創造

中央銀行
- 央行的任務
- 央行的架構
- 貨幣政策的三種工具

習題

1. 下列哪一個國家或地區，央行的名稱就叫作中央銀行 (Central Bank)？
   (a) 英國
   (b) 日本
   (c) 歐元區
   (d) 德國　　　(105 年關務人員特考)

2. 下列何者為中央銀行的主要功能？
   (a) 作為國營企業的銀行
   (b) 控制中央政府之預算
   (c) 拓展法人金融業務
   (d) 作為銀行的銀行　　　(101 年普考)

3. 根據我國中央銀行有關 M1A 的定義，下列敘述何者正確？
   (a) M1A = 通貨淨額
   (b) M1A = 通貨淨額 + 企業及個人 (含非營利團體) 在其它貨幣機構之支票存款
   (c) M1A = 通貨淨額 + 企業及個人 (含非營利團體) 在其它貨幣機構之支票存款及活期存款
   (d) M1A = 通貨淨額 + 企業及個人 (含非營利團體) 在其它貨幣機構之支票存款、活期存款與活期儲蓄存款　　　(106 年勞工行政)

4. 有關貨幣數量的定義敘述，下列何者正確？
   (a) M1B = M1A + 活期存款
   (b) M1B = M1A + 活期儲蓄存款
   (c) M2 = M1A + M1B
   (d) M2 = M1B － M1A
   　　　(105 年經建行政初等考試)

5. 信用卡包含在以下何種貨幣的定義中？
   (a) 準貨幣
   (b) M1
   (c) M2
   (d) 不屬於貨幣　　　(100 年初等考試)

6. 商業銀行向中央銀行借款所採用的利率稱為：
   (a) 存款準備金
   (b) 實質利率
   (c) 重貼現率
   (d) 金融機構拆款利率　　　(101 年普考)

7. 欲降低物價水準，中央銀行可：
   (a) 在公開市場賣出政府公債
   (b) 在公開市場買進政府公債
   (c) 調降重貼現率
   (d) 調降法定存款準備率

   (106 年初等人員考試)

8. 「通貨膨脹稅」是指？
   (a) 物價上漲時，人們所持有貨幣的實質購買力下降
   (b) 物價上漲時，政府會額外對一般大眾所課的人頭稅
   (c) 物價上漲時，政府會額外對企業所課的人頭稅
   (d) 物價上漲時，政府會額外對企業所課的資本利得稅

   (104 年關務特考)

9. 下列何者並非我國中央銀行影響貨幣供給之方式？
   (a) 發行定期存單
   (b) 對商業銀行道德勸說
   (c) 調整商業本票利率
   (d) 改變應提準備率

   (106 年關務特考)

10. 若實際物價膨脹率高於預期物價膨脹率，則下列何者正確？
    (a) 對資方不利，對勞方有利
    (b) 實質利率會比預期來得高
    (c) 所有人都會因此受到傷害
    (d) 對債務人有利，對債權人不利

11. 根據貨幣數量學說，下列何種情況會發生通貨緊縮 (deflation)？
    (a) 貨幣供給小於實質 GDP
    (b) 貨幣供給大於實質 GDP
    (c) 貨幣供給成長率小於實質 GDP 成長率
    (d) 貨幣供給成長率大於實質 GDP 成長率

    (105 年高考)

答案

1. (c)　2. (d)　3. (c)　4. (b)　5. (d)　6. (c)
7. (a)　8. (a)　9. (c)　10. (d)　11. (c)

Chapter 10 金融市場

盜亦有道

2009 年《時代》雜誌風雲人物的十大候選人之一，是令各國海運業者聞風喪膽的索馬利亞海盜。據路透社報導，在索馬利亞海盜主要巢穴哈拉迪爾 (Haradheere)，海盜們已成立公司，設置專屬股票交易所，為其海上搶劫活動籌募資金。一名前海盜成員表示，這個交易所在 2009 年 8 月成立，原本只有 15 家「海上公司」(這是海盜對自己的稱呼)，如今已成長到 72 家。

這些海盜公司股份對所有人開放，除現金外，一般人也可提供武器等有用物資入股。一位 22 歲已離婚的當地婦女，提供一顆前夫贍養費所留下的手榴彈而成為股東，38 天內，她分紅獲得 75,000 美元，這是當地人 1 年所得的 125 倍。英國國家廣播公司 (BBC) 曾報導，2008 年整年索馬利亞海盜總共收到超過 1 億 5,000 萬美元 (約合新臺幣 48 億元) 的贖金，這相當於該國總出口金額的一半。

正因為持股人愈來愈多，風險也變大，贖金價碼也從原來的 200 萬、300 萬美元提高到 400 萬美

元。[1] 每當海盜拿到贖金釋放船隻時，哈拉迪爾村就可以從中獲取 1% 的紅利，並用於醫院與公立學校等基礎建設。

喬治梅森大學經濟學教授李森 (Peter Leeson) 在 2007 年一篇研究中指出，早在 18 世紀海盜已實施民主制度，船長是由海盜們一票一票選出，即使是黑人夥伴也享有被選為海盜船長的權利。李森調查 1682 年到 1726 年的 23 個海盜組織，黑人的比例是 25% 到 30%，此外，成員若在搶劫行動中受傷，可由海盜成員中的共同資金中獲得補償，這是一種社會保險制度的概念。

本章即在探討現代總體經濟中一個很重要的市場──金融市場。首先介紹金融市場的四個基本功能：籌資、保值、避險及投機。接著簡單介紹金融體系的兩大組成：金融市場與金融中介。隨機漫步和效率市場則為本章的最後一個重點。

金融市場的功能

生活在現代經濟社會中的人相當辛苦，每天的傳播媒體上都有新的金融商品出現。股票、債券、期貨、選擇權、利差交易，令人眼花撩亂。芝加哥商品交易所 (CME) 與美英保險期貨交易所 (IFEX) 在 2007 年開始舉辦颶風期貨交易，人們甚至可買到排放二氧化碳及二氧化硫的權利。如果有人跟你說陳偉殷也可成為球員股票，你相信嗎？美國大聯盟印第安人隊小聯盟的救援投手紐森 (Randy Newsom) 表示，將他未來登上大聯盟後收入的 4% 折合 2,500 股，每股 20 美元出售。若他未來登上了大聯盟，當初投資的股東就可以分紅。金融商品無奇不有，交易細節和技

---

[1] 2009 年 11 月 17 日，索馬利亞海盜收到西班牙政府的 400 萬美元贖金後，就釋放拖網漁船「阿拉卡拉納號」及 37 名船員。

巧令人摸不著頭緒。不過，基本道理卻很簡單，就像是經濟體系中的其它商品或服務一樣，買賣雙方都是自願交易且可讓雙方獲利。金融市場的四種功能為：**籌資、保值、避險與投機**。

籌　資

買名牌包不用付錢，金融市場讓我們有籌資的管道──信用卡，即使明年才買得起，也可以立即擁有。不管是助學貸款、36 期無息貸款買車、台積電在竹科興建 12 吋晶圓廠或高雄總金額超過新臺幣 500 億元的義大世界，都能夠透過籌資管道──銀行、股市或債市來獲得需要的資金。要是沒有信貸體系，現代經濟根本無法運作。

國際社會也體認到對開發中國家提供創業貸款是協助它們擺脫貧困的有力途徑。「微型貸款」(microcredit) 是新興市場的經濟助燃器，獲得 2006 年諾貝爾和平獎的默罕墨德・尤努斯 (Muhammud Yunus) 是孟加拉微型貸款的發起人。簡單地說，微型貸款就是把一筆小額金錢以低於政府規定的利率，借貸給拿不出任何抵押品的窮人，讓他們有基本的資金作為逐漸改善赤貧生活的出發點。

尤努斯說過：「除了微型貸款外，我想不出任何能翻轉窮人命運的實際行動。」印度、南美、非洲、東歐已經有成千上萬的家庭脫離貧窮。在中國，婦女會設立微型貸款機制，讓婦女留在家鄉就業，成為支撐偏遠鄉間經濟動力的龐大力量。雲南金沙江旁一名村莊的彝族女性企業家小普就是典型的例子。她拿到一筆 10 萬件的刺繡訂單，先透過婦女會取得貸款。1、2 個月後完成成品交貨，扣除利潤及發放薪資後，剩下的錢全數繳回銀行。靠著這樣的機制，帶動著散布在金沙江畔的 7,000 名女工，養活全族的人，同時也改善農村經濟。誠如前世界銀行首席經濟學家費雪 (Stanley Fischer) 所言：「微型貸款的價值在於提供窮人靠自己改善自身處境的希望。」

保　值

金融市場提供第二種功能是多餘資金的儲存、保值和創造更多獲利。假設 10 年前華仔中了樂透 5,000 萬元，他決定把這些鈔票塞在床底下，這會產生幾個問題。第一，蟑螂、老鼠會把鈔票當食物啃；第二，每次出遠門的時候，總會提心吊膽，萬一發生火災怎麼辦；第三，同時也是最嚴重的問題是通貨膨脹。過去 10 年來，臺灣的通膨率約為 20%。換句話說，這筆錢到今天變成 4,000 萬元。但如果華仔拿錢去買股票的話，扣除通貨膨脹後的股市報酬是 40%。[2]

面對通膨這頭怪獸，有多餘閒錢的投資人會想盡辦法把錢投入更有生產力的活動。哈佛大學是全世界最富有的大學，它的校務基金 (endowment fund) 在 2016 年時大約是 357 億美元。儘管在 2016 年的年報酬率只有 2%，在 2015 年之前 30 年的平均每年複合報酬率為 12%，績效傲視美國各大學。這些豐厚的報酬主要來自於市場投資，哈佛管理公司 (HMC) 有將近 200 位的專業人員負責管理這筆基金。根據《工商時報》於 2014 年 11 月 15 日的報導，臺灣大學校務基金 6 年來累積獲利 35.74%，平均每年複合投報率 6%，買進的個股有台積電、遠傳等權值股。

不論是企業、個人或政府，若有多餘的資金，都可「租」給別人從事更有生產力的經濟活動，利率就是資金的租金。另一方面，政府興建捷運、企業赴海外投資或個人貸款買房子，都需要資金。而用不屬於自己的錢雖然快樂，但天下沒有白吃的午餐，使用資金的代價是利率。以經濟學的術語來說，金融市場就是資金借貸市場，市場的價格就是利率。

避　險

人生充滿了風險，當你在智利海邊欣賞晚霞時，怎麼知道會碰上 8.8 級強震所引發的海嘯？舉凡天然災害、偷竊、金融風

---

[2] 以臺灣加權股價指數計算的 10 年報酬率為 60%，但扣除通膨後的報酬為 40%。

暴、財務危機，都可能令人們的財務狀況陷入深淵。金融市場的功能之一就是幫助我們降低風險。最明顯的例子是期貨，如果今年猜測稻米大豐收，稻農擔心收成後供給過剩的賣壓湧現，造成現貨價格大跌，可在稻米期貨市場先行賣掉，鎖定自己的利潤，規避米價滑落的風險。

很多學術界的人士抱持著一種看法：取勝股市的方法不是具有超人的透視力，而是承擔較大的風險，風險決定了個股相對市場的價值。有沒有一種方法可以讓投資人得到想要的報酬，風險又能減到最低？答案很簡單，把雞蛋擺在不同的地方。金融市場讓我們可以用低廉的成本輕易地將雞蛋分散在各處。墨基爾 (Burton Malkiel) 在《漫步華爾街》一書中提到，購買 50 種規模相當、廣泛分散的美國股票可以降低風險大約 60%。對於視野全球化的投資人來說，購買 50 種不同國家的股票，風險可以降得更低，投資報酬更上一層樓。加入部分外國股票等於是白吃的午餐，既能增加投資報酬又能降低風險。

投　機

馬克・吐溫 (Mark Twain) 在《傻瓜威爾遜》一書中寫道：「10 月是從事股票投機很危險的月份。其它也很危險的月份是：7月、1月、9月、4月、11月、5月、3月、6月、12月、8月、2月。」投資是購買資產來獲得合理的報酬。投機是一夕致富，大家深信可疑且刺激的假設——每個人都可經由建築空中樓閣而大賺一筆。

「鬱金香狂熱」是歷史上最壯觀的「一夜致富」的投機熱潮。一位植物學教授在 1593 年把原產於土耳其的鬱金香帶回荷蘭。10 年後，這個新品種感染非致命的「馬賽克」病毒，在花瓣上造成對比強烈的條紋或火焰般的紋路。荷蘭人愛極了這些染病的花朵，從而引發一場瘋狂的投機熱潮。貴族、平民、工人、腳

伕、女僕，甚至年老的洗衣婦都來「玩」鬱金香。每個人都認為狂熱會持續，全世界的人都湧到荷蘭，出任何高價買下鬱金香。熱潮由 1634 年持續到 1637 年，在 1639 年 1 月，鬱金香價格暴漲 20 倍，緊接著在 2 月價格卻暴跌，其他人居高思危也跟著賣出，價格便一瀉千里，最後變成一文不值。

每個年代的金融愚行從未間斷。1970 年代，銀行循環運用全球的盈餘與赤字對開發中國家放款，當時花旗銀行執行長瑞斯頓 (Walter Wriston) 表示國家不能破產。但國家不能破產，不意味著它們需要還債。阿根廷與墨西哥就是兩個典型的例子。

到了 1980 年代，銀行把注意力轉移到國內信用的擴張。當時德崇證券的米爾肯發明垃圾債券，為岌岌可危的企業籌資。澳洲企業家龐德表達該年代的精神：「富有與否並不重要，重要的是你可以借多少錢。」但不久德崇證券宣告倒閉，米爾肯與龐德也鋃鐺入獄。金融愚行的焦點轉向了股市，該年代的女英雄是網路天后瑪莉・米克 (Mary Meeker)，她認為我們住在「估價方法論的新世界」，「這是大賺一筆的良機」。

2000 年第一季 916 家創投在 1,009 家新網路公司投入 157 億美元，其中不乏荒謬的網路達康。譬如，電子香味 (Digiscents) 計畫一種能讓網頁和遊戲產生香味；宜思康 (IAM.Com) 建造希望成為明星者的照片資料庫，問題是電影公司不會付錢給這樣的網站。分析師的推波助瀾加上媒體的渲染，使得網站泡沫持續上升，結果是股票週轉率創歷史新高，平均持有時間是以天或小時計算。這時正好有一支股票叫 Boo.com，創辦人瑪斯楚計畫以不打折的價格出售人們還沒開始穿的時裝。Boo.com 在 2 年內燒完 1.35 億美元，宣告破產。

最能精準捕捉金融愚行的是前花旗集團執行長普林斯 (Charles Prince) 的一段話：「只要音樂還沒結束，你就該起身跳舞，我們都會一直跳下去。」他的話反映出群體思維的盲點，人們不但會互相模仿彼此行為，還會強化彼此想法。金融市場的天賦之一便是，市場有需要助長投機時，它本身自會供應工具。

金融體系

金融體系對現代人的重要性就像是 iPhone 之於賈伯斯或鼎泰豐之於永康街一般，是不可或缺的生命共同體。打工的薪水會自動轉入銀行帳戶、烏干達的寡婦伊莎・蓋拉布茲靠「微型貸款」養活 6 個小孩，或投資壞天氣 (能源基金) 讓口袋增加 50% 的報酬，這些都與信貸體系脫離不了關係。信貸體系就是經濟學家口中的金融體系 (financial system)——金融體系是協助撮合儲蓄者與投資者的機構。這些機構可分兩大類：金融市場與金融中介。圖 10-1 描繪金融體系的架構。

金融市場

金融市場 (financial markets) 是儲蓄者直接提供資金給貸款者的機構。股票市場與債券市場是兩個最常被提及的金融市場。

股票 (stock) 代表公司的所有權。擁有鴻海的股票意味著你是鴻海的頭家之一。如果鴻海賺錢，持有鴻海的股票就可以分到

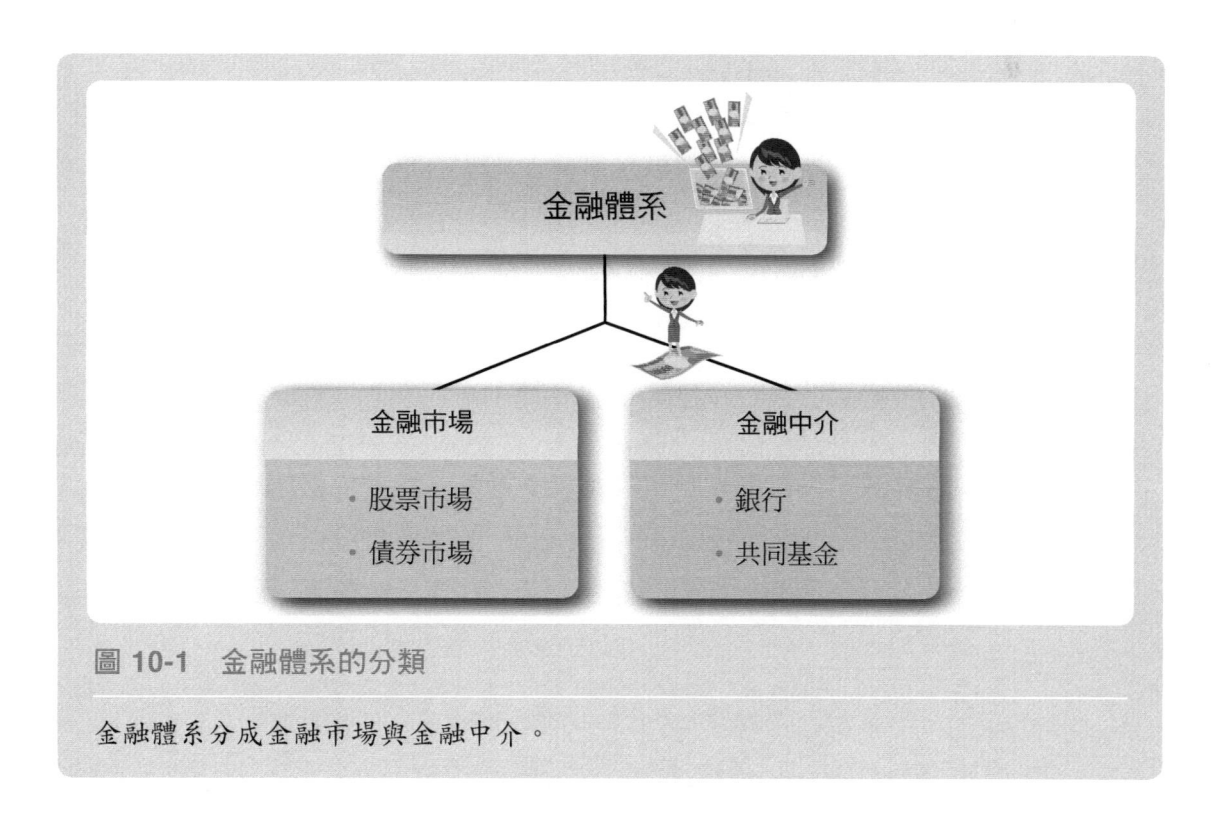

圖 10-1　金融體系的分類

金融體系分成金融市場與金融中介。

股利。對鴻海來說，發行股票能夠籌措資金，然後到全世界各地蓋工廠、買設備。

在臺灣，公司向臺灣證券交易所申請股票上市成功，就是上市公司。上市公司股票的買賣場所叫作集中市場。若公司向櫃檯買賣中心申請上櫃成功，就是上櫃公司。對於資本額、獲利能力、設立年限等標準，上櫃公司都比上市公司寬鬆。[3] 上櫃公司股票買賣的場所稱為店頭市場。臺灣的股票一張為 1,000 股。鴻海在 2017 年 7 月 13 日的收盤價是 116 元，意指一張鴻海股票的價值是 116,000 元。截至 2017 年 6 月為止，上市家數有 900 家，總市值是 30,841,184 百萬元，而平均加權股價指數為 10,259 點。上櫃家數則有 742 家，股票市值是 3,018,361 百萬元，至於投資人的累計開戶數為 17,996,173 戶。

股票開戶的手續相當簡單，只要持身分證、第二證明文件 (如駕照、健保卡)、印章和新臺幣 1,000 元到銀行開戶，就可以有證券存摺。買賣股票的方式包括電話下單、親自下單或網路下單。網路下單的手續費比傳統人工下單便宜，不但省錢且快速。在你進行交易的第三天，證券商會自動從帳戶扣款 (買進股票) 或存錢進你的帳戶 (賣出股票)，至於買賣股票的手續費是 1.5‰，賣方還得另外支付 1.5‰ 的交易稅。

第二個重要的金融市場是債券市場。債券 (bond) 是負債的憑證。簡單地說，債券就是借據。如果你向隔壁鄰居借 1,000 元，你會寫一張借據，上面載明償還的日期 (3 個月或 1 年)、利息 (2% 的年利率)，以及償還的金額 (本金)。舉凡中央政府為蓋高速公路、高雄市政府為興建捷運或台積電計畫 12 吋晶圓廠，都可以在債券市場發行債券籌措資金。乍看之下，債券市場相當複雜，像是公債、公司債、垃圾債券或巨災債券，交易合約內容密密麻麻，實在令人眼花撩亂，不過基本特性卻很簡單。

第一個特性是到期日。有些債券到期日很短，譬如，3 個月，有些債券到期日長達 10 年、20 年。在臺灣，到期日為 1 年

---

[3] 上市公司的實收資本額為 6 億元以上，上櫃公司實收資本額為 5,000 萬元以上，詳細申請標準，請上臺灣證券交易所和證券櫃檯買賣中心的網站查詢。

期以內的債券稱為短期票券,譬如,國庫券、商業本票、銀行及商業承兌匯票、可轉讓定期存單等。短期票券的買賣是在貨幣市場進行。[4] 另一方面,到期日在 1 年期以上的交易場所稱為資本市場,交易工具包括政府公債、公司債、金融債券、中央銀行儲蓄券等。臺灣票券市場在 2017 年 5 月的買入金額為新臺幣 1,650,423 百萬元,賣出 1,466,356 百萬元,其中以商業本票與可轉讓定期存單所占的比率買入最高 (超過 95%)。而臺灣債券市場在 2017 年 5 月的成交總額為新臺幣 4,936,817 百萬元,其中政府債券所占比重最大 (超越 63.2%)。[5]

第二個重要的特性是信用風險——貸款者無法償還部分利息或本金的機率。一般來說,政府的信用比一般企業要好,政府債券的利率通常低於公司債的利率。譬如,在 2017 年 5 月,1 到 30 天期的國庫券次級市場利率是 0.33%、1 到 30 天期商業本票次級市場利率是 0.39%、10 年期的政府債券利率是 1.139%,而 5 年期的公司債利率是 1.126%。

債券的第三個特性是稅負——稅法有關利息是否課稅的規定。大部分的利息都要課稅。在臺灣,持有公債、公司債和金融債券都要繳利息所得稅,個人部分享有 27 萬元的免稅優惠,超出部分併入當年度所得一起申報。至於短期票券利息是採取 20% 分離課稅,不用併入綜合所得申報。在美國,由地方及州政府發行的債券,作為市政府債券,其利息所得免稅,因為這種稅負優惠,市政府債券的利息率通常低於聯邦政府及公司發行的債券。

美國大學發行的債券也免繳所得稅。常春藤名校耶魯與哈佛大學同樣擁有最高 AAA 投資評等。它們發行 15 年期免稅債券,引發市場搶購熱潮。以耶魯為例,2010 年 2 月初發行 5 億美元的**免稅收入債券** (revenue bond),主要用於校園建設,債券的殖利率是 3.35% (2025 年 7 月到期),低於密西根大學發行的同類型債券 (3.59%) 和哈佛大學的 3.41%。殖利率愈低代表債券價格愈高,顯示耶魯的信用比哈佛更為卓著。

---

[4] 有關貨幣市場與各種短期票券的介紹,請上中華民國票券金融商業同業公會網站 (http://www.tbfa.org.tw) 查詢。

[5] 有關債券市場及票券市場的統計資料,請上中央銀行網站 (http://www.cbc.gov.tw) 查詢。

臺灣堪稱是全球最易受天災襲擊的地區之一。根據世界銀行研究，臺灣面臨兩種天災的陸地人口占 90%，面臨三種天災的陸地人口比率也有 73%。以臺灣天災發生之頻繁，若每次只靠政府金援或民間善心捐款實有不足。國外行之有年的**巨災債券** (catastrophe bond，簡稱 CAT-Bond，貓債券) 是一種值得分擔災民損失的方式。

貓債券是保險公司在債券市場發行關於天然災害的債券。如果災害發生，投資人買貓債券的本金用來理賠受損害的民眾；如果沒有天然災害，買貓債券的投資人就可收回本金和利息。債券的利率是基本利率加上風險利差 (3 到 5 個百分點)。譬如，921 地震使得臺灣的經濟損失約新臺幣 2,600 億元，其中保險業的損失是 190 億元。如果大家都投保地震險，保險公司大概只有倒閉一途。貓債券能將保險公司的風險，透過資本市場分散。2003 年 8 月，中央保險公司曾設計一款以臺灣地震為標的的巨災債券，期間自 2003 年 8 月 25 日到 2006 年 6 月 30 日，債息約定以 LIBOR (倫敦同業拆借利率) 加碼 3.3 個百分點。之後金管會評估發行巨災債券風險過高而決定不再發行。

金融中介

金融中介 (financial intermediaries) 是儲蓄者間接提供資金給貸款者的金融機構。中介就像是房屋仲介、中古車商等介於儲蓄者與貸款者中間的機構。在此，我們考慮兩種最常見的金融中介：銀行與共同基金。

侯媽媽在小孩長大後，準備開一家餐廳「侯門小館」和大家分享廚藝。裝潢、鍋碗瓢盆、人事費用需要 1,000 萬元，她可以發行股票嗎？當然不可以，因為不符合上市上櫃的條件；她可以發行債券嗎？恐怕沒有任何人會買，因為沒有信用評等。比較可行的方式是向平常往來的銀行借錢。

銀行最主要的功能是吸收存款，並將這些存款貸放給需要的人。過年拿到的壓歲錢、去便利超商打工所得或中運彩的意外收入都可以存入彰化銀行、台新銀行或農會信用部。錢放在銀

行既安全，又能夠賺利息，何樂而不為？銀行積少成多、聚沙成塔，把每一個人的小錢變成金庫裡的大錢。侯媽媽開餐館、豆導拍《艋舺》續集、言承旭買 LUXGEN 電動車，終於可以一償宿願。不管是信用卡的循環利率、房屋貸款的利率，或是企業貸款利率，都高於存款利率，銀行就是賺取利差來應付平常開銷及發放股利。

圖 10-2 描繪臺灣的各類金融機構及其家數。2017 年 5 月，臺灣全體金融機構的資產淨額為新臺幣 71,361,510 百萬元。其中本國一般銀行的總資產為新臺幣 41,359,744 百萬元，遠高於農漁會信用部、中小企業銀行、外國銀行在臺分行的總資產。

共同基金 (mutual fund) 是由專業的證券投資信託公司以發行公司股份或發行受益憑證的方式，募集資金交給專家操作。共同基金的最大特色是投資人用小額的金錢購買多種股票或債券，以達到分散風險的目的。投資共同基金新臺幣 1 萬元，等於是投資幾百家以上的公司。如果透過證券公司營業員買個別股票，1 萬元通常買不到什麼股票 (中鋼要 2 萬多元、台化要 9 萬多元)。

一般的基金組合通常包括不同的股票或債券。以投資標的區分，可分成：股票型基金、債券型基金、貨幣型基金、平衡型基

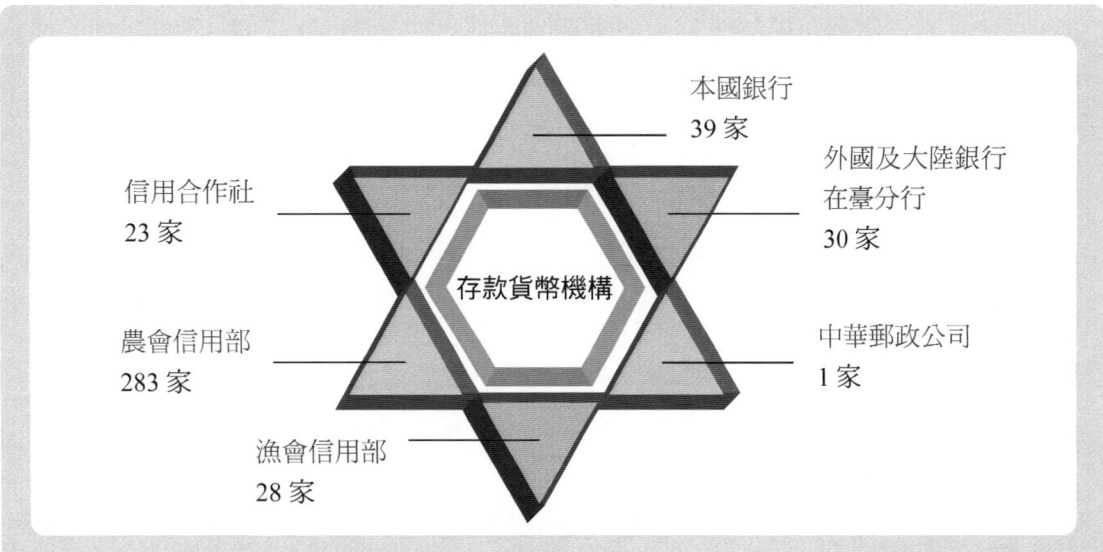

圖 10-2 臺灣的存款貨幣機構

臺灣的存款貨幣機構包括本國銀行、外國及大陸銀行在臺分行、中小企業銀行、信用合作社、農會信用部和漁會信用部。金融機構家數為 2017 年 5 月份的資料。

金等,如元大寶來雙盈基金、兆豐國際電子基金等;若以投資區域來看,可分成全球型基金、區域型基金和單一國家型基金,譬如,金磚四國基金、瑞銀美國小型股基金等;至於交易方式則可以是單筆申購或定時定額。

共同基金的另一個優點是交由專家代為操作。基金公司養了一批厲害的經理人,整天盯著企業績效、國內外政經情勢,任何風吹草動都逃不過他們的手掌心。如果你沒有特殊專長,也沒有時間或金錢尋求專家的協助,就接受《非漫步華爾街》(*A Non-Random Walk Down Wall Street*) 兩位作者安德魯‧羅 (Andrew Lo) 及葛雷格‧麥肯利 (Craig MacKinlay) 的建議去買指數基金吧!

指數基金 (exchange traded funds, ETF) 顧名思義,就是以貼近指數為目標的基金。譬如,如果 ETF 追蹤指數是臺灣 50,那麼這檔 ETF 便會去購買臺灣 50 包含的股票,好讓 ETF 的績效與臺灣 50 一致。如果你投資標準普爾 500 指數基金,它涵蓋全美五百大企業,代表廣泛的市場平均值。因此,績效超越和不如該基金的美國其它共同基金應該各占一半。不過,這並未把管理費用和交易成本計算進去。ETF 的重點擺在與指數的連動上,不會因為經理人的主觀判斷而改變持股內容,因此能夠大幅降低管理費用。平均來說,ETF 的年管理費介於 0.3% 到 0.4% 之間、股票型基金是在 1.15% 到 1.6% 之間,而平衡型基金則介於 1.0% 到 1.2% 之間。

凡事有利也有弊,投資指數型基金也有缺點,因為全面分散風險,消除了損失特別慘重的可能,但同時消除高於市場平均報酬的機會,你也就不能跟朋友吹噓自己在股市上的豐功偉業了。

效率市場與隨機漫步

效率市場到底是什麼意思?跟各位說一個笑話:有兩位經濟學家在愛河河畔散步,其中一位看到地上有一張千元大鈔,向同伴問道:「那邊的步道上是不是有一張 1,000 元的鈔票?」「不

可能。」同伴回答說：「要是有千元大鈔，別人早就撿走了。」於是他們信步離開。

效率市場理論的精華就是：資產價格已反映所有可得的資訊，所以要挑出績效超過大盤的股票是很難的事。當你買進股票時，賣方明明知道是「熱門股」，還是決定入袋為安，他也知道目前股價是超跌，還是決定脫手，難道是你知道一些別人都不知道的內線消息嗎？急著將手上銀行股出脫的投資人，可能沒有看到《經濟日報》報導國內銀行持有雷曼兄弟好幾千億連動債的報導，但是全世界其他的聰明人呢？

效率市場理論的支持者建議投資人，矇著眼睛的黑猩猩對著《華爾街日報》擲飛鏢所挑出來的投資組合，其表現和那些厲害的分析師精心挑選的組合一樣好。這就是隨機漫步 (random walk)──短期股價的變動無法捉摸──的真諦。在華爾街，隨機漫步是一個骯髒的字眼，說得極端些就是，一隻光屁股、矇著眼睛的猴子與西裝筆挺、人模人樣的經理人不分軒輊。因此，墨基爾 (Burton Malkiel) 才會在《漫步華爾街》(*A Random Walk Down Wall Street*) 一書中真心的建議，猴子還是投資人最好的朋友，「選股猴子」就是指數基金。

根據英國《每日郵報》報導，俄羅斯馬戲團一隻名為露易莎的黑猩猩從 30 家公司選擇 8 家公司作為 100 萬盧布的投資標的，牠在 2009 年的投資組合資產淨值成長近 3 倍，遠勝過俄羅斯 94% 的共同基金。某財經雜誌的編輯就說：「應該把這些厚顏領取優渥紅利的所謂投資專家都送到馬戲團。」

《花花公子》雜誌 (*Play Boy*) 在 2006 年與投資網站合辦選股大賽，由 10 位每月玩伴女郎任選 5 檔股票。其中有一位女郎麥卡錫的報酬率是 20%，打敗超過 6,000 位共同基金經理人，就連基金經理界王牌米勒 (Bill

Miller) 在 2006 年的績效表現也只有 6%，參賽的 10 位玩伴女郎中有 5 位全年的報酬率比他所管理的「雷格馬森價值基金」(Legg Mason Value Fund) 還要好。

另外，美國有學者曾蒐集 1993 年到 1998 年美國參議員的投資紀錄，發現其績效跑贏大盤 12%。一般來說，任何共同基金經理人只要稍微打敗大盤 2%，就會被認為是投資天才，足見參議員是如何精明的投資人。由此看來，投資人買賣股票的最佳指標，或許不是分析師的建議，而是政治人物或親友的投資組合。

結論

歷史上，市場已經出現過無數次的泡沫。照理說，投資人對這些教訓已耳熟能詳，何以泡沫仍層出不窮？2002 年諾貝爾經濟學獎得主、「實驗經濟學之父」弗農‧史密斯 (Vernon Smith) 解釋說：「每次市場出現泡沫後，總是會淘汰一批舊的投資者，加入一批新的投資者。這批新人初生之犢不畏虎，繼續在創造泡沫過程中出錢出力。市場對上一次泡沫逐漸淡忘，新泡沫又捲土重來。這個輪迴過程生生不息，因此市場泡沫也就不可能完全從人類歷史上消失。」

不可不知

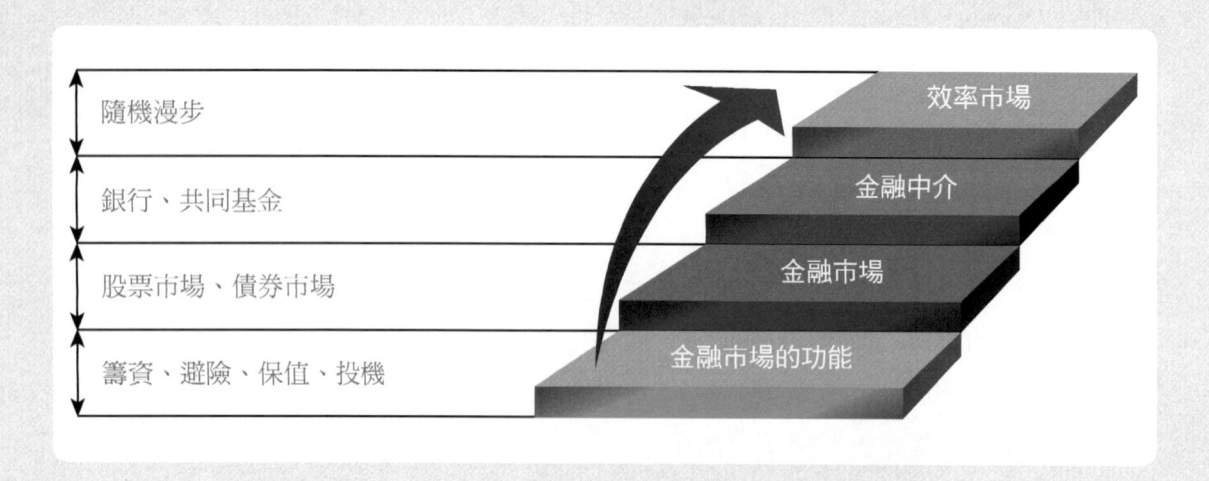

隨機漫步	效率市場
銀行、共同基金	金融中介
股票市場、債券市場	金融市場
籌資、避險、保值、投機	金融市場的功能

習　題

1. 阿基師想要開一家忍者餐廳，但他的自有資金不夠。阿基師可能會：
   (a) 藉由買債券來籌措需求資金　　(b) 藉由賣債券來籌措需求資金
   (c) 藉由買債券來供給資金　　　　(d) 藉由賣債券來供給資金

2. 下列何者並不是間接金融產生最主要的原因：
   (a) 就資金供給者而言，一般個人資金有限，無法購買面額較大股票或公司債
   (b) 資本市場規模過於龐大，使間接金融業者有立足之地
   (c) 就資金需求者而言，規模不夠大的中小型企業無法直接發行股票或公司債以籌募資金
   (d) 資金需求者應隨時了解資金取得公司之營運狀況，以免被倒帳；但對一般個人而言，專業知識不足，監視成本過高，難以執行

   (106 年關務特考)

3. 下列有關金融交易之敘述，何者正確？
   (a) 購買股票一定比購買公司債風險小且報酬大
   (b) 購買基金一定比定存風險小且報酬大
   (c) 房子的流動性比股票流動性差
   (d) 長期債券流動性通常較短期債券流動性差　　(106 年初等考試)

4. 下列何者具備交易媒介與價值儲存兩種功能？
   (a) 公司債　　　　　　　　(b) 共同基金
   (c) 支票帳戶　　　　　　　(d) 以上皆是

5. 在股票市場中，股價決定於：
   (a) 集中交易市場　　　　　(b) 櫃檯買賣市場
   (c) 股票的供給與需求　　　(d) 以上皆是

6. 共同基金的主要優點為何？
   (a) 報酬總能打敗市場　　　(b) 可用少量金錢來分散風險
   (c) 提供交易媒介　　　　　(d) 以上皆是

答案　1. (b)　2. (b)　3. (c)　4. (c)　5. (c)　6. (b)

Chapter 11

國際貿易與國際金融

神奇的機器人

機器人也可以做發明家。在日本東京國際機器人展中,一個編號 No. 5 的機器人能把越光米變成智慧型手機。當它發揮全部產能時,可以把 100 公斤的越光米變成一支 iPhone 手機。或許只要一個按鈕,就能把 1 萬公斤的稻米變成四門電動車。它的功能不僅止於此,只要有適當的程式設計,就能將烏龍茶變成法國美酒,或將波音 787 夢幻客機變成變形金剛。更令人訝異的是,No. 5 可以旅行到世界各地,把當地種植或生產的土產變成平常不易得的商品或服務。

No. 5 也能在貧窮國家運作。中國把生產的東西 (便宜的玩具、基本的製造品,還是光鮮亮麗的紡織品),透過 No. 5 就可以得到高級汽車、藥品或精密儀器。擁有 No. 5 後的中國顯然成長得比日本還要快。依據世界銀行的統計,2011 年日本的 GDP 總值為 5 兆 8,670 億美元,而中國的 GDP 總值為 7 兆 3,180 億美元,中國已超越日本,成為全球第二大經濟體。

其實,這個神奇的機器人真

正的名字叫作「國際貿易」。比爾・蓋茲就是靠著視窗軟體賣到世界各地而成為全球首富；郭台銘的鴻海帝國幫蘋果代工智慧型手機 iPhone、平板電腦 iPad 和筆電 iMac，才能夠一口氣在淡水「水立方」買了三層豪宅。當然，這樣的交易也為蘋果的賈伯斯帶來好處，也讓《美國商業週刊》評選蘋果為 2016 年全球十大最佳品牌第一名。本章的重點即在探討國際貿易與國際金融，首先說明國際貿易的原理，檢視全球化的好處與壞處；本章第二個部分是國際金融，分成三個主題：國際收支、匯率及大麥克指數。

國際貿易的原理

想像一下沒有交易的世界：早上起床後，想要吃番茄烘蛋的話，必須從後院摘幾顆乾扁的番茄 (不是每個地方都能長出漂亮的番茄)，同時期待自己養的雞在昨天晚上下蛋，這樣早餐才有著落。相反地，我們和別人進行交易，就能夠輕而易舉地在附近的市場買到品質絕佳的番茄和雞蛋，生活品質自然可以提高。

如果商品來自泰國或印尼，交易會有什麼不同嗎？其實並不會。雖然交易牽涉到不同的語言、地理疆域，但中間的運作方式是一樣的。不管是在赫爾辛基使用宏達電手機的芬蘭公務員、鴻海在中國工廠的工人、在峇里島享用肯德基六塊炸雞的印尼人，還是在臺北品嚐法國五大酒莊頂級紅酒的臺灣人，這個道理全都適用。

法國生產紅酒的成本比臺灣低，臺灣生產稻米的成本比法國低，這個以稻米交換紅酒的例子說明國際貿易的基本原理。表 11-1 列出臺灣和法國生產稻米與紅酒所需的時間及數量。在表 11-1(a) 中，臺灣農夫生產 1 公斤稻米的時間是 15 分鐘，而生產

表 11-1　臺灣與法國的生產機會

表 (a) 顯示臺灣與法國生產稻米和紅酒所需要的時間。表 (b) 顯示臺灣農夫與法國農夫工作 8 小時所能生產出稻米和紅酒的產量。

	(a) 所需時間			(b) 工作 8 小時的產量	
	紅酒(1 公升)	稻米(1 公斤)		紅酒	稻米
臺灣	60 分鐘	15 分鐘	臺灣	8 公升	32 公斤
法國	20 分鐘	10 分鐘	法國	24 公升	48 公斤

1 公斤紅酒所需的時間是 60 分鐘。在法國，農夫的生產力比臺灣農夫的生產力高。生產 1 公升紅酒與 1 公斤稻米所花費的時間分別為 20 分鐘與 10 分鐘。表 11-1(b) 顯示臺灣和法國農夫一天工作 8 小時所能夠生產的紅酒與稻米數量。

臺灣和法國農夫生產稻米與紅酒也可以用圖形來說明。圖 11-1 描繪臺灣和法國農夫的生產可能曲線。**生產可能曲線**(production possibilities frontier) 是指生產因素數量與生產技術既定下，經濟社會所能生產最大商品和服務組合的軌跡連線。圖 11-1(a) 顯示臺灣農夫所能生產的紅酒與稻米數量。若臺灣農夫將所有的 8 小時全部用來釀造紅酒，他能夠生產 8 公升紅酒與 0 公斤稻米；若他將所有的 8 小時全部用來種稻，他能夠生產 32 公斤稻米；如果臺灣農夫將時間均分在兩種商品生產上，他可生產 4 公升紅酒和 16 公斤稻米，如 A 點所示。A 點同時反映臺灣不和法國貿易的生產與消費組合。圖 11-1(b) 描繪法國農夫的生產可能曲線。若法國農夫將 8 小時平分在紅酒與稻米兩種生產活動上，可生產 12 公升的紅酒與 24 公斤的稻米，如 B 點所示。B 點也反映法國不與臺灣貿易的生產和消費組合。

另外，還有一種檢視稻米生產成本的方法，除了比較投入時間之外，我們可以比較機會成本。記得第 1 章的機會成本是指：為獲得某商品，而放棄次佳選擇的代價。從表 11-1 來看，臺灣

| (a) 臺灣農夫的生產可能曲線 | (b) 法國農夫的生產可能曲線 |

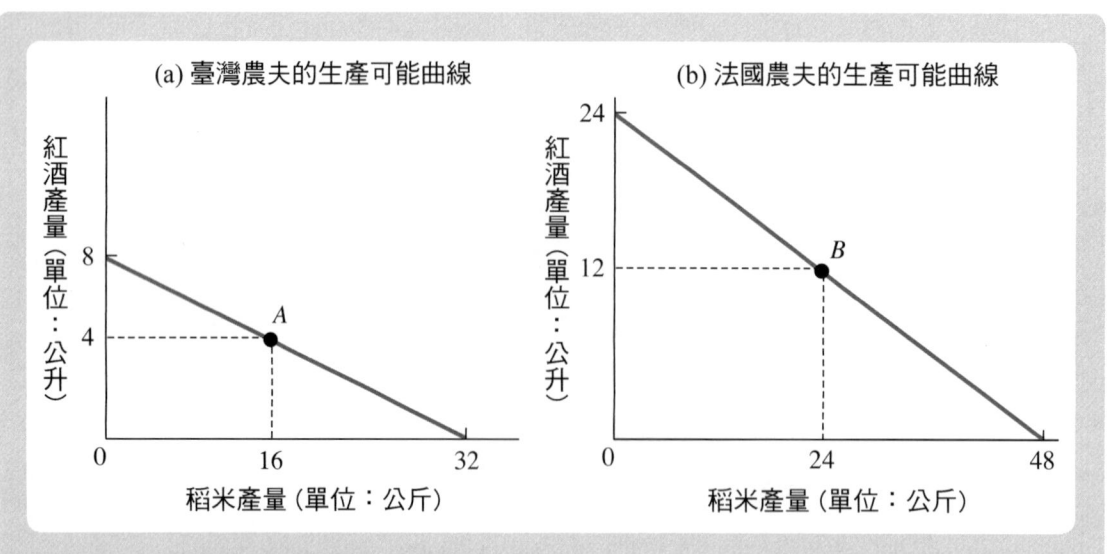

圖 11-1　臺灣與法國的生產可能曲線

臺灣農夫與法國農夫一天工作 8 小時所能夠生產的稻米與紅酒數量。圖 (a) 為臺灣農夫的生產可能曲線，而圖 (b) 為法國農夫的生產可能曲線。

農夫需要 1 小時釀造 1 公升紅酒，如果他放棄生產紅酒，多出的 1 小時能生產 4 公斤稻米。換句話說，臺灣農夫生產 1 公升紅酒的機會成本是 4 公斤稻米，或生產 1 公斤稻米的機會成本是 1/4 公升紅酒。表 11-2 列出臺灣與法國生產紅酒與稻米的機會成本。

利用相同的推理，在圖 11-1(b)，法國農夫生產 1 公升紅酒，可多出 20 分鐘來生產 2 公斤稻米；亦即，生產 1 公升紅酒的機會成本是 2 公斤稻米或放棄 1 公斤稻米的代價為 1/2 公升紅酒。圖 11-1(b) 生產可能曲線的斜率即反映法國農夫生產 1 公斤稻米的機會成本等於 1/2 公升紅酒。

比較利益與國際貿易

觀察表 11-2，我們發覺臺灣農夫生產 1 公斤稻米的機會成本 (1/4 公升紅酒) 低於法國農夫生產 1 公斤稻米的機會成本 (1/2 公升紅酒)，臺灣農夫有比較利益生產稻米。比較利益 (comparative advantage) 是指一廠商 (或國家) 比另一廠商 (或國家) 擁有較低機

表 11-2　紅酒與稻米的機會成本

法國農夫生產 1 公斤稻米的機會成本是 1/2 公升紅酒，臺灣農夫生產 1 公斤稻米的機會成本是 1/4 公升紅酒。

	紅酒 (1 公升)	稻米 (1 公斤)
臺灣	4 公斤稻米	1/4 公升紅酒
法國	2 公斤稻米	1/2 公升紅酒

會成本生產某一商品或服務的能力。譬如，臺灣電腦公司生產硬體的機會成本低於美國，而美國電腦公司製作 3D 動畫的機會成本遠低於臺灣。所以，美國動畫業者向我們購買硬體製作出《阿凡達》，我們則向美國購買《阿凡達》的版權，在國賓影城放映。

　　生產力讓我們致富、專業化讓我們更具生產力，而貿易則讓我們專業化。由於臺灣農夫有比較利益種稻米，他可專業化生產稻米，譬如，他將全部時間投入生產稻米 (獲得 32 公斤的稻米)。同樣地，法國農夫有比較利益釀造紅酒，他可專業化生產紅酒，譬如，投入 6 小時釀酒 (獲得 18 公升紅酒) 和 2 小時種稻 (可獲得 12 公斤稻米)。專業化生產可以讓紅酒與稻米的總產量提高，分別從 16 公升增至 18 公升，以及從 40 公斤增至 44 公斤，如表 11-3 所示。

　　臺灣農夫可以用 15 公斤的稻米交換法國農夫 5 公升的紅酒。本來，臺灣與法國不相往來，臺灣農夫只能消費 16 公斤稻米與 4 公升紅酒 (圖 11-2 的 A 點)。現在，臺灣農夫透過貿易可以消費 17 公斤稻米與 5 公升紅酒 (圖 11-2 的 A^* 點)。臺灣農夫的獲益是否暗指法國農夫必須犧牲呢？並不盡然。本來，法國農夫自給自足的消費組合是 12 公升紅酒與 24 公斤稻米 (圖 11-2 的 B 點)。透過貿易，法國農夫可享受更多的紅酒與稻米：13 公升紅酒與 27 公斤稻米 (圖 11-2 的 B^* 點)。國際貿易也改善了法國農夫的生活水準。顯然，貿易與專業化生產將整個經濟大餅做

表 11-3　國際貿易前後的生產與消費

(a) 國際貿易前

	生產組合 紅酒	生產組合 稻米	消費組合 紅酒	消費組合 稻米
臺灣	4公升	16公斤	4公升	16公斤
法國	12公升	24公斤	12公升	24公斤
兩國總量	16公升	40公斤	16公升	40公斤

(b) 國際貿易後

	專業化生產組合 紅酒	專業化生產組合 稻米	消費組合 紅酒	消費組合 稻米
臺灣	0公升	32公斤	5公升	17公斤
法國	18公升	12公斤	13公升	27公斤
兩國總量	18公升	44公斤	18公升	44公斤

大，讓參與其中的國家人民獲利。

　　國家之所以會窮，正是因為人民不具生產力。在稻米與紅酒的簡單例子裡，法國農夫比臺灣農夫花更少的時間釀酒和種稻。以經濟學的術語來說，就是法國農夫比臺灣農夫更有生產力──

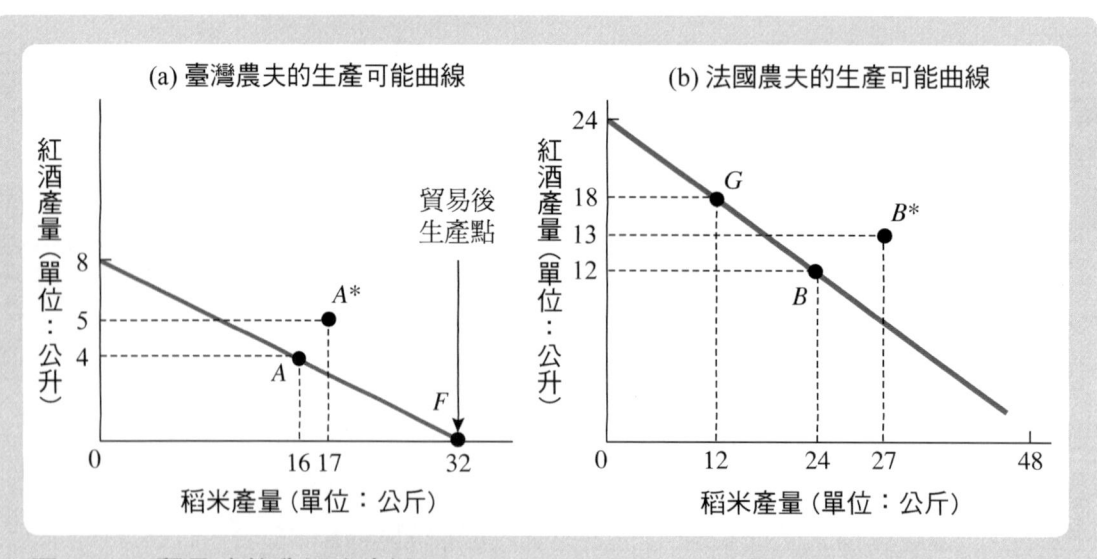

圖 11-2　貿易改善我們的生活

在圖 (a)，貿易可使臺灣農夫享受更多的稻米與紅酒 (A^* 點比 A 點高)。在圖 (b)，貿易可使法國農夫享受更多的稻米與紅酒 (B^* 點比 B 點高)。

有絕對利益生產紅酒及稻米。既然如此，斯里蘭卡能提供美國什麼嗎？斯里蘭卡工人雖然不像美國工人那麼有生產力，但他們生產的東西能讓美國人投入更多的時間在自己擅長的工作。譬如，西雅圖擁有許多電腦相關領域的博士，對於成衣與鞋子的知識，恐怕比任何斯里蘭卡工人都多。為何美國仍會從斯里蘭卡進口成衣與鞋子呢？這是因為西雅圖的工程師知道如何撰寫程式、設計 Windows 10，這是他們擅長的工作——創作視窗作業系統讓他們的時間價值更高。從斯里蘭卡進口衣服就是讓他們有時間去從事「專業化」生產，全世界因此受惠。

比較利益來自何處？

為什麼法國生產紅酒的機會成本遠比臺灣更低？研究國際貿易的經濟學家發現，比較利益主要來自三個不同來源：天氣與自然資源、生產技術，以及勞動與資本的相對豐富性。

沙烏地阿拉伯生產石油的機會成本比臺灣低，臺灣生產烏龍茶和芒果的成本則比沙烏地阿拉伯低。住在沙烏地阿拉伯的人不會自己種芒果，但他們會生產石油和養馬，種芒果的工作就交給臺灣的果農，而這些農民雖然不會開採石油，仍能享受開車的樂趣。每個國家的天氣與自然資源各有不同，沙烏地阿拉伯自己種芒果和比爾・蓋茲自己洗車一樣都沒有什麼道理可言。

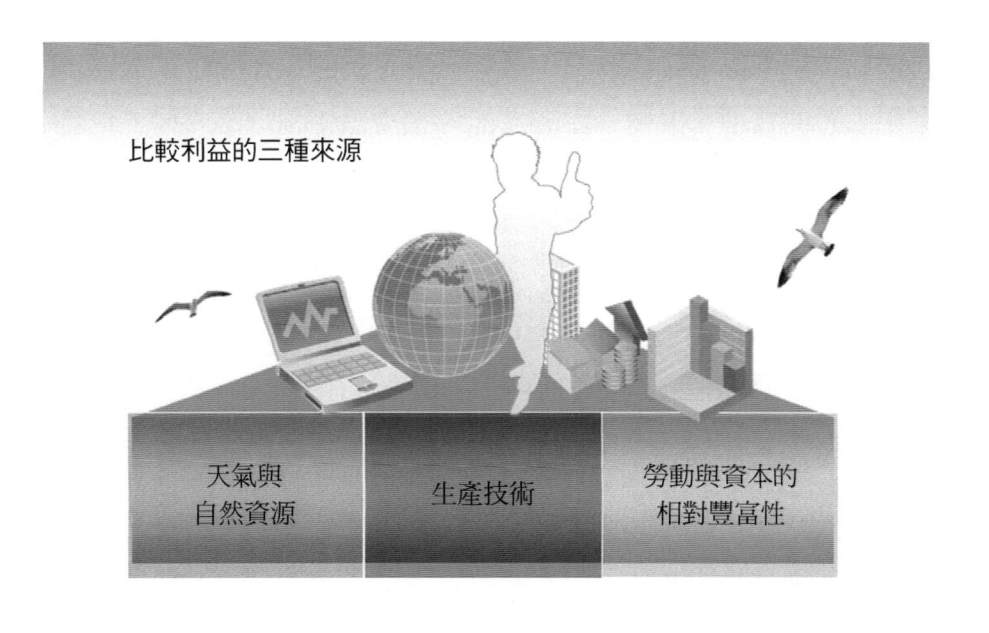

比較利益的三種來源

| 天氣與自然資源 | 生產技術 | 勞動與資本的相對豐富性 |

要是國家沒有什麼特別的自然資源呢？譬如，西雅圖的人不會製造汽車，但他們會製造飛機 (波音)、寫視窗作業系統 (微軟)、賣書 (亞馬遜網站) 和煮咖啡 (星巴克)；生產汽車的事就交給日本人。在 1970 年代和 1980 年代，日本是全世界最大的汽車出口國，銷售大量的豐田汽車與本田汽車到美國。

有些國家，如美國，擁有許多技術精良的工人以及設備精密的機器；其它國家，如中國和印度，有廣大人口卻缺乏純熟技術的工人，而且機器設備數量也不夠多。因此，中國工人比較適合做勞力密集的工作，生產玩具、成衣、聖誕節飾品並外銷到美國；美國工人則適合做資本密集的工作，如 3D 動畫電影、飛機、人造衛星及先進藥品等。

這正是全球化的本質，諾貝爾經濟學獎得主克魯曼說過：「驅動全球化的力量並非來自人類的善心，而是追求獲利的動機。全球化對人們帶來的好處，遠遠超過任何政府、國際機構出於善意的援助或融資。」

貿易對窮國有利

貿易讓貧窮國家有機會進入已開發國家的市場，出口產業所付的薪水通常高於國內產業，並帶動許多新的工作機會。外國企業引入新的技術、設備、新的技能，讓從事相關行業的勞工更有生產力，也影響了其它的經濟領域，等於是帶動窮國邁向富強康莊大道。

從 2010 年 1 月 1 日起，中國和東協原始六個成員國將有超過 90%、7,000 多項產品零關稅。[1] 中國與這六個國家的平均關稅水準從 9.8% 一下子降到 0.1%。而東協六個老成員國對中國的平均關稅也從 12.8% 降到 0.6%。至於東協四個新成員國，也在

---

1 東協原始成員包括：汶萊、菲律賓、印尼、馬來西亞、泰國，以及新加坡。

第 11 章　國際貿易與國際金融

| 1 貧窮 | 2 外資進入 | 3 生產 | 4 富有 |

2015 年與中國實現 90% 以上產品零關稅的目標。[2] 根據中國海關統計，光是 2015 年，中國、東協雙邊貿易額達 4,720 億美元。

　　零關稅是任何一個自由貿易區的基本精神。假設臺灣政府對所有的進口蘋果汁每公升課徵 20 元的關稅，業者自然將關稅的成本轉嫁到消費者身上，本來 1 公升蘋果汁要價 100 元，現在可能要價 120 元。大多數的消費者掏錢買蘋果汁時都不知道，有一部分的錢已經進到政府的口袋裡。自由貿易協定等於是讓進口商品價格下降，低收入消費者可以買到更便宜的泰國榴槤、越南蝦或是印尼家具等。便宜的商品意味著我們有更多的消費與福利的提升。

　　「東協加一」是繼北美自由貿易區、歐盟後，全世界第三個自由貿易區。如圖 11-3 所示，就人口數量而言，這是全世界人口最多的經濟共同體，區域內有 19 億人口。[3] 由於中國與東南亞各國都是備受矚目的新興國家，具消費力的中產階級迅速崛起，19 億人口代表的正是新興的黃金市場。

　　隨著「東協加一」成形，韓國、日本也將隨後與東協組成自由貿易區。在東協，日商與韓商的布局比世界上任何一國都早。三星手機在 1999 年開始涉足東協電信市場，如今三星的市占率已是東協第二，甚至連緬甸偏遠的東北撣邦 (Shan State) 都買得到從泰國和馬來西亞來的三星家電，寮國的鄉下也到處看得到三星的廣告看板。一份中華經濟研究院的報告指出：「因為臺灣主要的競爭對手——韓國在整合之列，『東協加三』的威脅更甚於

2　東協新的四個成員國為越南、寮國、柬埔寨和緬甸。
3　此為東協人口加上中國人口之總數。

	東協	歐盟*	北美
會員數	10	28	3
人口	6.29 億	5.10 億	4.78 億
GDP (兆美元)	2.43	14.70	20.73
人均 GDP (美元)	3,867	28,800	43,000

圖 11-3　全世界的三個自由貿易區

*歐盟為 2015 年的估計數據。
資料來源：國際貨幣基金，2015 年數據。

『東協加一』。臺灣產業的生產總額將減少 99.87 億美元，其中以化學塑膠製品、紡織業和機械業受創最為嚴重。臺灣與韓國是中價位機械產品的競爭者，彼此之間是零關稅，但是臺灣出口機械到東協與中國大陸，關稅就是多出 8%，臺灣機械廠商要如何維持競爭力？」

除「東協加三」外，東協十國與澳洲、紐西蘭自由貿易協定 (AANZFTA) 也從 2010 年初開始上路。目前，澳洲外銷東協的商品 70% 獲得減免，2020 年時將有 96% 的外銷商品取消關稅，而東協外銷澳洲的商品也將在 2020 年完全取消關稅。澳洲與東協國家的雙邊貿易額在 2014 年達 1,000 億美元，超過美國、日本或歐盟與東協的雙邊貿易額。

2016 年，金融市場一直在提防三隻黑天鵝：ABC 風險。《日經新聞》指出，ABC 指的是當時的美國總統大選 (American)、英國脫歐 (Brexit) 與中國 (China)。其中，A 和 B 都成事實。央行副總裁楊金龍更直指川普是超級大黑天鵝。

川普宣布就任第一天就要退出 TPP (Trans-Pacific Partnership Agreement)。TPP 是跨太平洋夥伴協定，目標是降低關稅、開放市場，以及對智慧財產權的保護等自由貿易協議。TPP 成員國有日本、美國、加拿大、越南等 12 國，但不包括中國。[4]

為了要奪回美國人的工作機會，退出 TPP，製造業工作真的就會回去嗎？以運動鞋產業為例。在美國販賣的運動鞋，大約有 97% 是外國製造，其中最大宗的進口鞋來源是中國，占 66%。製造一雙慢跑鞋，可能要多達 80 個製作流程，因為是勞力密集，幾十年前就已經從美國外移。美國鞋業經銷商與零售商協會會長普利斯特 (Matt Priest) 說：「整件事的輸家是消費者，因為退出貿易協定，消費者得花更多錢才能買到鞋。」總部在波士頓的紐巴倫 (New Balance)，在美國賣出的鞋，約有四分之一是在新英格蘭工廠生產，成本約比亞洲製造高出 25% 到 35%。NIKE 在越南等低薪國家投資太多，不可能搬遷回美國，就算關稅提高，增加美國消費者負擔也一樣。同樣的邏輯也適用在過去 20 年將製造移到墨西哥的汽車零件業。

自由貿易協定也為臺灣帶來好處。2009 年臺灣最熱門的關鍵字是 ECFA (海峽兩岸經濟合作架構協議)，俗稱「A 攔發」。什麼是 ECFA？簡單地說，就是兩岸關起門來「玩」的一個自由貿易協定。所有出口到中國的商品都零關稅，中國要採購臺灣的鳳梨、芒果、面板，不用管數量，只要雙方說好，不必管別的國家怎麼想。

此外，臺灣就像是中國內銷的免稅島，許多外資利用零關稅之便進軍中國市場，臺灣將成為最佳跳板，此如同 1994 年的北美自由貿易協議，臺灣的鴻海、華碩到墨西哥投資設廠，產品輸往美國享受零關稅。當然，外資湧入代表臺灣的就業機會增加，土地、股市和房市都可能上漲。根據 ECFA 官方網站顯示，ECFA 貨品貿易早期收穫計畫執行成果，自 2016 年 1 月至 7 月，臺灣對中國估計累積減免關稅金額是 35.93 億美元。

---

[4] 另外，RCEP (Regional Comprehensive Economic Partnership) 是由東協主導，加入中國、印尼等國，成員國共 16 國。

貿易也會產生輸家

長期而言，貿易能促進經濟成長，而經濟成長能吸收失業的勞工。出口增加了，消費者因為便宜的進口商品而更有購買力，這些新活力可為經濟創造新工作。「長期」前景一片大好並不代表「短期」失業痛苦可一筆帶過。貿易就像科技發展一樣，會毀滅舊有工作機會，特別是低技能工作。如果臺灣的麵包師傅 1 小時賺新臺幣 200 元，而這份工作在中國的時薪只有 5 元人民幣 (約新臺幣 25 元)，那麼臺灣麵包師傅最好有 8 倍的生產力，否則追求利潤最大的麵包店自然會選擇中國。

ECFA 是富人的威而鋼、窮人的土石流。按照 WTO 的精神，ECFA 是雙邊自由貿易的過渡性架構，我們要求對方開放市場，中國為了對自己的業者有交代，也會要求臺灣開放市場。到時規模大的有可能打倒本土中小企業，進而收購臺灣企業。更悲觀的狀況是，中國的廉價勞力也可能取代臺灣人。一般而言，搬家工人不懂什麼是 ECFA，他只聽聞未來可能開放中國人民來臺灣工作，馬上擔憂說：「如果四川棒棒來了怎麼辦？」四川管碼頭的苦力叫「棒棒」，他們可以一根扁擔挑 60 斤重物，且月薪只要新臺幣 5,000 元，臺灣搬家工人行嗎？

據經濟部預估，簽署 ECFA 後，稻米、大蒜、香菇、花生等 831 項農產品 (減少金額新臺幣 73.98 億元)，以及電機電子產品 (減少金額 2,491 億元)、汽車以外的運輸工具 (船舶、機車、自行車等)、非鐵金屬 (鋁、銅)、成衣、皮革製品、毛巾、鞋類、家具、製鞋、織襪、陶瓷等產業都會出現萎縮問題。經濟部報告指出，毛巾、寢具等 10 項內需型聚落型產業，會有 10 萬人估計受到衝擊。

對墨西哥這個「離天堂太遠、離美國太近」的國家來說，簽署北美自由貿易協定 (NAFTA) 是追上美國這個有錢鄰居的捷徑。儘管墨西哥躋身全球第七大出口國，但是墨西哥農業卻付出慘痛代價。美國廉價的玉米、棉籽等農產品不斷湧入，壓低市場價格，使墨西哥農民超過 130 萬人生活在極端貧困當中。

全球化帶來重大的影響之一就是，貧富差距逐漸擴大。2011年聯合國「人類發展報告」公布的數據顯示，墨西哥總共有 3,902,972 人一天賺不到 1.25 美元 (吃不起一塊麥脆雞)，貧窮程度比非洲喀麥隆、布吉那法索還嚴重。有錢人小孩放假後直接在校門口坐直升機到度假天堂坎昆遊玩；反觀窮人小孩必須當童工或是在路邊當街童。去墨西哥的便利商店買東西，會看到街童幫忙開門，車子停在路邊等紅燈，也會有街童不請自來擦洗車窗玻璃，以換取金錢。

香港的貧富差距是亞洲最嚴重的地區，而且貧窮率高達 18%，簽訂 CEPA 對中產階層的薪資只增加 6%，扣除通膨，不增反減。而最低一組薪資則完全沒有增加，反觀最高薪階層收入卻增加了 20%。百姓收入沒有增加，但衣、食、住、行各項開銷卻節節上漲，更買不起房子。難怪香港智庫思匯研究所的行政總監陸恭蕙說：「香港社會是兩個階層：一個是非常好；另一個是 15 年前過得比現在好。」

更糟的是，富國基於確保農民「公平」收入，對出口農產品給予價格補貼，對外向進口農產品課徵高關稅及進口配額，以保護國內農產品市場。以歐盟為例，歐盟每年預算中就有四成花在補貼農民上，金額高達 520 億美元。這種違反自由貿易精神的政策，使得歐洲從糧食進口國變成美國以外的全球第二大農產品出口區。據獨立媒體 IPS 的報導，開發中國家一年的損失約為 240 億美元。開發中國家自己的農產品賣不出去，又被歐、美打著自由貿易旗幟，強迫買進其低價農產品，結果是當地農民生活每況愈下。多明尼加的酪農被歐洲乳製品打得毫無還手之力，而退出市場的就有 1 萬人。

英國國家廣播公司製作人威廉‧布里坦卡林 (William Brittain-Catlin) 出版的《境外共和國：揭開境外金融的祕密》(*Offshore: The Dark Side of the Global Economy*) 一書中指出，避稅天堂是全球化不公的典型例子。開曼群島、百慕達、英屬維京群島竟然藏了全球三分之一的財富。由於資金往來、外匯交易幾乎

不受任何限制，也不用交財務報表，更不用繳稅，這些島國成為全球洗錢最猖獗的地方。「租稅正義聯盟」(Tax Justice Network) 的研究報告指出，企業及富豪將這些資產放在避稅天堂，導致全球稅收短徵 8,600 億美元 (約新臺幣 28 兆 5,000 億元)，是臺灣 GDP 的 2 倍有餘。難怪投資大師索羅斯 (George Soros) 感嘆說：「全球化就像一輛不斷加速的列車，沒有任何煞車能使它停下，直到車毀人亡為止。」

國際收支：臺灣與國外的連結

宏碁把筆記型電腦賣到德國，德國人得到了筆電，宏碁換到歐元。宏碁電腦拿到一大筆歐元後，可以用來支付當地員工薪水、向中國購買原料、在美墨邊境設廠、投資美國股票或匯回臺灣當作年終獎金發放。臺灣與國外的連結不僅是商品與服務的買賣，還包括資金的往來。這種記載臺灣與外國人之間的交易紀錄即為**國際收支平衡表** (balance of payment account)。

圖 11-4 列出臺灣在 2016 年的國際收支平衡表。[5] **經常帳** (current account) 記錄一個國家短期 (當期) 商品與服務的出口與進口金額。日本人每年向屏東東港漁會購買黑鮪魚，這是說我們出口黑鮪魚到日本時，日本人會給我們 1 億元，意味著 1 億元資金流進臺灣。臺灣在 2016 年的出口總值是 310,363 百萬美元，也就是說，臺灣的企業在 2016 年賣給外國人的東西為臺灣帶來 310,363 百萬美元的錢。相反地，臺灣每年 11 月會從法國買薄酒萊，表示我們從法國進口薄酒萊，而等值的貨幣就會流出臺灣。臺灣在 2016 年的進口總值是 −239,732 百萬美元，是指臺灣人在 2016 年一整年向外國人買了價值 239,732 百萬美元的哈根達斯冰淇淋、凌志轎車、法國紅酒、荷蘭起司、美國牛肉等商品。

---

[5] 理論上，國際收支帳分成兩個部分：經常帳與金融帳，經常帳 (CA)＋金融帳 (FA)＝0。

圖 11-4　國際收支平衡表

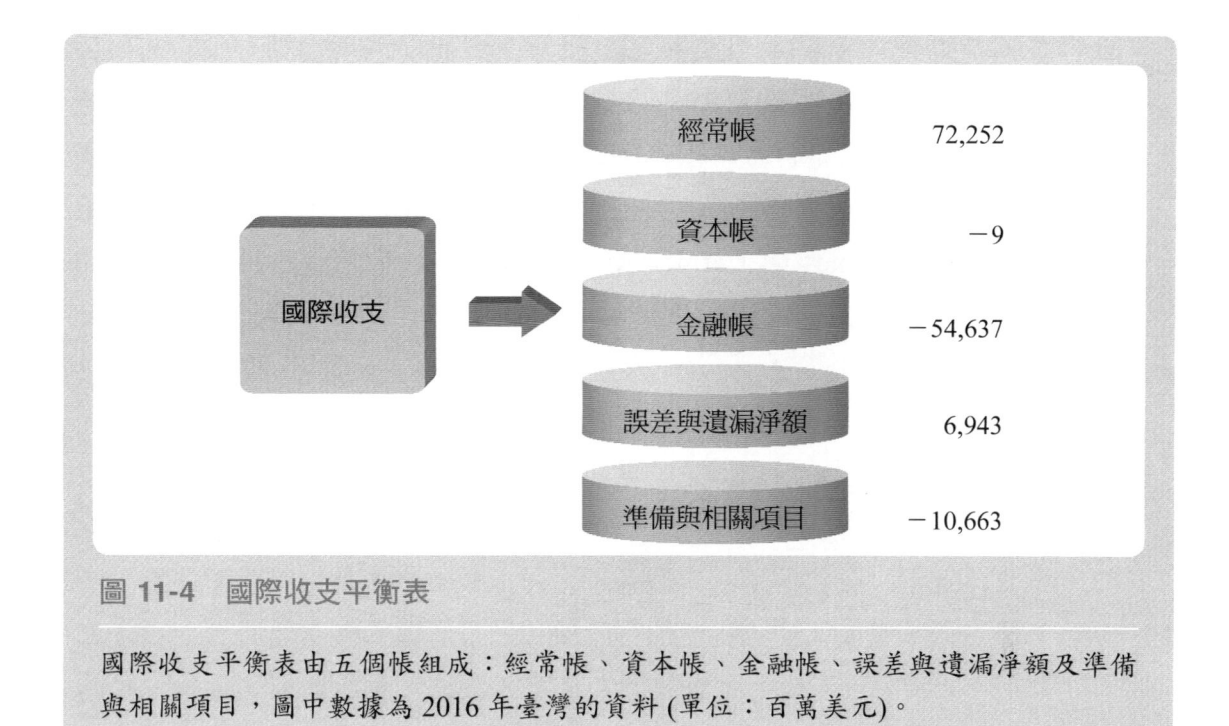

國際收支	金額
經常帳	72,252
資本帳	−9
金融帳	−54,637
誤差與遺漏淨額	6,943
準備與相關項目	−10,663

國際收支平衡表由五個帳組成：經常帳、資本帳、金融帳、誤差與遺漏淨額及準備與相關項目，圖中數據為 2016 年臺灣的資料 (單位：百萬美元)。

周杰倫在中國開演唱會的收入、鴻海在捷克廠所賺的錢，或是國際紅十字會對臺灣八八水災的捐款 (經常移轉收入) 都是資金的流入；而臺灣人民捐贈給海地賑災捐款、曾拿下日本職棒四次救援王頭銜的高津臣吾加盟臺灣職棒的薪資所得 (服務支出)，以及洛杉磯道奇隊來臺灣比賽的權利金 260 萬美元，都算是資金的流出。臺灣在 2016 年有經常帳盈餘 72,252 百萬美元。

　　國際收支的第二個主要組成是金融帳 (financial account)。[6] 金融帳記錄國人購買外國資產及外國人購買本國資產，是一種長期的資金流入與流出。鴻海在深圳龍華科技園區設立集團基地 (對外直接投資)，以及宏碁電腦購買德國公債 (證券投資：負債) 是資金從臺灣流出。另一方面，當好市多在臺北開分店 (來臺直接投資)，股神巴菲特 (Warren Buffett) 購買宏達電股票 (證券投資：資產) 都是資金從國外流入臺灣。2016 年臺灣地區對外直接投資與來臺直接投資分別為 −17,884 百

---
6 在 1999 年以前，金融帳稱為資本帳。

萬與 −8,334 百萬美元。投資臺灣證券的資金是 −81,500 百萬美元，而投資海外證券的金額是 −2,643 百萬美元。臺灣在 2016 年有金融帳赤字 54,637 百萬美元。鉅額金融帳赤字意味著外資大量流入。外資大量湧入未必是一件好事。Vincent R. Reinhart 與 Carmen M. Reinhart 兩位學者在 2008 年 9 月的一篇論文中指出，幸運財 (capital outflow bonanzas)——異於平常的外資湧入——大量流入「熱門」金融市場，將使得該國的匯率升值、房地產投機過熱、資產價格泡沫化及當地的物價走揚，再來就是信用緊縮及一連串的金融機構倒閉。[7]

在檢視 1960 年到 2007 年的 66 個經濟體後，一國在有「幸運財」的情況下，出現各種金融危機的機率比沒有「幸運財」時高。譬如，窮國出現銀行危機和通貨危機的機率分別為 14.7% 和 22.7%。若有「幸運財」，未來 3 年出現銀行危機與通貨危機的機率攀升至 20.7% 及 31.5%。

富國的「幸運財」不見得引發金融危機 (2008 年的美國與冰島例外)，卻會助燃經濟波動，經濟成長率和通貨膨脹率的波動幅度加大。

國際收支第三個組成是資本帳 (capital account)。資本帳記錄的交易沒有那麼重要，譬如，移民攜帶的財產及非金融、非生產性資產。非金融、非生產性資產是指版權、專利權、商標和天然資源的財產權。臺灣在 2016 年的資本帳是赤字 9 百萬美元。圖 11-4 最底下的準備與相關項目中的準備資產 (reserve assets) 是中央銀行的外匯存底及黃金準備。外匯存底是央行用以挹注國際收支逆差或維持匯市穩定時可動用之國外資產 (不含黃金)。臺灣在 2016 年的準備資產是資金流出 10,663 百萬美元。國際收支帳的最後一項為誤差與遺漏淨額 (statistical discrepancy) 是因為商品與服務進出口和資本流動記載不正確所造成的衡量誤差。誤差與遺漏淨額可確保國際收支等於零，亦即

---

[7] Vincent R. Reinhart 為美國企業研究院的研究員，Carmen M. Reinhart 是馬里爾大學經濟學教授。

經常帳 (72,252)＋金融帳 (－54,637)＋資本帳 (－9)
＋準備資產 (－10,663)＋誤差與遺漏 (－6,943)＝0

2013 年中國新增的外匯存底已超過挪威的國內生產毛額。中國在 2013 年高達 3.8 兆美元的外匯存底，彭博專欄作家皮塞克 (William Pesek) 說：「如果國家可以買賣的話，中國新增的 5,097 億美元外匯存底足以買下希臘和越南，剩下的還夠買蒙古。」皮塞克警告，中國龐大的外匯存底就像是空中巴士 A380 巨無霸客機停在福斯的金龜車上，有哪一個市場可吸收中國的鉅額資金？黃金、石油，還是歐元區債券？

1997 年以前，亞洲國家大量舉借外債的事實使得國際炒家有機可乘，就像鯊魚聞到血腥味，索羅斯費盡心思攻擊泰國貨幣，引發亞洲金融風暴。從此以後，各國競爭累積外匯存底，來保衛本國貨幣。外匯存底本來可以用來改善醫療衛生、基礎建設或降低碳排放量，結果是空前嚴重的資源錯置。

此外，外匯存底過高也招來經濟過熱的風險。當央行買進宏碁電腦手中的歐元時，同時釋放本國貨幣。這些錢猶如直升機在空中撒錢一樣，大家都覺得自己很有錢，通膨壓力就在不知不覺中來到家門口。

匯　率

日本人拿出 1 億日圓跟屏東東港漁夫買黑鮪魚，我們的漁民拿到日圓可以去電影院買票看《艋舺》嗎？當然不行，日圓在臺灣並不是交易媒介，漁民必須先將日圓換成新臺幣才有辦法在臺

灣境內使用。兩個國家的貨幣交換率涉到匯率的概念。

經濟學將匯率分成名目匯率與實質匯率兩種，**名目匯率** (nominal exchange rate) 是兩個國家貨幣的交換比率。譬如，道奇隊在臺灣出賽三場的權利金是 260 萬美元。主辦單位要準備新臺幣 8,341 萬 8,000 元才夠；換句話說，1 美元可兌換新臺幣 32.084 元。美元兌新臺幣的匯率為 1：32.084，倘若 2010 年 3 月 12 日道奇到臺灣時，1 美元可以兌換新臺幣 33 元，這代表主辦單位必須準備新臺幣 8,580 萬元才夠，也就是主辦單位還要多付 238 萬 2,000 元才能湊足 260 萬美元。在這種情況下，美元可以買到比以前更多的新臺幣，我們說美元**升值** (appreciation) 或新臺幣**貶值** (depreciation)。相反地，若比賽時的美元兌換新臺幣匯率為 1：31，主辦單位只要準備新臺幣 8,060 萬元即可。這時，新臺幣變得比較大 (值錢)，能買到更多美元，我們說新臺幣升值或美元貶值。

一般來說，美元走弱意味著能夠換到的新臺幣或歐元比較少，臺灣或法國的商品就比較貴。譬如，阿湯哥在 2005 年到巴黎拍電影時住的旅館費用一晚是 800 歐元，相當於 643.28 美元，當時 1 歐元可以換到 0.8041 美元。經過 5 年，阿湯哥又去巴黎拍攝電影續集，同一家旅館的住宿費用並沒有漲價，但是換算成美元卻要付 1,077.2 美元。也就是說，歐元和美元之間的匯率改變了，美元兌歐元走弱，1 歐元現在可以兌換 1.3467 美元，對阿湯哥來說，巴黎旅館的費用變貴了。對原本住在法國的人而言，這家旅館的費用還是跟以往一樣。

新臺幣貶值對出口商比較有利，但對進口商不利。歐洲電腦業者用同樣數量的歐元能買到更多的宏達電手機。日本人花跟以前一樣的錢可以吃到更多的玉井芒果。臺幣貶值的好處不只如此，臺灣進口的商品變得比較貴。譬如，福斯或本田的汽車售價上揚，而這會讓國產的裕隆汽車更有吸引力。

照這樣看來，新臺幣走弱是拯救經濟的萬靈丹。其實不然，由於很多臺灣的製造業都已外移中國，薪資、廠房設備等製造成本都用人民幣支付。人民幣兌美元升值等於臺商的製造成本增

加,新臺幣貶值對臺灣的出口報價有競爭優勢,但對從中國出口的產品並無實質助益。其次,臺灣的製造業和電子業需要仰賴進口原物料,新臺幣貶值意味著進口原物料價格上升,廠商的生產成本跟著上升,這會抵銷產品的報價優勢。再者,新臺幣貶值讓一般民眾付出慘痛代價。因為進口石油、大宗物品,如小麥、糖、玉米幾乎全都仰賴進口,貶值讓進口成本翻升,即使這些東西的美元報價並未改變。因此,臺灣的出口產業享受貶值的好處,這種好處是建立在民眾的利益之上。

第二種匯率的概念是實質匯率,**實質匯率** (real exchange rate) 是指兩國商品與服務的交換比率,譬如,好市多的加拿大野生鮭魚是美國鮭魚的 2 倍價格,實質匯率為 1 公斤的美國鮭魚是 0.5 公斤的加拿大鮭魚。名目匯率與實質匯率之間有何關係?讓我們舉一個簡單的例子。假設一臺 60 吋的液晶電視在美國沃爾瑪賣 800 美元,同樣尺寸的液晶電視在臺灣家樂福賣新臺幣 48,000 元。如果名目匯率是 1 美元兌換新臺幣 30 元,則實質匯率可計算如下:

$$實質匯率 = 名目匯率 \times \frac{美國價格}{臺灣價格}$$

亦即,

$$實質匯率 = \frac{NT\$30}{\$1} \times \frac{\$800}{NT\$48,000} = 0.5$$

美國液晶電視的售價是臺灣液晶電視的一半。因此,實質匯率為 0.5,亦即,每一臺美國液晶電視可交換 0.5 臺的臺灣液晶電視。[8]

假設亞洲發生金融風暴,新臺幣相對美元貶值 50%,從 1:30 變成 1:45。但同一時間,臺灣也發生通貨膨脹,物價也上

---

8 從整體經濟的角度觀察,液晶電視價格可以一般物價取代,因此實質匯率可寫成:

$$實質匯率 = 名目匯率 \times \frac{美國物價}{臺灣物價}$$

升 50%。譬如，臺灣的液晶電視售價從 48,000 元上漲至 72,000 元，而美國液晶電視售價維持不變。那麼金融風暴前後的實質匯率可計算如下：

$$金融風暴前的實質匯率 = \frac{NT\$30}{\$1} \times \frac{\$800}{NT\$48,000} = 0.5$$

$$金融風暴後的實質匯率 = \frac{NT\$45}{\$1} \times \frac{\$800}{NT\$72,000} = 0.5$$

令人驚訝的是，新臺幣走弱 50%，一臺美國液晶電視依舊只能換到 0.5 臺的臺灣電視。強勢美元並不會讓美國人多買臺灣製造的商品。因此，真正決定經常帳(即商品與服務的進出口)的因素是實質匯率，而非名目匯率。

匯率制度

究竟是由誰來決定美元兌換新臺幣的匯率？上帝嗎？還是臺灣與美國的央行總裁每天下班後熱線敲定呢？現在的經濟體系有許多不同的方式來決定匯率。若政府讓那隻看不見的手──供給和需求來決定匯率水準，我們就說那個國家採行**浮動匯率制度** (floating exchange rate system)；有些國家想要讓自己的貨幣與別國貨幣維持一固定比率，我們就稱那些國家遵行**固定匯率制度** (fixed exchange rate system)。譬如，臺灣在 1978 年 7 月之前，美元兌新臺幣的匯率固定在 1：40。中國在 2005 年後才讓人民幣兌換其它國家貨幣。現在有很多國家，包括臺灣與美國在內，在大多數的時間允許貨幣自由浮動。但有時碰到偶發性、季節性因素干擾，引起外匯市場供需失衡時，央行會進場干預，維持匯率的動態穩定，我們稱這種方式為**管理浮動匯率制度** (managed floating exchange rate system)。

圖 11-5 描繪美元兌新臺幣的外匯市場。縱軸是美元兌新臺幣的匯率，而橫軸是美元 (外匯) 交易量。若新臺幣相對美元升值，譬如，1 美元兌換新臺幣 29 元，臺灣商品相對昂貴，美國人減少對臺灣商品購買，而臺灣人增加對美國商品的購買，美元

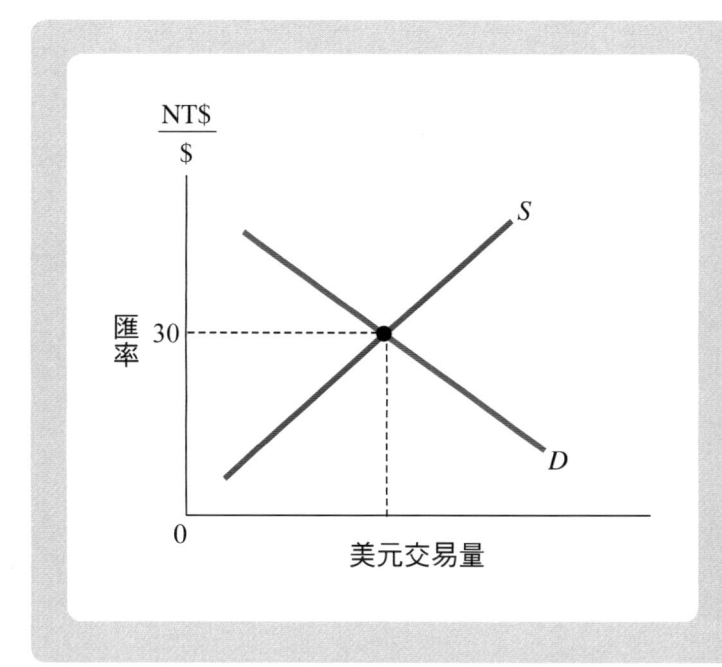

圖 11-5 外匯市場

外匯供給與需求曲線的交點決定均衡匯率，1 美元兌換新臺幣 30 元。

的需求量因而上升，外匯需求曲線斜率為負。另一方面，若新臺幣相對美元貶值，臺灣商品變得比較便宜，美國人會拿出更多美元來買臺灣的產品，美元供給量因而上升，外匯供給曲線斜率為正。當供給與需求相等時，市場決定均衡匯率──1 美元兌換新臺幣 30 元。

當美國利率上升刺激臺灣投資人多購買美國公債，或臺灣人經歷快速成長而大買美國貨，或國際炒家預期美元在未來將走強時，這些因素都會造成對美元的需求增加，外匯需求曲線向右移動，如圖 11-6(a) 的 D_1 移至 D_2 所示。均衡從 A 點移至 B 點，均衡匯率上升。1 美元現在可換到比以前更多的新臺幣──美元升值，新臺幣貶值。

另一方面，當美國經歷大幅成長時，消費者比較願意掏錢買臺灣的產品、臺灣的出口增加，或臺灣利率翻揚吸引美國資金流入臺灣。再者，國際炒家猜想新臺幣在未來變成強勢貨幣時，這些因素都會造成美元的供給增加，外匯供給曲線向右移動，如圖 11-6(b) 的 S_1 移至 S_2 所示。均衡從 A 點移至 B 點，均衡匯率下跌。1 美元能夠換到的新臺幣數量比以前少──美元貶值，新臺幣升值。

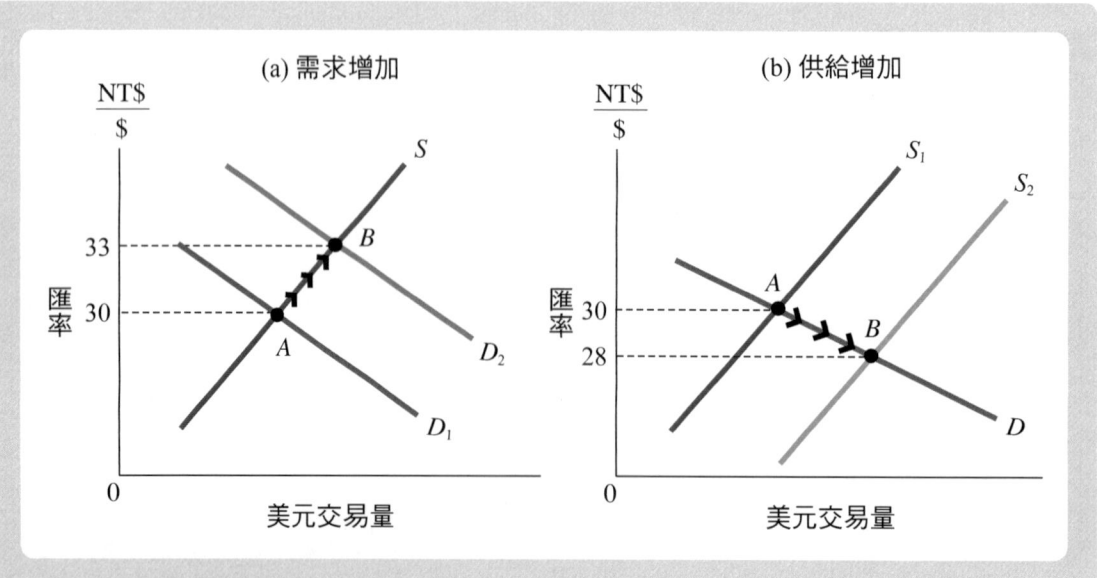

圖 11-6　均衡的改變

在圖 (a)，美元的需求增加，導致美元升值，新臺幣貶值。在圖 (b)，美元的供給增加導致美元貶值，新臺幣升值。

誰來決定長期匯率水準？

在短期，影響匯率變動最簡單的兩個關鍵因素是利率的變動以及投資人對未來匯率走勢的看法；而在長期，決定匯率變動的則為購買力平價。

購買力平價 (purchasing power parity, PPP) 是指 1 美元 (或新臺幣 1 元) 在全球各地的購買力都應相同。譬如，一杯中杯拿鐵在西雅圖的星巴克賣 3 美元，在臺北也應該值 3 美元。購買力是指美元能夠買到的商品數量，而平價是相等的意思。購買力平價意指一單位的貨幣 (美元或新臺幣) 在世界各地的實質價值相同。如果一磅咖啡在西雅圖賣 10 美元，而在溫哥華賣 12 美元。聰明的商人會在西雅圖買進便宜的咖啡，然後運到溫哥華去賣，賺取中間的差價。那一隻看不見的手驅使西雅圖咖啡售價上升和溫哥華咖啡價格下跌，最終兩個城市的咖啡價格會趨於一致。

圖 11-7　大麥克指數

註：顯示各國貨幣匯率遭高、低估情況：－代表低估，＋代表高估。
資料來源：麥當勞、《經濟學人》2017 年 7 月 13 日。

　　購買力平價說明名目匯率反映兩國物價水準的差異。[9] 舉一個簡單的例子，中杯拿鐵在臺北賣新臺幣 110 元，而在西雅圖賣 3.4 美元，那麼名目匯率應該是 32.35（＝NT$110/$3.4）。否則，兩地的購買力不完全相同。

　　從 1986 年開始，英國《經濟學人》每年都會公布以麥當勞大麥克漢堡為比較標準的「大麥克指數」(Big Mac index)，如圖 11-7 所示。大麥克在世界 120 個國家都有銷售，且製作規格全球統一。你在臺北吃到的大麥克和你在匈牙利吃到的大麥克，不管味道、醃黃瓜的片數，甚至重量都會一樣。理論上，大麥克在各國售價換算成美元都應該相同。如果價格出現差異，反映當地幣值相對美元匯率高估或低估。大麥克價格如果低於美國，顯示該國幣值被低估。譬如，《經濟學人》在 2017 年 7 月 13 日公布的大麥克指數中，美國一個大麥克的平均售價是 5.30 美元，而在馬來西亞只要 2.0 美元，亦即，大麥克便宜四成五；換句話說，

---

9 根據購買力平價理論預測，一國的匯率應該等於兩國物價水準的比率，亦即

$$e = \frac{P}{P^*}$$

其中 e 為名目匯率，P 和 P^* 分別為國內與國外物價水準。

令吉兌換美元的匯率被低估 62.21%。在臺灣，一個大麥克價格是 2.26 美元，也就是新臺幣被低估 57.28%。我們知道，臺灣的大麥克一個賣新臺幣 69 元，根據 PPP 理論，新臺幣的合理匯率是 13.02。

根據圖 11-7 顯示，在美國賣 5.30 美元的大麥克，在挪威要賣 5.91 美元，在瑞士賣 6.74 美元，在巴西為 5.1 美元；但在韓國只要 3.84 美元，在澳洲賣 4.53 美元，臺灣更是亞洲四小龍中最便宜的，只要 2.26 美元，不到美國的一半。

從歷次的大麥克指數，我們可以看到全球財富重新洗牌。澳洲從 5 年前的被高估 21.6% 到現在的低估 14.6%。這是因為 2011 年澳洲受惠於原物料價格飆升，以及對中國強勁出口，澳幣變強勢。而到了 2016 年，全球原物料價格走勢疲軟，中國經濟步履蹣跚，美國升息在即，澳幣被低估。儘管如此，在雪梨，要比臺灣多花 2 倍的錢才能吃到一個大麥克。

其它貨幣則顯得疲軟。英鎊已不復往日風光，從 2007 年的被高估 19% 到 2016 年被低估 21.8%。英國的經驗恰好與澳洲相反：在英國經濟舉足輕重的金融業處於政治風暴的核心 (2016 年英國脫歐)，而且它最大的出口市場——歐元區，也正處於主權債務危機，自顧不暇。

不過，在亞洲買漢堡才划算，馬來西亞、印尼、香港和臺灣的幣值都被低估 40% 以上。便宜的貨幣意味著出口在外國人眼裡更有吸引力。理論上，大麥克指數的下滑可以刺激出口。中國人民幣背後就是這個邏輯：只要人民幣走低，中國出口就會持續暢旺。

一國政府印太多鈔票，物價就會飛快上漲。如果臺灣的香蕉大漲 1 倍，新臺幣也會貶值 1 倍。德國在第一次世界大戰期間所經歷的惡性通膨，正是因為政府印鈔票來償還外債，而德國馬克在同一時期也狂貶不已，如圖 11-8 所示。

作為一個「理論」，購買力平價用來預測匯率走勢有其不完美之處。譬如，泰式按摩比臺灣馬殺雞便宜許多，但因為泰式按摩無法像榴槤一樣可以輕易出口到臺灣，兩地的價格不會相同。

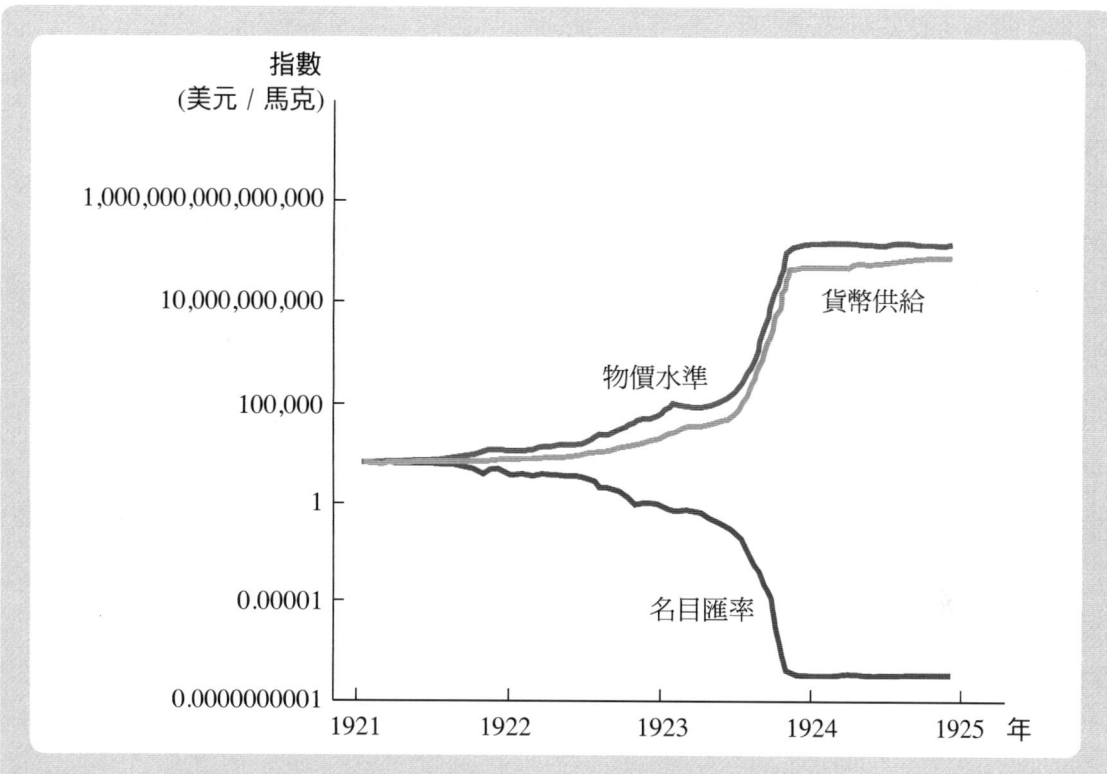

圖 11-8　德國惡性通膨的名目匯率

德國從 1921 年 1 月到 1924 年 12 月的貨幣供給、物價水準與名目匯率(以美元/馬克表示)。貨幣數量迅速增加，物價水準隨之大漲，德國馬克相對美元大貶。

其次，很多品牌的品質不見得一致，台灣啤酒與青島啤酒口感不同，售價自然有差。臺灣人比較喜歡喝濃郁香醇的台啤，所以台啤的價格比青島啤酒高一些。最後，政府設置的配額與關稅，也會造成產品在不同國家的售價不同，法國紅酒在法國超市和在臺灣大潤發的售價就不會一樣。

結論

　　2009 年底歐盟要求國際貨幣基金 (IMF) 考慮對全球金融交易課稅，即開徵所謂「托賓稅」。諾貝爾經濟學獎得主托賓 (James Tobin) 在 1971 年最早提出，藉由課稅來減少全球市場投機的構想。

　　2001 年 9 月，托賓在《金融時報》發表的文章指出：「市場套利和投機活動往往導致全球所有貨幣的貨幣市場利率水準趨於一致，也因此一國央行無法按照本國經濟狀況調整貨幣政策。」「如果套利和投機交易重複課稅，各國利率政策就可以不必跟隨紐約或東京的腳步走。」

　　不過，這是實務問題，除非全球採取一致行動，沒有任何國家或地區置身事外，否則便行不通。前巴克萊銀行 (Barclays Bank) 董事長阿吉斯 (Marcus Agius) 曾提到「法規套利」，金融機構遊走在不同國家，尋找規定最寬鬆的地方做生意。如果各國在制訂新規上各自為政，就可能產生類似軍備競爭的後果。

不可不知

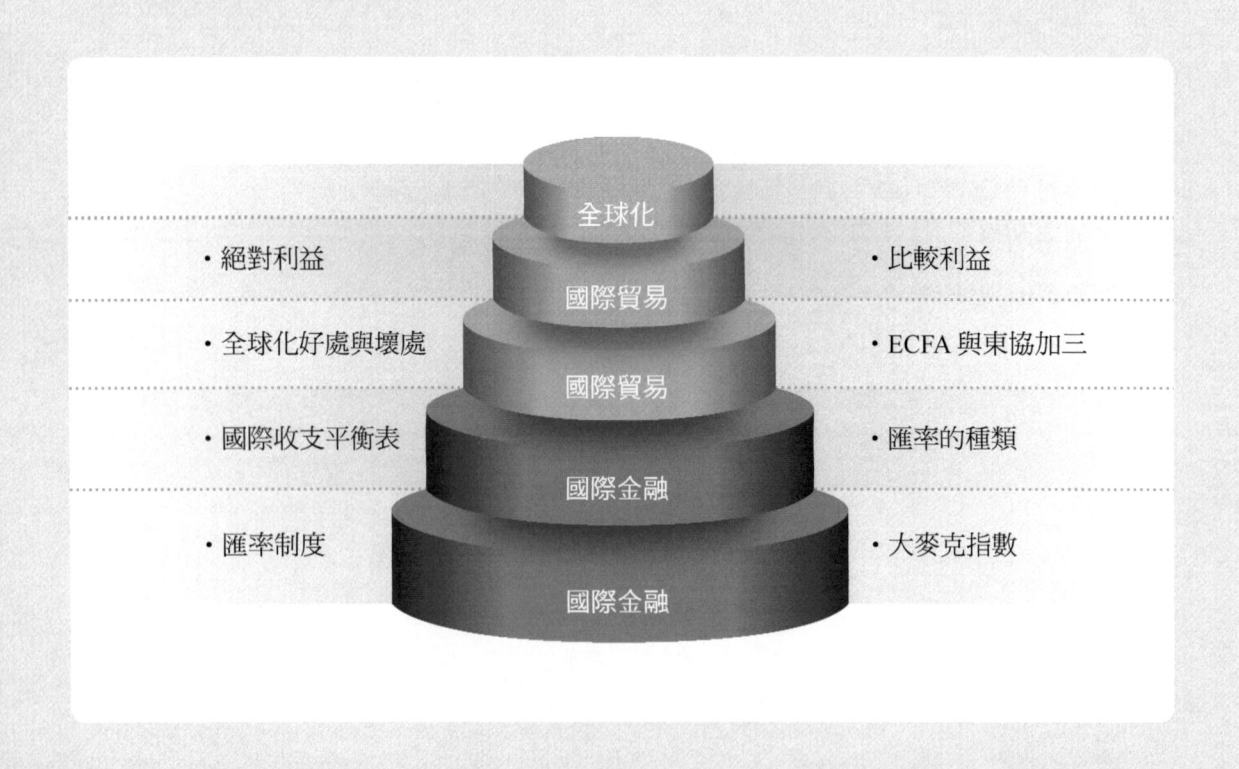

- 絕對利益
- 全球化好處與壞處
- 國際收支平衡表
- 匯率制度
- 比較利益
- ECFA 與東協加三
- 匯率的種類
- 大麥克指數

全球化
國際貿易
國際貿易
國際金融
國際金融

習題

1. 烏克蘭有比較利益生產魚子醬，而俄羅斯有絕對利益生產魚子醬，若兩國決定進行貿易：
   (a) 烏克蘭應出口魚子醬給俄羅斯
   (b) 俄羅斯應出口魚子醬給烏克蘭
   (c) 魚子醬交易對兩國沒有好處
   (d) 沒有機會成本的資訊，所以無法回答

2. A 國與 B 國生產小麥及蘋果技術相同，兩國生產可能曲線均為直線如下圖所示，下列敘述何者錯誤？

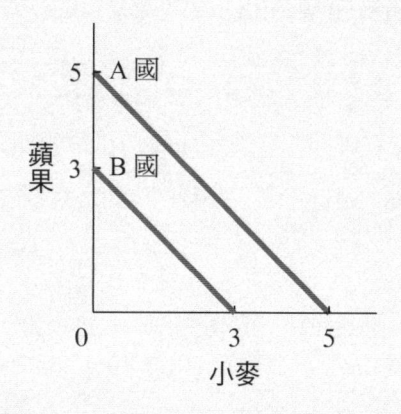

   (a) 兩國生產蘋果的機會成本相同
   (b) A 國擁有的生產資源比 B 國多
   (c) 沒有國家具有生產小麥之比較利益
   (d) 兩國開放貿易後，B 國的小麥及蘋果將不具競爭力

   (105 年關務人員特考)

3. 臺灣目前尚未加入下列哪一個世界組織？
   (a) 世界貿易組織 (WTO)　　(b) 亞太經濟合作會議 (APEC)
   (c) 亞洲開發銀行 (ADB)　　(d) 東南亞國家協會 (ASEAN)

   (105 年外交人員特考)

4. 關於歐元區的敘述何者正確？
   (a) 歐元區和歐盟涵蓋的國家是相同的
   (b) 歐元區各國仍有各自的央行可行使獨立的貨幣政策
   (c) 歐元區各國沒有各自的央行可行使獨立的貨幣政策
   (d) 歐元區各國沒有各自的財政部可行使獨立的財政政策

   (106 年關務特考)

5. 一國經常帳盈餘，則其：
   (a) 淨對外投資 (net foreign investment) 為正
   (b) 淨對外投資 (net foreign investment) 為負
   (c) 淨國外財富 (net foreign wealth) 為正
   (d) 淨國外財富 (net foreign wealth) 為負   (106 年勞工行政)

6. 下列何者不屬於國際收支帳中資本帳內的項目？
   (a) 債務免除   (b) 資本設備贈與
   (c) 專利權取得與處分   (d) 外人證券投資

   (105 年經建行政初等考試)

7. 1997 年亞洲金融風暴爆發時，主要是哪一個國際金融組織協助被投機客攻擊的國家？
   (a) 世界銀行   (b) 國際清算銀行
   (c) 亞洲開發銀行   (d) 國際貨幣基金   (106 年初等考試)

8. 下列哪一項交易會造成外匯需求增加？
   (a) 外國觀光客在機場兌換新臺幣
   (b) 外籍教授購買臺灣的短期債券
   (c) 本國居民出國觀光到銀行購買美元
   (d) 本國籍留美工作的學人寄回美元給居住於國內的父母   (100 年普考)

9. 當購買力平價成立時，本國的實質匯率會：
   (a) 大於 1   (b) 小於 1
   (c) 等於 1   (d) 資料不足無法判斷

   (106 年初等考試)

10. 假設一單位美元兌換新臺幣的匯率是 33。一個大麥克在美國賣 2 美元，若購買力平價成立，臺灣一個大麥克應該賣多少錢新臺幣？
    (a) 16.5 元
    (b) 31 元
    (c) 35 元
    (d) 66 元　　　　　　　　　(101 年普考)

11. 假設許多美國的大公司想要在我國擴充生產線，或增加持有我國上市公司股票，下列哪些情況比較可能發生？
    (a) 新臺幣的需求上升，新臺幣的幣值升值
    (b) 新臺幣的需求上升，新臺幣的幣值貶值
    (c) 新臺幣的需求下跌，新臺幣的幣值升值
    (d) 新臺幣的需求下跌，新臺幣的幣值貶值　　　(106 年勞工行政)

12. 當一國以外幣計價的出口值增加，其它條件不變時，該國貨幣幣值一般而言會：
    (a) 升值
    (b) 貶值
    (c) 不變
    (d) 先貶值再升值　　(106 年關務特考)

答案

1. (a)　2. (d)　3. (d)　4. (c)　5. (a)　6. (d)
7. (d)　8. (c)　9. (c)　10. (d)　11. (a)　12. (a)

索 引

GDP 平減指數　GDP deflator　137

二　畫

人力資本　human capital　164

三　畫

上限　cap　98
工作搜尋　job search　150
工會　union　152

四　畫

中間商品　intermediate goods　132
互補品　complements　20
公共財　public goods　8, 100
公有地　commons　102
升值　appreciation　240
天氣　weather　23
天然資源　natural resource　163
比較利益　comparative advantage　226

五　畫

可交易排放許可　tradable emissions permits　98
囚犯困境　prisoners' dilemma　79
外國直接投資　foreign direct investment　168
外國金融投資　foreign portfolio investment　168

外部成本　external cost　91
外部利益　external benefit　93
外部性　externality　8, 90
外顯成本　explicit cost　46
失業者　unemployed　148
巨災債券　catastrophe bond, CAT-Bond　216
市場　market　14
市場力量　market power　8
市場失靈　market failure　8
市場結構　market structure　62
平均收入　average revenue　65
平均總成本　average total cost, ATC　50
未衡量品質的改變　unmeasured quality change　146
正常財　normal goods　20
生產力　productivity　162
生產可能曲線　production possibilities frontier　225
生產因素價格　price of input　22
生產函數　production function　47
皮古稅　Pigovian taxes　97
皮鞋成本　shoeleather cost　201

六　畫

交易媒介　medium of exchange　192
共同基金　mutual fund　217
共同資源　common resources　100
劣等財　inferior goods　20
名目 GDP　nominal GDP　136
名目匯率　nominal exchange rate　240

地位性　positional　93
有彈性　elastic　30
自然失業率　natural rate of unemployment　151
自然獨占　natural monopoly　71, 101

七　畫

免稅收入債券　revenue bond　215
均衡價格　equilibrium price　17
均衡數量　equilibrium quantity　17
技術　technology　22
技術外溢　technology spillover　93
投資　investment　133
沉沒成本　sunk cost　66
私人成本　private cost　91
私人利益　private benefit　93
私有財　private goods　100

八　畫

供給量　quantity supplied　16
供給價格彈性　price elasticity of supply　33
命令與管制政策　command and control policy　96
固定成本　fixed cost, FC　49
固定規模報酬　constant returns to scale　55
固定匯率制度　fixed exchange rate system　242
委託人－代理人問題　principal-agent problem　115
幸運財　capital outflow bonanzas　238
所得　income　19
法定貨幣　fiat money　194
物質資本　physical capital　163
社會成本　social cost　91
社會利益　social benefit　93
股票　stock　213

金融中介　financial intermediaries　216
金融市場　financial markets　213
金融帳　financial account　237
金融體系　financial system　213
長期平均成本曲線　long run average cost curve, LAC　71
長期競爭均衡　long run competitive equilibrium　67
非勞動力　not in the labor force　149

九　畫

指數基金　exchange traded funds, ETF　218
政府購買　government purchase　133
活期存款　demand deposit　195
流動性　liquidity　194
相關商品價格　prices of related goods　20
科技知識　technological knowledge　165
計價單位　unit of account　192

十　畫

個體經濟學　microeconomics　8
差別訂價　price discrimination　73
效用　utility　42
效率工資　efficiency wage　152
旅鼠效應　Arctic Hamster Effect　9
浮動匯率制度　floating exchange rate system　242
消費　consumption　133
消費者人數　number of consumers　21
消費者物價指數　consumer price index, CPI　143
消費敵對性　rival in consumption　100
特許　franchises　70
納許均衡　Nash equilibrium　80
草原的悲劇　tragedy of the commons　104
衰退　recession　170

財政政策　fiscal policy　175
財產權　property rights　94
逆向選擇　adverse selection　113

十一畫

偏好　tastes　20
參賽者　players　79
商品貨幣　commodity money　193
國內生產毛額　gross domestic product, GDP　129
國民生產毛額　gross national product, GNP　134
國際收支平衡表　balance of payment account　236
寇斯定理　Coase theorem　95
專利　patent　70
排它性　excludability　99
淨出口　net exports　134
理性的　rational　5
產品品牌　brand names　85
移轉性支出　transfer payment　133
規模不經濟　diseconomies of scale　55
規模經濟　economies of scale　53
貨幣　money　192
貨幣市場共同基金　money market mutual fund　196
貨幣政策　monetary policy　178
貨幣乘數　money multiplier　198
通貨　currency　195
通貨緊縮　deflation　202
通貨膨脹率　inflation rate　138

十二畫

勞動力　labor force　148
勞動平均產出　average product of labor, APL　48

勞動邊際產出　marginal product of labor, MPL　47
報酬　payoffs　79
就業者　employed　148
循環性失業　cyclical unemployment　151
景氣循環　business cycle　170
替代品　substitutes　20
替代偏誤　substitution bias　146
最小效率規模　minimum efficient scale　55
最低工資法　minimum wage laws　151
最終商品　final goods　132
無彈性　inelastic　30
無謂損失　deadweight loss　91
短缺　shortage　17
策略　strategies　79
結構性失業　structural unemployment　150
菜單成本　menu cost　201
著作權　copyright　70
貶值　depreciation　240
進入障礙　barriers to entry　69
集中比率　concentration ratio　77

十三畫

債券　bond　214
損益兩平　break-even　67
新商品的偏誤　new product bias　146
會計成本　accounting cost　46
準備資產　reserve assets　238
溫室氣體　greenhouse gas　90
經常帳　current account　236
經濟成長　economic growth　160
經濟學　economics　2
資本帳　capital account　238
資訊不對稱　asymmetric information　112
過剩　surplus　17
道德風險　moral hazard　115
預期　expectations　20, 23

十四畫

寡占　oligopoly　77
實質 GDP　real GDP　136
實質匯率　real exchange rate　241
暢貨商品偏誤　outlet bias　147
管理浮動匯率制度　managed floating exchange rate system　242
網路外部性　network externalities　72
網際網路　Internet　85
誘因　incentive　5
誤差與遺漏淨額　statistical discrepancy　238
需求量　quantity demanded　15
需求價格彈性　price elasticity of demand　29

十五畫

價值儲存　store of value　192
價格接受者　price takers　64
彈性　elasticity　28
摩擦性失業　frictional unemployment　149
銷售者人數　number of sellers　23

十六畫

學名藥　generic drugs　70
機會成本　opportunity cost　4
獨占　monopoly　68
獨占性競爭　monopolistic competition　82
篩選　screening　120
選擇偏誤　selection bias　115
隨機漫步　random walk　219

十七畫

優勢策略　dominant strategy　80
總成本　total cost, TC　45, 49
總收入　total revenue, TR　45
總量管制與交易　cap and trade　98
總量管制與交易制度　cap and trade system　2
總體經濟學　macroeconomics　9
購買力平價　purchasing power parity, PPP　244
賽局理論　game theory　78
隱含成本　implicit cost　46
隱藏行動　hidden action　112
隱藏特性　hidden characteristics　112

十八畫以上

擴張　expansion　170
邊際成本　marginal cost, MC　50
邊際收入　marginal revenue　66
邊際效用遞減法則　the law of diminishing marginal utility　44
邊際報酬遞減　diminishing marginal product　48
贏者的詛咒　winner's curse　121
鑄幣稅　seigniorage　199
變動成本　variable cost, VC　49